KB200472

현장 체험
역사 드라마로
읽는 성경

역사 드라마로 읽는 성경 2

지은이 | 류모세
초판 발행 | 2012년 3월 16일
14쇄 | 2020년 10월 22일
등록번호 | 제1988-000080호
등록된 곳 | 서울특별시 용산구 서빙고로65길 38
발행처 | 사단법인 두란노서원
영업부 | 2078-3352 FAX 080-749-3705
출판부 | 2078-3331

책 값은 뒤표지에 있습니다.
ISBN 978-89-531-1725-9 03230

편집부에서 독자의 의견을 기다립니다.
tpress@duranno.com http://www.Duranno.com

두란노서원은 바울 사도가 3차 전도여행 때 에베소에서 성령 받은 제자들을 따로 세워 하나님의 말씀으로 양육하던 장소입니다. 사도행전 19장 8-20절의 정신에 따라 첫째 목회자를 돕는 사역과 평신도를 훈련시키는 사역, 둘째 세계선교(TIM)와 문서선교(단행본 · 잡지) 사역, 셋째 예수문화 및 경배와 찬양 사역, 그리고 가정 · 상담 사역 등을 감당하고 있습니다. 1980년 12월 22일에 창립된 두란노서원은 주님 오실 때까지 이 사역들을 계속할 것입니다.

역 사 가　뚫 린 다 ,　성 경 이　보 인 다

류모세

2부

주전 1050~753년

(통일왕국 시대~분열왕국 시대 3기)

두란노

차 례

Part 10 하나님과 사람 사이에서 저울질하다

이스라엘의 초대 왕 사울 | 주전 1050~1010년

Part 11 강성대국 이뤄낸 하나님의 사람

통일왕국을 세운 다윗 | 주전 1010~970년

Part 12 고대 근동의 실력파

부유한 제국을 건설한 솔로몬 | 주전 970~931년

Part 13 피 튀기는 집안싸움

분열왕국 시대 1기: 남북경쟁 시대 | 주전 931~870년

Part 14 강대국에 맞서 남북 대동단결

분열왕국 시대 2기: 남북화해 시대 | 주전 870~841년

Part 15 남북단절 신앙단절 그리고 외교단절

분열왕국 시대 3기: 남북단절 시대 | 주전 841~753년

추천의 글

류모세 선교사가 이스라엘에서 인도해 온 명 강의 '현장체험 성경일독학교'가 《역사 드라마로 읽는 성경》이라는 멋진 책으로 나왔다. 이 책은 '근동 역사, 성서 지리, 성서 고고학을 통으로 묶어 그야말로 역사 드라마처럼 읽는 성경 이야기'다. 어렵기만 했던 성경이 이제부터 역사와 지리를 넘나드는 익사이팅한 탐험처럼 읽힐 것이다.

• 고명진 | 수원중앙침례교회 담임목사

성경을 일독하는 데 《역사 드라마로 읽는 성경》처럼 현장감 있게 도움을 줄 수 있는 참고서적은 드물다. 성경을 근동 역사, 지리, 고고학을 통해 자상하게 한 걸음씩 인도해 주어 성경 말씀이 눈앞에서 4차원적으로 살아나는 것처럼 느껴질 것이다.

• 김상복 | 횃불트리니티신대원대학교 총장, 할렐루야교회 원로목사

‘성경’은 인류 구원을 향한 원대한 계획이 계시된 ‘영적’인 책이지만 ‘역사적’인 책이기도 하다. 성경이 어려운 이유 가운데 하나는 역사, 지리, 문화적 배경 지식은 무시한 채 영적이거나 자의적으로만 해석하려는 데 있다. 이 책은 성경을 박진감 넘치고 입체적으로 읽을 수 있는 멋진 열쇠를 선물할 것이다. 이 책을 통해 성경에 대한 이해와 친근감이 크게 업그레이드되길 바란다.

• 김유수 | 월광교회 담임목사

최근 성경일독을 위한 여러 종류의 책이 출간되었다. 그중에 눈에 번쩍 띄는 책이 이번에 나온 류모세 선교사의 《역사 드라마로 읽는 성경》이다. 이 책은 자신이 이스라엘에서 연구하고 체험한 근동 역사, 지리, 고고학에 대한 지식을 바탕으로 좀처럼 읽기 어려운 성경을 통으로 묶어 역사 소설처럼 누구라도 재미있게 읽을 수 있도록 만들었다. 그러기에 신자, 불신자를 불문하고 관심을 끌 만한 책이라고 생각된다. 독자 여러분이 이 책을 통해 박진감 넘치는 은혜의 현장 속으로 들어가 주님을 만나는 체험을 하길 축원한다.

• 문봉주 | 《성경의 맥을 잡아라》 저자

류모세 선교사의 《역사 드라마로 읽는 성경》은 성경의 땅 이스라엘에서의 삶과 경험, 그리고 묵상이 없으면 도저히 태어날 수 없는 그야말로 새로운 차원의 성경일독 안내서다. 이 책을 읽는 독자들은 류모세 선교사의 안내를 통해 스펙터클한 성경의 역사와 현장 속으로 들어가는 흥분과 감격을 느끼게 될 것이다.

• 이동원 | 지구촌교회 원로목사

빈말이 아니고, 정말 좋은 책이다. 나도 많이 배워야겠다. 《어? 성경이 읽어지네!》가 초등학교 수준이라면, 이 책은 더 디테일한 정보가 많은, 지성인들의 입맛에 딱 맞는 책이다. 《어? 성경이 읽어지네!》를 읽고 나서 그 다음 단계로 이 책을 읽으면 너무너무 잘 연결이 되고 유익할 것이다. 이런 좋은 책이 자꾸 나오는 것을 보니 진리로 승부하는 강한 계절이 도래할 것 같다.

• 이애실 | 생터성경사역원 대표

류모세 선교사의 신간《역사 드라마로 읽는 성경》은 말씀에 대한 깊은 사랑과 선교에 대한 뜨거운 열정이 함께 만나 이루어진 작품이다. 끊임없는 연구와 신선한 통찰력으로 완성된 이 책은 성경연구와 통독의 새로운 역사를 펼치기에 부족함이 없을 것이다.

• 이재훈 | 온누리교회 담임목사

'성경' 하면 '꼭 읽기는 해야 하는데 어려워 선뜻 손이 가지 않는 책, 몇 번 읽으려 시도해 보지만 몇 글자 읽으면 잠이 오는 책'이라는 선입견이 가득하다. 이 책은 크리스천들의 오랜 고민을 해결해 준다. 마치 드라마 작가처럼 성경의 배경이 되는 역사와 지리와 성경의 주요한 흐름을 다이내믹하게 퓨전해서 풀어냈다. 구약성경을 이렇게 흥미진진한 역사 스토리로 풀어낼 수 있다는 사실에 그저 놀랄 뿐이다.

• 이찬수 | 분당우리교회 담임목사

유진 피터슨의 《메시지》는 성경을 '시장(市場)의 언어'로 풀어낸 역작이다. 이어령 전 문화부 장관도 《빵만으로는 살 수 없다》에서 시장의 언어를 강조했다. 성경을 '우리만의 리그'에만 머물게 할 수 없다. 세상과 공감하며 소통하게 해야 한다. 류모세 선교사의 《역사 드라마로 읽는 성경》의 키워드도 소통과 공감이다. 이 책은 '세상과 소통하는 성경 이야기'라고 할 수 있다. 딱딱한 구약성경을 말랑하며 흥미진진한 역사 스토리로 풀어낸 저자의 내공이 돋보인다.

• **이태형** | 〈국민일보〉 종교국 선임기자, 《배부르리라》, 《아직, 끝나지 않았다》 저자

성경을 읽을 때는 하나님의 마음을 잘 읽어야 한다. 하나님 말씀의 목적과 의도가 무엇인지 잘 깨달아야 그 말씀의 핵심을 알 수 있다. 그러기 위해 성경의 역사적 배경과 지리, 문화와 풍습은 하나님의 말씀을 제대로 알 수 있는 귀한 도구다. 이번 책을 통하여 우리 모두가 하나님께서 왜 우리에게 그런 말씀을 하셨는지를 알아가는 귀한 기회가 되길 소망한다.

• **홍민기** | 호산나교회 담임목사, 브리지임팩트사역원 대표

일러두기

· 왕은 생몰년도가 아닌 재위기간을 표시했습니다.
· 다이어그램에서의 연도는 모두 주전 연도입니다.
· 지도에서 ★은 현대 도시입니다.

Part
08

'그' 만 only God 섬기라고? 그만 stop 섬길 테야!

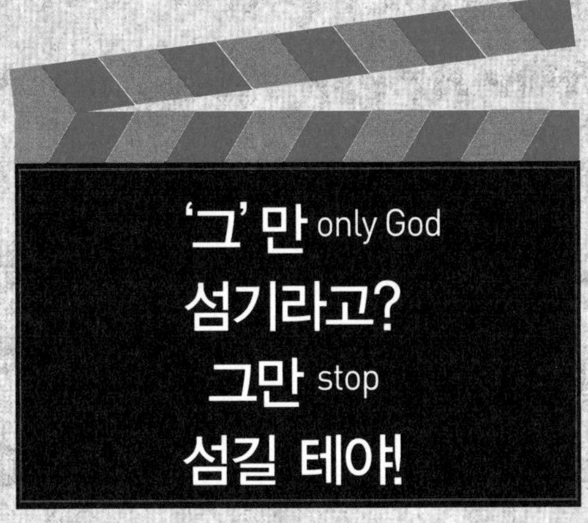

신정 체제에서 왕정 체제로: 통일왕국 시대

주전 1050-931년

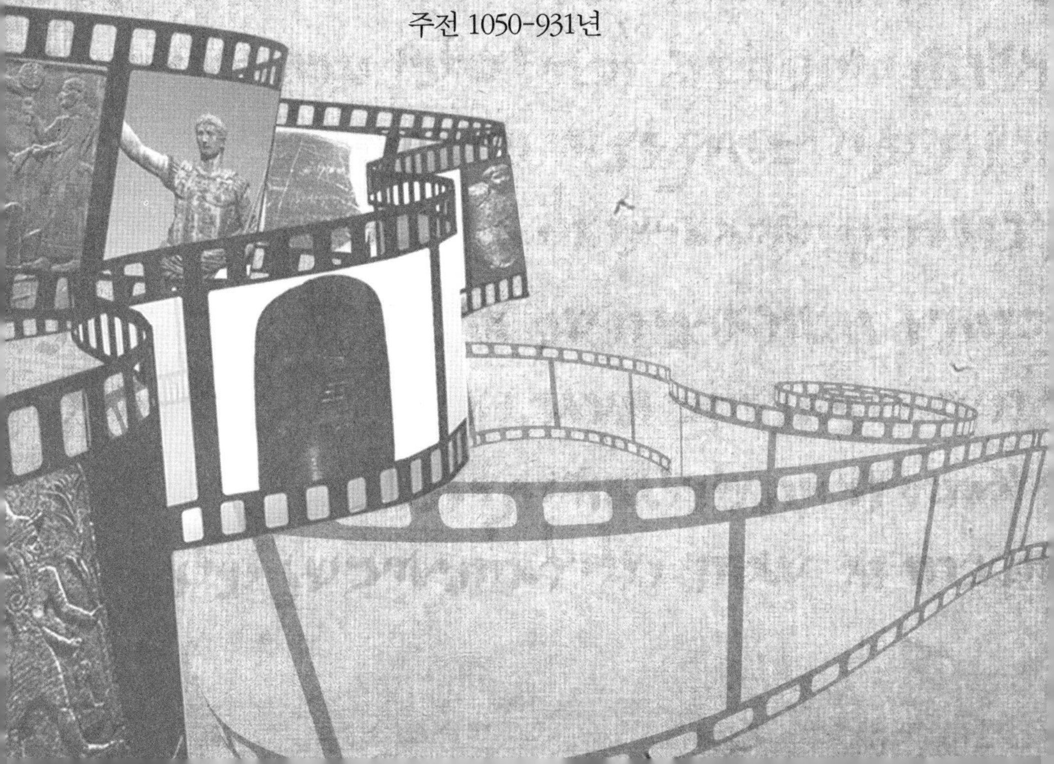

《역사 드라마로 읽는 성경》 2부에서 다룰 주제는 혼돈과 무질서, 불순종과 우상숭배를 특징으로 하는 사사 시대를 지나 사울과 다윗 그리고 솔로몬으로 이어지는 통일왕국 시대부터 시작한다.

성경에서는 사무엘상·하 전체와 열왕기상 1-11장, 역대상 8-29장, 역대하 1-9장까지 해당하는 시기다. 여기에는 이름만 들어도 흥분되는 다윗과 솔로몬, 그리고 흥미로운 사울과 선지자 사무엘 등 우리에게 무척 친숙한 인물들의 스토리가 펼쳐진다. 1부와 달리 세계사보다는 성경 역사를 주로 다루기 때문에 우리가 느끼는 심적인 부담도 훨씬 적을 것이다. 하지만 우리에게 친숙하고 익숙한 성경 스토리도 역사적 관점에서 들여다보면 미처 깨닫지 못한 풍성한 내용들이 많다.

통일왕국 시대는 기간으로 본다면 그리 길지는 않지만 상당히 자세하게 살펴보고 또 주목할 필요가 있다. 왜냐하면 이 시기야말로 이스라엘 역사 전체를 통해 볼 때 가장 의미심장한 시대 가운데 하나이기 때문이다.

메소포타미아: 도시국가들의 도약

이 시기 메소포타미아 지역에서는 신히타이트, 페니키아의 도시국가들, 아람 국가들을 살펴볼 수 있는데 분명한 것은 정치적인 힘이 점차 아람 국가들 쪽으로 이동했다는 사실이다. 이전 시대를 호령하던 앗시리아와 바벨론은 서로 약속이나 한 듯 극도의 암흑기로 빠져들었다.

신히타이트 도시국가들: 히타이트 신왕국들의 연결점이 된 갈그미스

슈필룰리우마(주전 1375-1335)의 통치기에 전성기를 구가하던 히타이트

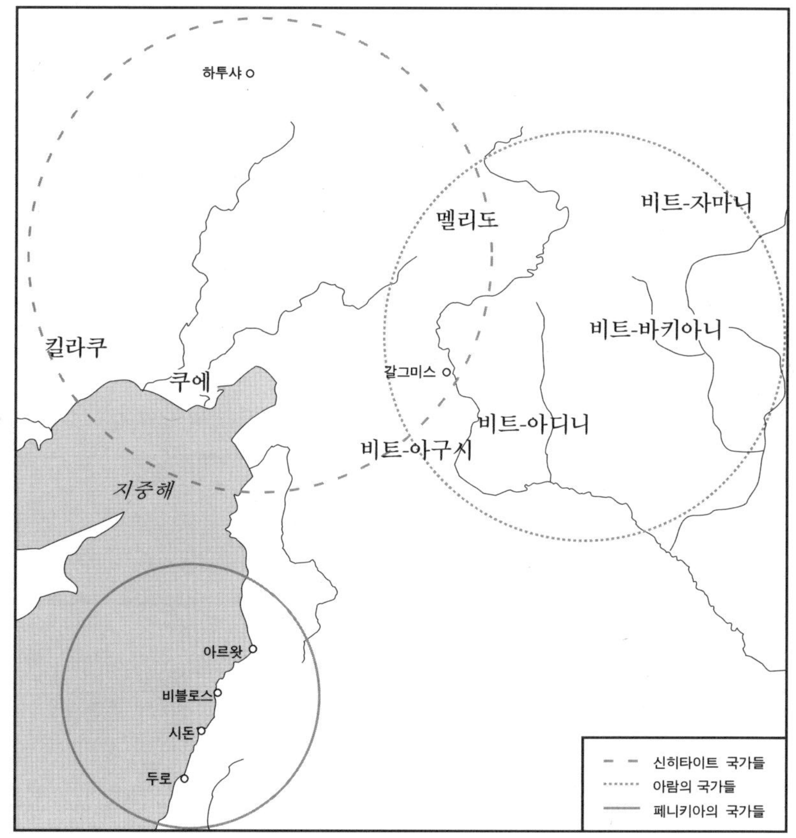

신왕국과 해양 민족에 의한 멸망(주전 1240년경) 이후 이 지역에서 우후죽순 생겨난 신히타이트 도시국가들 간의 중요한 연결점은 갈그미스가 해주었다. 이 도시는 하투사(히타이트 신왕국의 수도)에 있는 히타이트의 왕이 임명한 총독이 대대로 거주하던 곳이었기 때문이다. 갈그미스를 통해 이 지역에 대한 힘의 공백이 어느 정도 메워질 수 있었지만 쿠에, 킬라쿠, 멜리드 등 다양한 국가들 간의 경쟁이 이 시기의 특징이라고 할 수 있다.

페니키아의 도시국가들: 지중해 해상 무역과 알파벳 전수

두로, 시돈, 비블로스, 아르왓과 같은 페니키아 항구 도시들은 주전 1200년경에 있었던 해양 민족의 침입으로 인한 대대적인 파괴를 피할 수 있었다. 비록 부자 상인들은 모습을 감추었지만 도시들은 여전히 기능하고 있었다. 이 시기에 재도약한 페니키아인들의 가장 큰 특징은 해상 무역 능력이었다. 기술적으로 향상되어 넓은 적재 공간을 갖춘 배를 제작한 그들은 심지어 모로코나 스페인까지 항해해 주전 9세기부터는 지중해 해안 곳곳에 식민지를 건설했다. 이 식민지들은 현지의 자원들을 본국으로 가져오

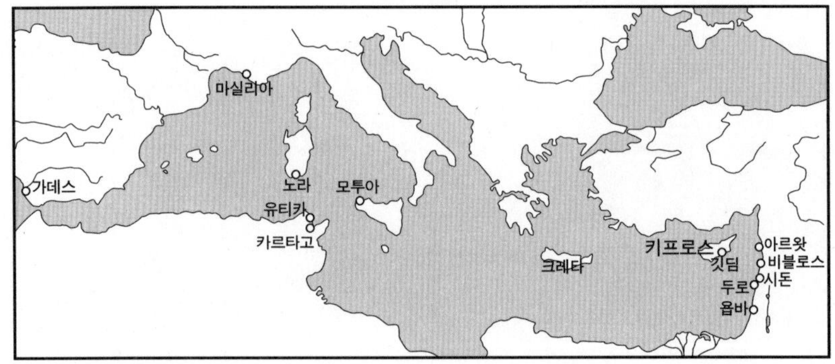

• 페니키아가 건설한 지중해의 식민도시들

• 페니키아의 상선

기 위한 무역 항구 역할을 했다.

특히 주전 8세기 초에 튀니지 해안에 카르타고가 설치되면서 페니키아의 해상 무역은 절정에 달했다. 이 카르타고 식민지는 훗날 본국이 알렉산더에 의해 패망한 후에도 로마와 세 차례나 격돌(포에니 전쟁)하면서 로마의 주적으로 부상하기도 했다.

하지만 서방에서 페니키아의 활동이 활발해지면서 다른 나라들과 부딪칠 수밖에 없었는데 그 중심에 그리스가 있었다. 이 시기에 페니키아인들의 가장 유명한 업적 중 하나는 뭐니뭐니해도 알파벳의 보급이라 할 수 있다. 주전 1200년경 해양 민족의 침입 이후에 찾아온 암흑 시대에도 계속 문자를 사용해 온 페니키아인들은 이웃 국가들의 알파벳 문자 체계들에 영감을 주었다. 이 시기에 유럽에서 매우 중요한 사건은 지중해의 해상 상권을 두고 페니키아인들과 경쟁하던 그리스인들이 페니키아의 알파벳을 받아들인 것이다.

아람의 국가들: 반유랑생활을 접고 도시 문명 속으로

아람인들은 주전 12세기경 해양 민족의 침입으로 권력의 공백기를 맞이한 시리아 지역을 무대로 본격적으로 등장했다. 하지만 아람인들은 훨씬 전부터 그 지역에서 살아오던 토착민이었는데, 주로 시골 마을과 사막을 중심으로 반유랑생활을 해오던 이들은 이 시기에 도시 문명 속으로 빠르게 흡수되면서 정착했다. 이들은 '비트'(아카드어로 '집'을 의미)로 시작하는 국가들을 세워 나갔는데 비트-자마니, 비트-바키아니, 비트-아디니, 비트-아구시 등이 그 예다. 주전 9세기경에 아람인들은 시리아 전역에서 정치적인 패권을 차지하면서 다메섹을 중심으로 강력한 국가로 부상한다.

앗시리아: 기나긴 침체의 터널 속으로

디글랏빌레셀 1세(주전 1116~1078년)의 통치하에서 잠시 소생의 기미를 보이던 앗시리아는 그가 죽자 앗시리아의 핵심 영토만을 남기고 대부분의 영토를 아람인들에게 넘겨주었다. 이후 앗시리아는 앗수르나시르팔 2세(주전 883~859년)부터 시작되는 신바벨론 시대까지 200년 가까운 세월 동안 국제 사회에 명함도 내밀지 못할 정도로 기나긴 침체기에 들어갔다.

바벨론: 극도의 혼란기

주전 1026년경 이신 2왕조가 무너지면서 길지 않은 1세기의 기간 동안 제2해상국 왕조, 바지 왕조, 엘람 왕조 등이 우후죽순 세워지며 극도의 혼란기가 이어졌다.

이집트: 분열과 혼란의 시대

21왕조 주전 1069~946년: 하부 이집트만의 반쪽짜리 왕조

주전 11세기 초(주전 1069년)에 '람세스'란 허울 좋은 이름만 갖고 있던(람세스 3~11세) 20왕조는 싱겁게 종말을 고했다. 그 뒤를 이은 21왕조는 '분열과 혼란'을 특징으로 하는데 그 무력함은 이전의 20왕조보다 한 술 더 떴다. 20왕조가 끝날 무렵 이집트의 정치권력은 두 개의 중심지로 나뉘었다. 상부 이집트는 테베에 있는 아몬-레 제사장인 헤리호르가 사실상 파라오와 같은 최고 통치자로서의 권력을 행사했다.

반면 하부 이집트는 소안(19왕조의 수도 람세스)을 수도로 21왕조를 창건한 스멘데스를 중심으로 새로운 권력이 탄생했다. 스멘데스는 20왕조의 마지막 파라오인 람세스 11세 밑에서 총리를 지낸 인물인데, 파라오가 후계자를 남기지 않고 죽자 자신이 직접 파라오에 올라 새로운 왕조를 연 것이다. 21왕조의 수도인 소안은 성경에 유다 헤브론이 창설된 때를 가리키는

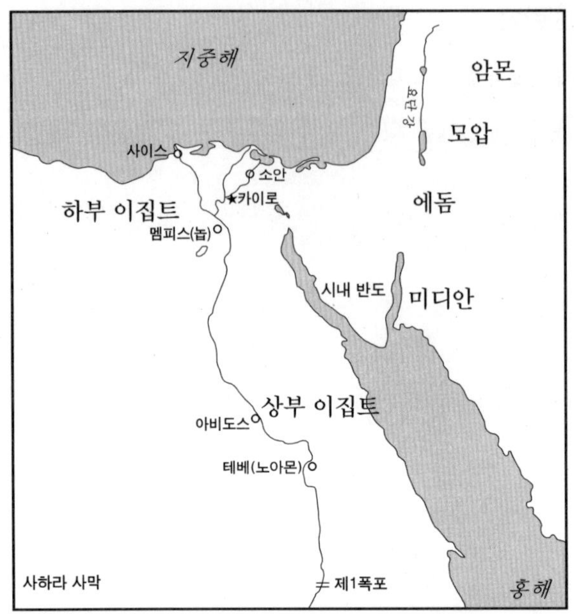

• 21왕조의 이집트

연대기적 기준으로 언급된 바 있다.

"헤브론은 애굽 소안보다 칠 년 전에 세운 곳이라"(민 13:22).

내부적으로 약화된 이집트의 21왕조는 더 이상 국외에서 파워 게임을 펼칠 만한 일말의 여력도 없었다. 한마디로 가나안 땅까지 세력을 떨치며 호령하던 이집트의 제국 시대는 어느덧 아득한 추억이 되고 만 것이다.

암울한 사사 시대를 반전시킬 두 편의 드라마

이 시기의 역사는 편의상 사무엘, 사울, 다윗, 솔로몬을 따라가면서 '인물' 중심으로 다루는 것이 좋을 듯하다. 이 시기와 관련된 성경 스토리가 순차적으로 등장하는 4명의 인물을 주인공으로 하면서 옴니버스식으로 전개되기 때문이다. 하지만 선지자 사무엘로 곧장 들어가기에 앞서 한나와 룻의 스토리를 조명해 보는 것이 사사 시대에서 왕정 시대로 넘어가는 과도기를 이해하는 데 중요한 포인트가 될 것 같다.

사사 시대에서 왕정 시대로 넘어가는 과도기에 우리가 자칫 간과하기 쉬운 두 개의 스토리가 진행된다. 이 스토리는 한나와 룻이라는 두 여배우를 주인공으로 한다.

사사기를 읽는 많은 성도들의 느낌은 대충 비슷하다.

"어, 어, 이거 완전히 맛이 갔군!"

하지만 하나님은 멸망으로 치달을 것 같은 사사 시대에도 당신의 계획대로 새 일을 시작하고 계셨다. 새 일의 시작은 세상 사람들이 결코 주목하지 않을 만큼 작고 미미했지만 이내 눈덩이처럼 커졌고, 때가 되자 이스라엘을 구원할 만한 비장의 카드가 되었다. 한나를 통해서는 사무엘이, 룻을 통해서는 다윗이 탄생하기 때문이다.

"영웅은 난세에 태어난다"는 말처럼 이스라엘 역사에서 가장 암울한 시기에 주인공으로 활약하는 두 영웅 사무엘과 다윗! 그리고 이들의 탄생은 바로 한나와 룻이라고 하는 두 여인의 진정성 있는 기도를 통해 이루어졌으니, 이 정도면 가히 하나님이 이루시는 역사의 놀라운 반전이라 할 만하다.

우리는 이미 사사 시대의 영적인 타락상을 들춰내는 '카메라 고발' 성격의 드라마를 두 편이나 시청한 바 있다. 바로 단 지파 이주(삿 17-18장)와 기브아 첩 사건(삿 19-21장)이다. 레위인을 주인공으로 하는 이 두 편의 드라마가 사사 시대의 암울한 상황을 대변하고 있다면, 한나와 룻을 주인공으로 하는 새로운 두 편의 드라마는 암울한 사사 시대를 비춰 주는 한 줄기 빛이요 하나님이 시작하신 반전의 역사라 할 수 있다.

한나: 마지막 사사이자 선지자인 사무엘의 어머니 삼상 1-3장

한나는 왕정을 수립하는 데 쓰임받은 하나님의 마지막 사사(동시에 선지자) 사무엘을 탄생시킨 여인이다. 사무엘의 탄생과 관련된 스토리는 에브라임 산지의 레위인인 엘가나의 집에서 시작된다. '에브라임 산지의 레위인'이라고 하면 언뜻 기브아 첩 사건(삿 19-21장)에 나오는 레위인 주인공이 떠오른다. 같은 에브라임 지역에 사는 레위인이었지만, 기브아 첩 사건에 등장하는 무명의 레위인이 영적 타락의 모델로 등장한 반면 사무엘의 아버지인 엘가나는 그 반대편의 모델로 등장한다.

엘가나의 부인인 한나는 사무엘을 낳기 전에는 자식이 없어 극심한 고통 가운데 있었다. 한나는 실로에 있는 성막에 가서 자식을 위해 기도하면서, 만일 자신의 기도가 이루어진다면 그 아들을 하나님께 바치기로 서원했다. 하나님의 응답으로 아들 사무엘을 낳은 한나는 사무엘이 젖을 떼자마자 성막에 바침으로써 하나님과의 서원을 지켰다. 한나가 성막에서 기도하고 천신만고 끝에 얻은 아들 사무엘을 성막에 바칠 즈음에 성막을 둘러싼 영적인 상황은 한마디로 이렇게 표현할 수 있었다.

'더 이상 나쁠 수는 없다!'

실로에 있는 성막에서 대제사장은 엘리였고 그의 두 아들인 홉니와 비느하스는 제사장으로 섬겼다. 엘리 자신은 여호와를 따르는 신실한 사람이었을지 몰라도 그의 두 아들은 전혀 그렇지 않았다. 이들은 당시 가나안 신전에서 행해지던 음행과 방탕한 의식을 행함으로써 성소를 더럽혔다. 이런 상황에서도 하나님 한 분만을 바라보며 성막에 올라가 기도를 드린 한나는 자신의 집에 신상을 만들고 아들 중 하나를 제사장으로 삼은 미가의 엄마와 좋은 대조를 보인다.

하나님은 한나의 믿음에 복을 주셔서 이후 3명의 아들과 2명의 딸을 더 낳게 하셨다. 그리고 아이 사무엘에게는 영적으로 혼탁한 실로의 성막에서도 하나님의 음성을 들으며 여호와 앞에서 자라나는 복을 주셨다. 이 사무엘이 훗날 블레셋과의 전투에서 패하고 법궤를 빼앗긴 국가적 재난 상황에서 이스라엘 백성의 회개와 연합을 이끈 영적인 지도자로 등장하게 되는 것이다.

룻: 다윗을 탄생시킨 위대한 브리지 룻 1-4장

룻은 이스라엘 역사에서 최고의 왕으로 칭송받는 다윗 왕의 증조할머니가 되는 여인이다. 룻은 마태복음 1장의 예수님 족보에도 등장하는 4명의 여인 중 한 명인데, 참으로 놀라운 것은 그녀가 이스라엘 사람이 아니고 이방 모압 출신이라는 것이다. 룻기의 스토리는 훗날 다윗이 탄생하게 될 베들레헴을 배경으로 시작된다. 유다 지파에 속한 베들레헴에 살고 있던 엘리멜렉과 나오미는 흉년이 닥치자 요단 동편에 있는 모압 땅으로 이주한다.

베들레헴은 '빵집'이란 뜻을 가진 도시인데, 그곳에 닥친 기근은 영적으로나 육적으로나 '몰락'으로 치닫는 사사 시대의 상황을 상징적으로 보여 주는 사건이었다. 그런데 더욱 기가 찰 노릇은 모압 땅에 가서 얼마 후 가장인 엘리멜렉이 죽고 두 아들인 말론과 기룐마저 비명에 횡사한 것이다. 시어머니 나오미와 함께 모압 출신의 두 며느리가 동시에 청상과부가 되었다. 남자를 중심으로 기업이 상속되던 성서시대에 남자들이 모두 죽은 나오미 집안은 이제 소망의 끈이 완전히 사라진 상황이었다.

이런 상황에서 고향 베들레헴에 풍년이 찾아 들고, 나오미는 모든 것을 잃은 알거지 신세로 고향으로 돌아온다. 이때 두 명의 며느리 중 오르바는 풍족한 모압 땅에 남고, 룻은 시어머니를 좇아 생면부지의 땅 베들레헴으로 향한다.

아무 가진 것 없는 시어머니를 따라 전혀 낯선 이방 땅 베들레헴으로 가겠다는 룻의 결단은 참으로 놀랍다. 룻은 물질을 추구하는 믿음이 아니라 참되신 하나님 여호와를 깨달은 진정한 신앙인이었다. 이런 룻의 순전한 믿음은 레위인들의 타락, 에브라임 지파의 리더십 부재로 암울하던 사사 시대를 환히 밝혀 준 한 줄기 빛과도 같았다.

하나님은 이런 룻의 믿음에 복을 주셔서 보아스라는 유력한 친족을 만나게 하셨다. 보아스는 두 과부, 즉 며느리 룻과 시어머니 나오미의 기업을 한꺼번에 무르는 '구원의 백기사'로 등장한다.

룻기의 스토리는 멸망으로 치달을 것만 같던 사사 시대에도 소망의 끈을 놓지 않고 놀라운 반전의 역사를 이루어 가시는 하나님의 손길을 웅장하게 보여 준다. 룻을 브리지 삼아 탄생하게 된 다윗은 훗날 블레셋의 속박에서 이스라엘을 구원할 뿐만 아니라 찬란한 다윗 제국을 탄생시키는 주인공이 되기 때문이다.

ASIA

Part 09

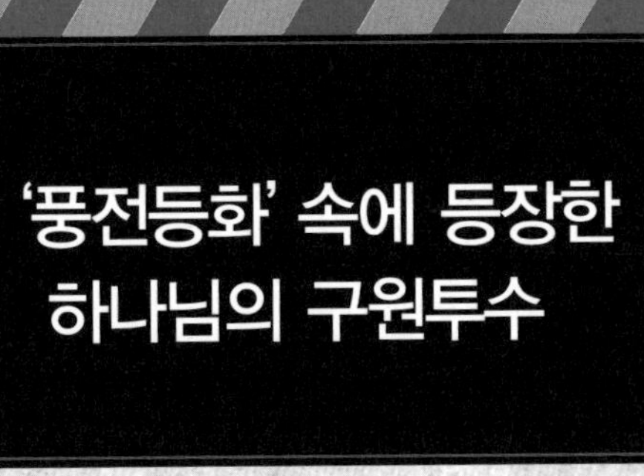

'풍전등화' 속에 등장한 하나님의 구원투수

마지막 사사 사무엘

사무엘은 이스라엘의 왕정 수립에 결정적인 역할을 한 인물인데, 이스라엘 왕국의 초대 왕인 사울과 두 번째 왕인 다윗을 자신의 손으로 기름 부었기 때문이다. 요즘 표현으로 하자면 '킹 메이커'라 할 수 있다. 사사 시대 말기에 마지막 사사이자 선지자로 명성을 날린 사무엘이 역사 무대에 등장할 당시 이스라엘은 혼돈과 무질서, 폭력과 강포가 만연했다. 게다가 '블레셋'이라는 강력한 대적의 등장으로 인해 '제발 우리에게도 다른 나라들처럼 왕이 있으면 좋을 텐데…'라는 범국민적 여론이 팽배해 있었다. 주저주저하던 이스라엘이 사사 시대의 틀을 뛰어넘어 왕정으로 도약하게 된 강력한 모멘텀은 바로 블레셋이라고 하는 강력한 대적의 등장이었던 것이다.

아벡 에벤에셀 전투 삼상 4장:
블레셋과 이스라엘의 1차 전면전

사사 삼손이 통치하던 때부터 등장한 블레셋은 왕정 시대에도 줄기차게 이어지면서 이스라엘을 괴롭히는 주적(主敵)이 된다. 크레타 섬에서 밀려온 블레셋 민족이 남부 해안평야(블레셋 평야)를 중심으로 정착하는 때부터 본문에 나오는 아벡 전투가 벌어질 때까지의 대략적인 연대기를 추적해 보면 다음과 같다.

- 주전 1190년경 남부 해안평야(블레셋 평야)를 중심으로 블레셋 민족이 정착하기 시작한다.
- 주전 12세기의 첫 25년간 무력으로 정착을 시도한 블레셋 민족은 100년이 지난 시점인 주전 1095년경부터 시작해 무려 40년간(삿 13:1) 이스라엘을 압제하는 강력한 대적이 된다.
- 대적 블레셋으로부터 이스라엘을 구원하기 위해 하나님은 사사 삼손을 세우신다. 삼손은 20년간 이스라엘의 사사가 된다(삿 15:20).

아벡 전투는 이스라엘과 블레셋이 정면으로 충돌한 1차 전면전인데, 블레셋의 압제가 시작된 지 20년이 지난 시점인 주전 1075년경에 발발했다. 블레셋은 이스라엘을 무려 40년 동안 압박했는데, 그중 전반부 20년은 사사 삼손이 홀로 활약하며 그 이름만으로도 강력한 전쟁 억제력을 발휘하던 시기였다. 하지만 삼손이 죽자마자 이스라엘은 아벡 전투를 통해 블레셋의 압제에서 벗어나기 위한 나름의 총력전을 펼친 것이다.

블레셋은 아벡에, 이스라엘은 그 맞은편 에벤에셀에 진을 치고 벌어진 이 전투는 아벡 전투(혹은 에벤에셀 전투)로 불린다. 이 전투에서 이스라엘은 블레셋에 패배하여 4,000명의 군사를 잃는다. 이스라엘은 전투에서 패배하자 실로에 있는 법궤를 급히 전투 현장에 가져오기로 결정한다. 과거 가나안 정복 전쟁 당시 법궤를 앞세워 승리를 거두던 아련한 추억을 떠올린 듯하다. 이들은 법궤가 마치 부적이라도 되는 양 법궤를 앞세우면 전쟁의 양상이 한순간에 바뀔 것으로 착각했던 것이다.

> "이스라엘 장로들이 이르되 여호와께서 어찌하여 우리에게 오늘 블레셋 사람들 앞에 패하게 하셨는고 여호와의 언약궤를 실로에서 우리에게로 가져다가 우리 중에 있게 하여 그것으로 우리를 우리 원수들의 손에서 구원하게 하자 하니"(삼상 4:3).

이에 실로의 성막에서 섬기던 대제사장 엘리의 두 아들 홉니와 비느하스가 법궤를 어깨에 메고 에벤에셀에 있는 이스라엘의 진에 이르렀다. 그런데 법궤가 이스라엘 진중에 임하자 실제로 블레셋 진영은 두려움에 휩싸이며 술렁대기 시작했다. 그 순간 이스라엘 사람들은 기대한 대로 법궤가 효험을 발휘한다고 여겼을 것이다.

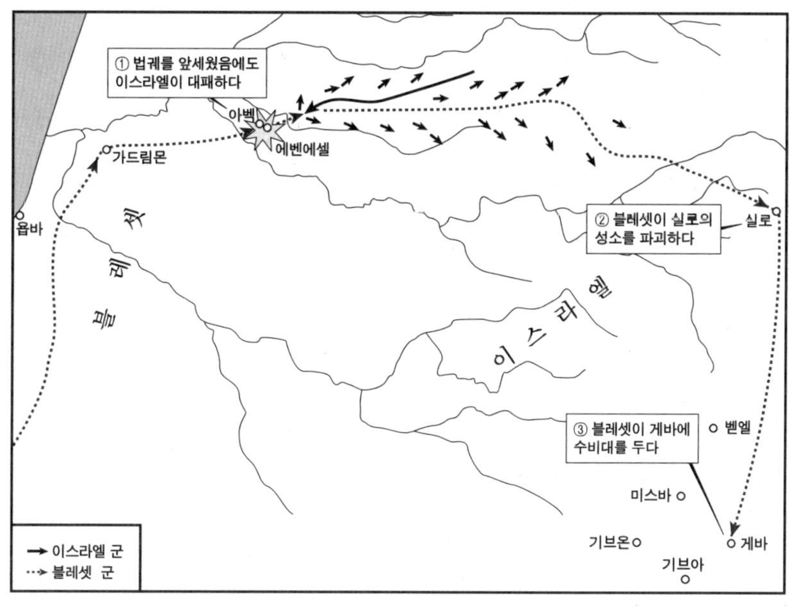

• 아벡 전투

> "우리에게 화로다 누가 우리를 이 능한 신들의 손에서 건지리요 그들은 광야에서 여러 가지 재앙으로 애굽인을 친 신들이니라"(삼상 4:8).

여기까지는 좋았는데 이후부터 블레셋 진영의 분위기는 이스라엘 사람들의 기대와는 전혀 다른 방향으로 흐르기 시작한다.

> "너희 블레셋 사람들아 강하게 되며 대장부가 되라 너희가 히브리 사람의 종이 되기를 그들이 너희의 종이 되었던 것같이 되지 말고 대장부같이 되어 싸우라"(삼상 4:9).

두려움에 빠진 블레셋군은 어차피 힘겨운 싸움이 될 테니 '죽기 아니면 까무러치기'로 싸우기로 결심한다. 법궤가 이스라엘 진중에 임한 사건은 오히려 블레셋군의 전의를 활활 불태우는 불쏘시개로 작용한 것이다. 이어서 벌어진 전투에서 블레셋 군대는 이스라엘군 3만 명을 죽일 정도로 압도적인 승리를 거두었다. 이 전투에서 이스라엘군은 법궤를 빼앗겼고 제사장의 두 아들인 홉니와 비느하스가 전사하는 등 그때까지 이스라엘이 치러 온 전쟁 역사에서 가장 치욕적인 패배를 맛보게 된다. 전쟁의 결과를 듣고, 특별히 법궤를 블레셋군에게 빼앗겼다는 소식을 들은 엘리 제사장은 의자에서 자빠져 목이 부러져 죽는다. 그리고 아벡 전투의 치욕적인 참패는 이스라엘에게 감내하기 힘든 고통을 가져온다. 그 고통의 씨앗은 다음과 같다.

첫째, 블레셋 사람들은 내친김에 이스라엘의 중앙 성소가 있는 실로를 파괴했다(렘 7:12; 26:6). 이때부터 중앙 성소는 일시적으로 놉 땅으로 옮겨진다(삼상 21:1).

둘째, 블레셋은 이스라엘 백성이 정착한 서부 산지의 중심에 위치한 게바에 수비대(일명 총독부)를 두고 이스라엘을 통치했다(삼상 10:5; 13:3).

셋째, 블레셋은 철 생산을 독점하고 이스라엘이 자신들에게 의존하도록 이스라엘이 소유한 모든 철 생산 공장을 파괴했다(삼상 13:19-22). 이는 이스라엘의 무장해제를 의미하는 것이다.

법궤의 이동 삼상 5:1-7:2

이후에 벌어지는 스토리는 부적처럼 법궤만을 앞세운 이스라엘은 실패했지만, 블레셋 땅으로 들어간 법궤를 통해 하나님께서 친히 영광을 받으시는 드라마틱한 과정을 다루고 있다. 이스라엘군을 초토화시킨 블레셋은 이스라엘의 신을 상징하는 법궤를 아스돗에 있는 다곤 신전에 두었다. 그런데 이튿날 가 보니 다곤 신의 생각하는 머리와 권능의 팔이 부러져 다곤 신의 몸뚱이만 남아 있었다. 그리고 아스돗에 독종 재앙이 퍼지고 도시가 쥐들로 가득하게 된다. 할 수 없이 블레셋은 법궤를 가드로 옮겼는데 그곳에서도 동일한 일이 발생했다. 법궤는 다시 에그론으로 옮겨졌고 여기

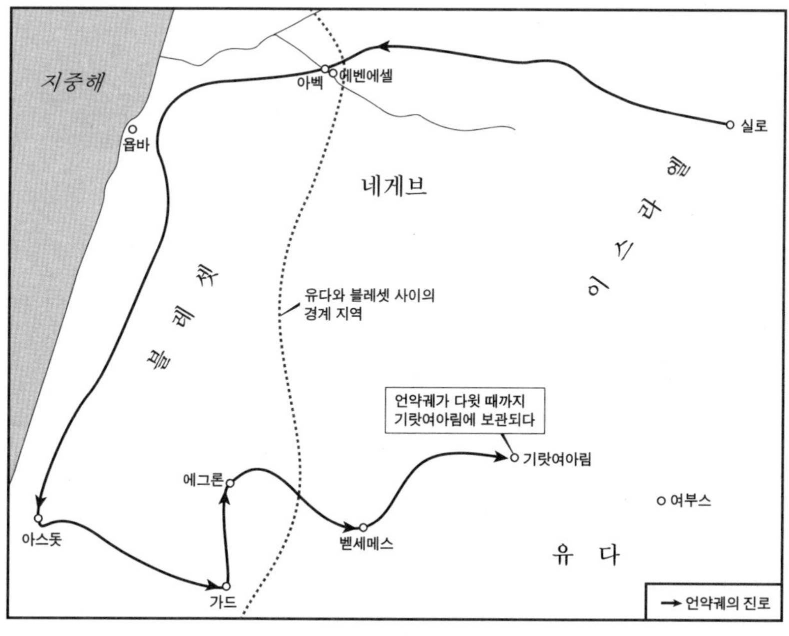

• 법궤의 이동

서도 재앙이 반복된다. 이렇게 법궤는 스스로 7개월 동안 블레셋 도시들을 돌면서 재앙을 일으켰다.

블레셋 지방의 도시들에서 연거푸 일어난 재앙의 원인과 방지책을 의논하기 위해 에그론에는 블레셋·다섯 도시의 왕과 점쟁이들이 모였다. 이들은 도시의 숫자를 따라서 5개의 금독종과 금쥐 형상을 만들고 속건제를 드렸다. 그리고 이 재앙이 과연 여호와로 인한 것인지 아니면 단순한 우연의 일치인지를 알아보기 위해 독특한 시험을 한다.

한 번도 멍에를 메어 보지 않은 두 마리의 소에게 법궤를 실은 수레를 끌게 해서 만약 이 소가 무거운 법궤를 실은 수레를 끌고 벧세메스로 향하면 블레셋 땅에 임한 재앙들이 여호와로 인한 것이고, 만약 다른 방향으로 가면 단순한 우연의 일치라고 여기려고 한 것이다.

이때 법궤를 실은 수레를 끌고 암소가 좌우로 치우치지도 않고 정확하게 벧세메스로 향하는 신기한 일이 벌어졌다.

수레를 끈 암소는 벧세메스에 있는 여호수아 밭에 멈추어 섰는데, 마침 밀을 베던 이곳 사람들이 법궤를 쳐다보다가 70명이 즉사하게 된다. 블레셋과의 국경 마을에 있던 벧세메스 사람들은 블레셋 도시에서 일어난 재앙에 대해 풍문으로 들었을 것이고, 자신의 마을에서도 그런 재앙이 재현될까 봐 한껏 두려웠을 것이다. 이들은 결국 기럇여아림에 있는 아비나답의 집으로 법궤를 옮겨 그 집의 장남인 엘르아살을 거룩하게 구별하여 법궤를 지키게 했다. 이렇게 해서 실로에 있던 법궤는 블레셋 도시들을 돌아 기럇여아림에 거처를 정하게 된다. 법궤는 주전 1003년경 다윗이 예루살렘에서 통치를 시작할 때까지 기럇여아림에 있게 되는데 그 기간은 무려 70여 년이 된다(아벡 전투가 발발한 주전 1075년부터 주전 1003년까지).

암소가 벧세메스로 향하게 될 확률은 몇 대 몇?

성경에서 무척 흥미로운 이야기 가운데 하나가 블레셋의 다섯 도시 중 하나인 에그론에서 법궤를 실은 수레를 끌고 벧세메스로 향하는 암소에 대한 이야기다. 나는 종종 이 부분을 설명하면서 이런 질문을 던진다.

"여러분, 여기서 법궤를 실은 수레를 끌고 암소가 벧세메스로 향할 확률은 과연 몇 대 몇일까요?"

이렇게 물으면 보통 별 생각 없이 "50대 50이요!"라고 대답한다.

하지만 과연 그럴까? '소가 벧세메스로 갈 확률이 얼마나 될까'라는 재미난 질문을 던지며 곰곰이 묵상할 때 이 사건이 주는 영적인 교훈을 제대로 캐치할 수 있다. 정답은 우리가 언뜻 생각하듯 '50대 50'이 결코 아니다. 이것은 마치 동전을 던지면서 앞면이 나올까 뒷면이 나올까와 같은 문제와는 차원이 다르다. 이런 상황이라면 당연히 확률은 '50대 50'일 테지만, 지금은 에그론에 있는 소가 벧세메스로 갈 확률과 그렇지 않을 확률을 구하는 것이다.

이것은 마치 빙빙 돌아가는 번호판을 향해 화살을 쏘는 상황을 예로 들 수 있다. 원의 중심(여기를 에그론이라고 하자)에서 시작해 화살표 한 개를 직선으로 쭉 긋고 그 끝을 벧세메스라고 하자. 그리고 이 원판을 돌린 후 멀리서 화살을 쏠 때 이 화살이 정확히 벧세메스를 향하는 직선 위에 맞을 확률이 얼마나 될까를 상상해 보면 쉬울 것이다. 암소가 다른 방향이 아닌 벧세메스로 향할 확률은 그처럼 어려운 것이다. 굳이 표현하자면 이것은 무한대분의 일, 즉 제로에 가까운 확률이다.

그런데 여기서 우리가 생각해 보아야 할 부분이 하나 더 있다. 에그론과 벧세메스는 동일한 고도상에 있는 도시가 아니다. 에그론은 지중해 해변에 인접한 블레셋 평야에 위치하지만, 벧세메스는 블레셋 평야와 유다 산지의 완충지인 쉐펠라 지역, 그러니까 해발 300~500m의 구릉지에 위치한다는 것이다. 똑같은 평야 지대라도 암소가 벧세메스로 향할 확률이 제로에 가까운데, 암소가 무거운 법궤를 실은 수레를 끌고서 평야에 있는 에그론에서 구릉지에 있는 벧세메스를 향해 올라갈 확률은 더더욱 떨어질 수밖에 없다.

즉 이런 식의 테스트를 고안해 낸 블레셋 점쟁이들의 의도는 블레셋 도시에서 일어난 재앙들이 단순한 우연의 일치였음으로 몰아가려는, 그러니까 일종의 '짜고 치는 고스톱'과 같은 테스트였던 것이다. 그런데 어찌된 일인지 암소가 땀을 뻘뻘 흘리면서 수레를 끌고 좌로나 우로도 치우치지 않고 정확히 벧세메스를 향해 올라가는 것이 아닌가? 이 광경을 지켜본 블레셋 점쟁이들의 심정을 상상할 수 있겠는가? 이들은 지난 재앙의 사건들을 단순한 우연의 일치로 결론 내리고 그렇게 은폐하려다가 오히려 하나님의 권능의 역사를 목도하게 된 것이다. 이들은 틀림없이 살아 계시고 엄위하신 하나님을 느끼며 순간 머리카락이 쭈뼛쭈뼛 서고 모골이 송연해졌을 것이다.

그러면 암소가 어떻게 법궤를 실은 수레를 끌고 벧세메스를 향해 올라갈 수 있었을까? 이것은 암소의 본성만으로는 결코 일어날 수 없는 불가능한 일이다. 그러면 어떻게 이런 일이 가능했을까? 그것은 암소가 하나님의 영에 충만해질 때에만 가능한 것이다! 사무엘상 6장 12절 말씀을

보면 이런 상황을 재미나게, 그러나 의미 있게 묘사하고 있다.

"암소가 벧세메스 길로 바로 행하여 대로로 가며 갈 때에 울고 좌우로 치우치지 아니하였고 블레셋 방백들은 벧세메스 경계선까지 따라가니라"(삼상 6:12).

암소는 벧세메스로 향하면서 울면서 올라갔는데 이것은 자신의 본성과는 상관없이 어떤 강력한 외부의 힘에 이끌려서 올라가고 있는 상황을 암시해 준다. 그것도 좌우로 치우치지 않고 정확하게 벧세메스로 향하고 있다. 이는 이것이 하나님의 능력의 역사임을 확신시키고 있다. 이 사건은 신약시대 오순절 성령이 강림하기도 전인 구약시대에 사람도 아닌 암소가 최초로 성령 충만을 덧입은(?) 놀라운 사건이다. 그러면 하나님의 말씀에 순종하지 않는 사람을 향해서 우리는 이렇게 말할 수 있지 않을까?

"이 암소만도 못한 놈아!"

암소도 자신의 본성에 거스르며 울면서 하나님의 뜻에 순종하는데 하물며 사람이면 더더욱 순종해야 하지 않겠는가? 그러니까 하나님의 말씀에 순종하지 않는 사람은 '암소만도 못한 사람'이 되는 것이다.

이방인의 손을 빌려 유다로 옮겨진 법궤

실로에 있던 법궤가 블레셋 도시들을 지나 최종적으로 기럇여아림에 안치되는 과정을 추적해 보면 재미난 사실 하나를 발견할 수 있다. 실로는 에브라임 지파의 중심 도시로서 성막이 그곳에 위치함으로써 열두 지파 가운데 에브라임 지파의 우월성을 간접적으로 드러냈다. 하지만 아벡 전투를 거치며 실로에 있던 법궤가 블레셋 도시들을 거쳐 유다 지파에 속한 기럇여아림으로 옮겨지는 과정은 마치 하나님께서 강권적으로 열두 지파의 리더십을 에브라임에서 유다 지파로 옮기는 과정을 보여 주는 듯하다. 시편에 나오는 다음의 말씀은 분명 에브라임에서 유다 지파의 땅으로 법궤가 옮겨지는 사건과 관련이 있을 것이다.

> "사람 가운데 세우신 장막 곧 실로의 성막을 떠나시고… 또 요셉의 장막을 버리시며 에브라임 지파를 택하지 아니하시고 오직 유다 지파와 그가 사랑하시는 시온 산을 택하시며"(시 78:60, 67-68).

실제로 유다 지파에 속한 다윗이 사울의 뒤를 이어 즉위하면서 기럇여아림에 있던 법궤를 예루살렘으로 안치하고 그곳에 성전이 세워지면서 이런 사실은 점점 구체화되고 확증된다.

> "또 그의 종 다윗을 택하시되 양의 우리에서 취하시며 젖양을 지키는 중에서 그들을 이끌어 내사 그의 백성인 야곱, 그의 소유인 이스라엘을 기르게 하셨더니 이에 그가 그들을 자기 마음의 완전함으로 기르고 그의 손의 능숙함으로 그들을 지도하였도다"(시 78:70-72).

에브라임 지파는 분명 사사 시대에 유다 지파보다 앞서는 리더십이 부여되었던 듯하다. 하지만 그들은 기드온 전쟁과 입다 전쟁에서 드러나듯이 자신들의 우월적 지위만 주장할 뿐 리더로서 감당해야 할 책무는 완전히 등한시해 왔다. 이들의 오만함은 법궤를 상품화(또는 부적화)하며 하나님을 경시하는 풍조를 낳았고, 결국 하나님은 이방인의 손을 빌려 법궤를 유다 지파의 지경으로 옮기신 것이다. 축복을 제대로 감당하지 못하면 그 물줄기가 다른 곳으로 향하게 됨을 알 수 있다. 계시록에 나오는 다음 말씀에서 '법궤=촛대'라 생각하고 읽어 보면 그 의미가 새롭게 와 닿을 것이다.

> "그러므로 어디서 떨어졌는지를 생각하고 회개하여 처음 행위를 가지라 만일 그리하지 아니하고 회개하지 아니하면 내가 네게 가서 네 촛대를 그 자리에서 옮기리라"(계 2:5).

사무엘의 부흥운동과 미스바 전투 삼상 7:3-17

98세로 나이가 많고 뚱뚱했던 엘리가 아벡 전투의 소식을 듣고 목뼈가 부러져 비명에 횡사함으로써 이스라엘은 본격적으로 그 밑에서 훈련받던 선지자 사무엘의 시대로 접어든다. 선지자 사무엘이 이스라엘의 역사 무대에 본격적으로 등장할 즈음 이스라엘의 상황은 어느 모로 보나 침울하고 절망적이었다. 지파 간의 충돌, 종교적 타락, 블레셋의 위협 등 이스라엘 전

역사를 통해서 볼 때도 이렇게 총체적인 위기 상황은 없었다.

타락한 엘리의 두 아들과는 달리 어릴 때부터 하나님의 음성을 들으며 자라난 사무엘은 실로의 성소가 파괴되고 법궤마저 대적 블레셋의 수중에 빼앗긴 상황에서 마지막 사사요 선지자로서 자신의 직무를 시작한다. 이즈음 황홀경에 의한 선지자 집단이 출현(삼상 10:1-5; 19:18-24)하는데, 이것은 아마도 성소와 제의가 사라진 정신적인 공백기를 틈타 백성들 사이에서 자유로운 카리스마적 운동이 확산되어 나타난 현상인 듯하다.

베냐민 지파에 속한 라마에서 태어난 사무엘은 길갈과 벧엘, 그리고 미스바를 순회하며 부흥회를 인도하고, 백성이 하나님 앞에 바로 설 수 있도록 도왔다. 길갈은 여호수아와 함께 요단 강을 건넌 이스라엘 군대가 지파별로 돌 한 개씩을 취해 하나님의 능력의 역사를 찬양하고 예배를 드린 곳이다. 벧엘은 이스라엘 12지파의 조상인 야곱이 처음으로 경험한 하나님께 예배를 드린 곳이다. 미스바는 사사 시대에 여선지자 드보라가 사역하던 곳(벧엘과 라마 사이)이다. 이처럼 사무엘이 순회하면서 이스라엘 백성과 집회를 연 장소는 하나같이 당시까지 이스라엘 역사에서 영적인 의미가 있는 곳이다. 사무엘은 이런 곳에서 집회를 인도하며 이스라엘 백성의 영적인 기운을 한껏 고무시키고자 했을 것이다.

그런데 여기서 우리가 주목해야 할 사실은 사무엘이 이스라엘 백성을 모아 놓고 대규모 부흥 집회를 가진 미스바가 바로 블레셋 수비대가 있는 게바에서 무척 가까운 곳에 위치하고 있다는 것이다. 사무엘의 담대함이 돋보이는 부분이다.

사무엘이 미스바에서 대각성 집회를 인도하고 있을 때 이스라엘 백성에게 새로운 위기가 찾아왔다. 역시 해안평야에 있던 블레셋군이 쳐들어온

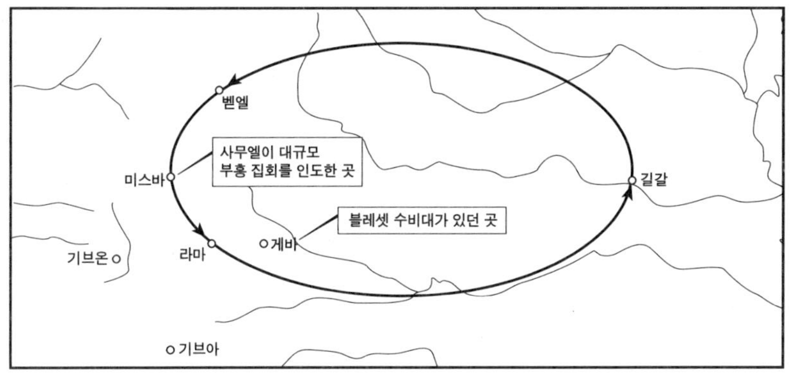

• 사무엘의 순회 부흥회

것이다. 게바에 있던 블레셋 수비대는 틀림없이 미스바에서 진행되는 연합 집회를 해안평야에 있는 블레셋 본국에 보고했을 것이다. 종교와 정치가 일치된 이스라엘에서 사무엘을 통한 영적 대각성 집회가 자칫 국가의 독립운동으로 발전할 수 있음을 간파한 블레셋군은 그 싹을 미연에 잘라 버리기 위해 대규모 군사 원정을 감행한 것이다. 이에 당황한 이스라엘 백성은 사무엘에게 간청했다.

> "당신은 우리를 위하여 우리 하나님 여호와께 쉬지 말고 부르짖어 우리를 블레셋 사람들의 손에서 구원하시게 하소서"(삼상 7:8).

당황한 이스라엘 백성과 달리 사무엘은 미동도 않고 묵묵히 번제를 드리고 여호와께 간구한다. 이때 여호와께서 친히 싸우시는 놀라운 기적이 일어난다. 싸우러 올라온 블레셋 진영에 큰 우레가 떨어져 이스라엘이 큰 승리를 거둔 것이다. 법궤를 앞세워 전투에 임했음에도 엄청난 패배를 맛본 아벡 전투와 달리 아무것도 하지 않고 묵묵히 번제만 드렸을 때 하나님

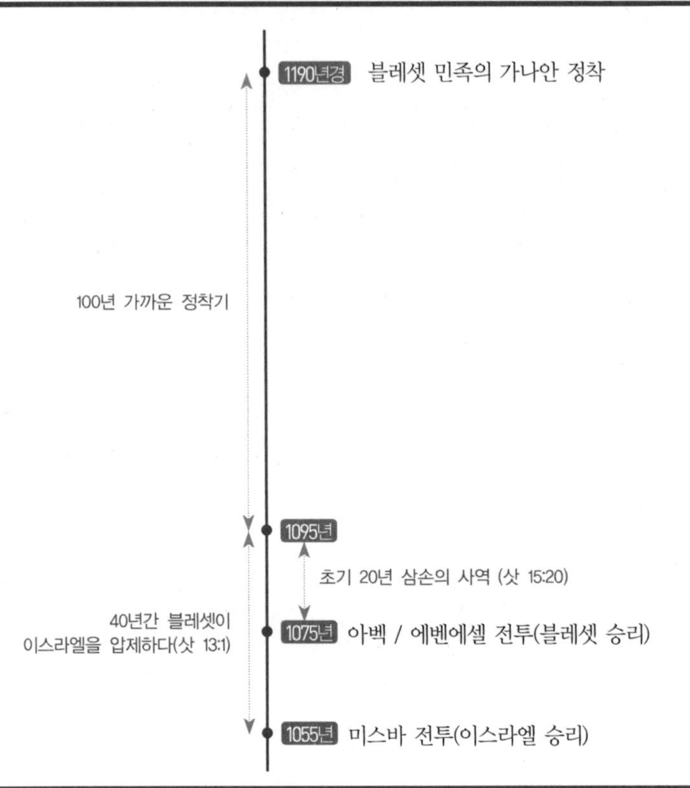

께서 친히 싸우심으로 승리를 거둔 미스바 전투! 아벡 전투에서의 치욕적인 패배와 미스바 전투에서의 기적적인 승리는 하나님의 영에 민감한 두 소년(다윗과 요나단)에게 충격과 깊은 인상을 주었고, 이들은 후에 블레셋과의 전투에서 믿음의 용사로서 명성을 날린다.

미스바 전투는 아벡 전투(주전 1075년경)에서 패배한 후 법궤가 기럇여아림으로 옮겨진 지 20년이 지난 시점에서 발발했기 때문에 그 시기는 대략 주전 1055년경이 된다(삼상 7:2). 이로써 주전 1095년경부터 시작된 블레셋의 40년 압제는 가까스로 막을 내리게 된다. 그럼에도 우리는 게바에 주둔하던 블레셋 수비대가 아직 블레셋 평야로 쫓겨나지 못한 상황임을 기억해야 한다. 이후 요나단과 사울이 벌이는 전투(삼상 13장)가 게바에 있는 블레셋의 수비대를 치는 데 목적을 두고 있기 때문이다.

왕정으로 향하는 급행열차를 타다 삼상 8:1-22

미스바 전투의 승리 이후 이스라엘 백성은 사무엘에게 본격적으로 왕을 세워달라는 탄원서를 내기 시작했다. 이들은 열두 지파가 흩어져서 '따로국밥'처럼 살아가는 현행 국가 체제로는 도저히 블레셋과 같은 강력한 대적을 감당할 수 없다는 데 의견의 일치를 보았다. 게다가 사무엘은 나이가 많아 늙었고, 그의 두 아들인 요엘과 아비야는 브엘세바에서 사사로 직무하면서 뇌물을 밝혀 판결을 굽게 했는데, 당시의 이런 상황을 알 때 왕을 세워달라는 이스라엘 백성의 요구를 단순한 억지로 몰아붙일 수만은 없다.

하지만 왕을 구하는 이들의 요구를 살펴보면 이들 내면에 숨겨진 문제가 드러난다.

> "당신은 늙고 당신의 아들들은 당신의 행위를 따르지 아니하니 모든 나라와 같이 우리에게 왕을 세워 우리를 다스리게 하소서"(삼상 8:5).

이들은 '모든 나라와 같이' 왕을 세워 달라고 요구하고 있다. 당시 이스라엘의 주변 국가들은 속속 강력한 왕권에 의해 통치되는 고대 왕국으로서의 면모를 갖춰 가고 있었다. 이스라엘 백성은 더 이상 눈에 보이지 않는 하나님이 아닌 눈에 보이는 왕을 따라 주변의 열방처럼 살겠다고 요구했다. 이들의 판단 기준은 더 이상 '하나님'이 아니라 '주변에 있는 열방'이 되었던 것이다. 사무엘은 왕을 세워 달라는 백성의 요구를 개인적인 모욕으로 느꼈지만 하나님은 이것이 하나님 자신에 대한 것임을 지적했다.

> "백성이 네게 한 말을 다 들으라 이는 그들이 너를 버림이 아니요 나를 버려 자기들의 왕이 되지 못하게 함이니라"(삼상 8:7).

하나님은 자신이 왕으로서 이스라엘 백성을 직접 통치하는 신정 체제를 원하셨지만, 이것은 이스라엘 백성이 하나님의 말씀에 자원함으로 순종할 때에만 효력을 발휘할 수 있는 이상적인 체제였다. 하지만 이들이 말씀에 순종하기를 거부한다면 어쩔 수 없이 왕정으로 넘어갈 수밖에 없음을 하나님은 말씀하신 것이다. 대신 하나님은 왕정 체제가 가져올 폐단에 대해서도 엄중히 경고하셨다. 강력한 왕정 체제에서는 백성의 강제 노역과 세금 부담이 만만치 않을 것임을 경고하신 것이다(삼상 8:10-17).

이스라엘 백성은 사무엘의 경고에도 불구하고 왕을 세워 달라는 그들의 요구를 철회하지 않았다. 이로써 수세기에 걸친 사사 시대의 지방자치 체제는 막을 내리고 이스라엘은 왕정으로 향하는 급행열차를 타게 된다. 그리고 그 이면에는 블레셋이라고 하는 강력한 대적(특히 아벡 전투에서의 치욕적인 참패)의 등장이 왕정으로 도약하는 강력한 모멘텀이 된 것이다.

성경을 사극 드라마처럼 보기

사사 시대에 사울을 초대 왕으로 추대함으로써 왕정으로 넘어가는 스토리는 많은 성도들에게 익숙할 것이다. 하지만 사사 시대에서 왕정으로 넘어가게 된 역사적이고 정치적인 배경에 대해서 말하라고 하면 잘 대답하지 못한다. 이런 부분을 매끄럽게 이해하려면 성경(특히 구약성경)을 역사적 패러다임을 가지고 이해하는 훈련을 해야 한다.

사사 삼손 때 처음 등장하는 블레셋 민족은 과연 누구이고, 언제부터 이들의 압제가 시작되었는지, 그리고 사무엘서에 등장하는 아벡 전투의 패배 그리고 미스바 전투의 승리와 같은 일련의 사건들이 역사적 관점에서 꿰어져야만 이스라엘이 사사 시대를 넘어 왕정으로 도약하게 된 배경을 이해할 수 있다.

성경을 '역사'로 볼 때 성경 스토리는 마치 역사 드라마, 즉 사극과 같다. 사극과 그것을 보는 현대의 시청자들 사이에는 상당한 역사적 간

극이 존재하기 때문에 사극을 만드는 PD는 중간 중간에 당시의 역사적 배경을 설명하는 내레이션을 수시로 삽입한다. 당시의 상황을 굳이 내레이션으로 표현하자면 다음과 같다.

"미스바 전투에서 승리한 후 이스라엘 백성은 갑자기 사무엘 선지자에게 왕을 구하게 되는데, 그 배경에는 아벡 전투에서 블레셋에게 당한 치욕적인 패배가 강력한 원인이었던 것이었던… 것이었던… 것이었다!!!"

ASIA

Part 10

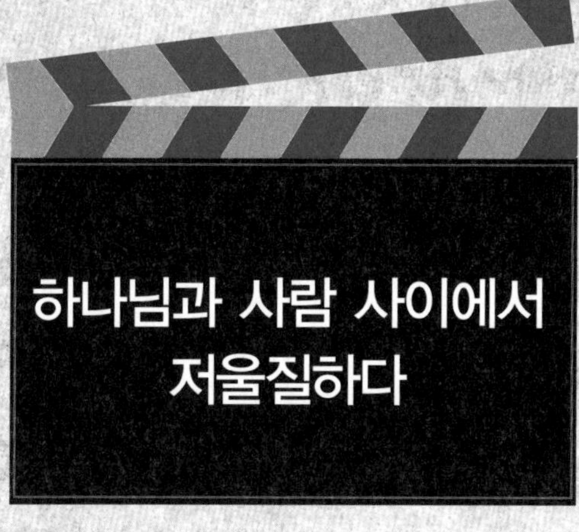

하나님과 사람 사이에서 저울질하다

이스라엘의 초대 왕 사울

주전 1050~1010년

이스라엘이 왕정으로 넘어가면서 초대 왕으로 등극한 사울에게 주어진 1차 과제는 크게 두 가지로 요약할 수 있다.

첫째, 블레셋의 위협으로부터 완전한 해방을 이루는 것이다. 미스바 전투의 승리에도 불구하고 이스라엘 백성이 거주하는 서부 산지의 중앙(게바)에는 블레셋 수비대가 버젓이 호령하고 있었다. 이 블레셋 수비대를 해안평야로 몰아내고 완전한 독립을 이뤄 내는 것이 사울에게 주어진 첫 번째 과제였다.

둘째, 갈기갈기 찢긴 여러 지파들을 하나로 묶어 참된 통일 왕국을 이루는 것이다. 여기에는 선지자 사무엘의 노력이 많은 공헌을 했지만 이스라엘이 명실상부한 통일왕국으로 도약하기 위해선 넘어야 할 장애물이 많았다. 리더십의 자리를 놓고 가장 큰 파이를 쥐고 있던 에브라임과 유다 지파는 막후에서 불꽃 튀는 경쟁을 벌였다. 이런 상황에서 열두 지파를 하나로 용접하는 것은 결코 쉬운 과제가 아니었다.

이스라엘의 초대 왕 사울 삼상 9-12장

라마에서 기름 부음 받다 삼상 9:1-10:16

왕을 요구하는 백성의 요구가 있은 지 얼마 지나지 않아 하나님은 사무엘을 통해 왕이 될 인물을 지명하셨는데, 곧 베냐민 지파에 속한 기스의 아들 사울이었다. 사울은 아버지의 암나귀를 찾으러 나갔다가 선지자 사무엘의 집이 있는 라마까지 오게 된다. 그리고 그곳에서 사무엘은 사울을 왕으로 기름 붓는다. 하지만 소심한 성격의 사울에게 이 사건은 쉽게 받아들이기 힘든 엄청난 일이었다. 사무엘은 지울 수 없는 부담감을 갖고 집으로 향하는 사울에게 확정의 징표로서 세 가지를 말했는데, 이것이 모두 이루어짐으로써 사울의 마음을 담대하게 했다.

첫째, 두 사람을 만날 것인데, 이들은 사울에게 "잃어버린 암나귀를 찾

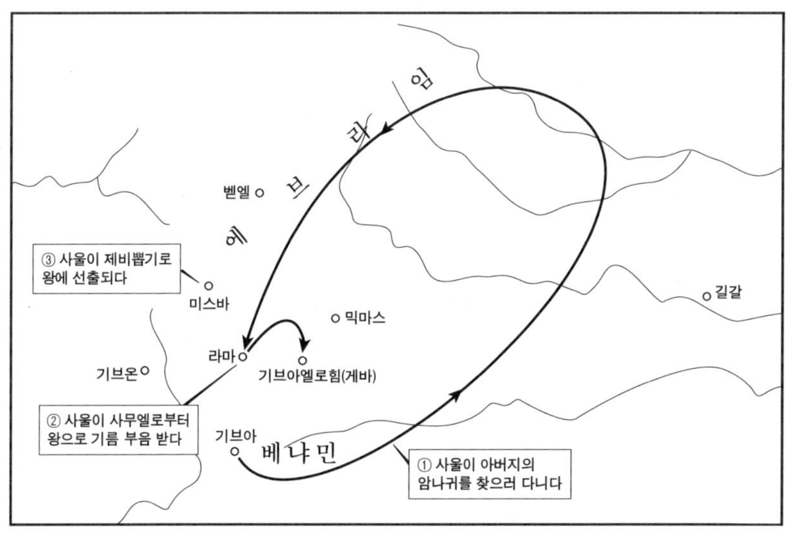

왔고 아버지가 사울로 인해 걱정한다"는 말을 할 것이다.

둘째, 염소와 빵과 포도주를 갖고 있는 세 사람을 만날 것인데, 그들이 사울에게 두 덩이의 빵을 줄 것이다.

셋째, 악기를 연주하며 하나님께 찬양드리는 선지자 무리를 만날 것이고 사울에게는 하나님의 영이 부어질 것이다.

미스바에서 왕으로 선출되다 삼상 10:17-27

사울을 왕으로 기름 부은 사무엘에게는 이제 백성에게 이 사건을 공표하는 일만 남았다. 사무엘은 아직 이스라엘 백성의 기억 속에 생생히 남아 있는 미스바 전투의 승리를 기념하는 뜻에서 백성을 미스바로 불렀을 것이다. 그리고 제비뽑기를 통해 사울을 이스라엘 백성이 간절히 바라던 왕으로 공표했다. 사무엘은 분명히 사울에게 이 모임에 참석하도록 지시했을 텐데, 왕으로 뽑히는 결정적인 순간에도 그의 모습은 보이지 않았다. 사울은 행구(짐꾸러미) 사이에 숨어 있었고 이로 인해 몇몇 백성은 "이 사람이 어떻게 우리를 구원하겠는가?"하며 사울을 조롱했다.

'왕재'로서 조금도 부족함이 없었던 사울

인간적으로 볼 때 초창기 사울의 모습은 몇 가지 면에서 '왕재'(王才)로서 조금도 부족함이 없는 출중함과 탁월함을 가지고 있었다.

첫째, 나귀를 찾아오라는 아버지의 심부름을 성실하게 수행했다.

둘째, 남보다 머리 하나는 클 정도로 훤칠한 키와 준수한 외모를 가졌다. 속된 말로 '틀'(frame)에서 부족함이 없었다.

셋째, 하나님의 종 사무엘을 찾아갈 때 예물을 먼저 걱정할 정도로 인간적이고 신앙적인 매너도 갖추고 있었다.

넷째, 자신을 배척하고 조롱하는 무리 앞에서도 즉각적으로 반응하지 않는 과묵함과 진중함이 있었다.

왕을 선출하는 순간의 미묘한 분위기를 느껴 보자!

그동안 열두 지파 체제를 유지하며 각개 전투로 살아오던 이스라엘 백성이 사무엘의 주도하에 미스바에 모여서 왕을 선출하는 제비뽑기를 했다. 지파 체제에서 왕정 체제로 넘어가기 위해 최초로 선출될 왕이 과연 어느 지파에서 탄생할 것인가를 놓고 각 지파의 장로들은 숨죽이며 제비뽑기의 과정을 지켜보았을 것이다. 그중에서도 열두 지파 중 가장 큰 파이를 쥔 탓에 늘 물밑에서 헤게모니를 장악해

오던 에브라임과 유다 지파의 장로들이 특히 더 긴장했을 것이다. '만약 상대 지파에서 왕이 뽑힌다면?' 하고 상상을 해보던 장로들은 이내 고개를 설레설레 흔들면서 '절대 그런 일은 있을 수 없어! 결단코!' 하며 애써 자위했을 것이다.

이런 상황에서 최종적으로 베냐민 지파가 뽑혔을 때 이들은 과연 어떤 반응을 보였을까? 이것이 에브라임 지파에게 유리하게 작용할 것인가? 유다 지파는 과연 이 결과를 순순히 받아들일 것인가? 두 지파는 누가 왕이 될지는 모르지만 열두 지파 중에서 최종적으로 베냐민 지파가 뽑힌 것을 두고 재빨리 정치적 이해관계와 득실을 계산하느라 분주했을 것이다. 유다와 에브라임 지파가 막후에서 벌이던 경쟁을 염두에 둘 때 초대 왕인 사울이 베냐민 지파 출신이라는 사실은 몇 가지 점에서 중요한 의미가 있다.

첫째, 베냐민 지파는 이스라엘 열두 지파 가운데 지리적으로 가장 중앙에 위치하고 있다.

둘째, 베냐민 지파는 강력한 두 지파인 에브라임과 유다 지파 사이에서 샌드위치처럼 위치하고 있다.

셋째, 베냐민 지파는 열두 지파 가운데 가장 작고 미약한 지파였기 때문에 다른 지파의 질시를 최소화할 수 있다. 어차피 유다나 에브라임 지파 중 어느 한쪽에서 왕이 선출될 경우 상대편의 불만이 폭발할지도 모른다면 차라리 가장 미약한 베냐민 지파에서 왕이 선출되는 편이 나았을 것이다.

넷째, 에브라임 지파 입장에서는 베냐민 지파에 대해 심정적으로 강한 유대감을 느끼고 있었다. 에브라임의 아버지인 요셉과 베냐민은 모두 어머니가 라헬이기 때문이다. 에브라임 지파는 베냐민 지파 출신인 사울 왕의 통치 기간 내내 그를 지지하며 뒤에서 든든한 후견인 역할을 해주었을 것이다.

다섯째, 강력한 유다 지파의 입장에서도 베냐민 지파에서 왕이 선출됨으로써 정치적 라이벌인 에브라임 지파에서 왕이 선출되는 최악의 상황을 피했다는 점에서 그나마 안도의 한숨을 쉬었을 것이다. 게다가 베냐민 지파는 유다 지파와 지리적으로 가까워 에브라임과 베냐민 지파의 유착 관계를 감시하고 방지할 수 있어 최선은 아니어도 차선은 된다고 여겼을 것이다.

길갈에서 왕으로 옹립되다 삼상 11:1-15:
길르앗 야베스 전투

사울은 왕으로 기름 부음 받고 제비뽑기에서도 당당히 왕으로 선출되었지만 왕재(王才)로서 자신의 능력을 백성 앞에서 입증해야 할 필요가 있었다. 그리고 이 기회는 미스바에서 왕으로 뽑히고 나서 멀지 않은 시일 내에 찾아왔다. 수십 년 전 사사 입다에게 패배했던 암몬 사람들이 나하스 왕의 영도 아래 길르앗 야베스를 포위 공격한 것이다. 길르앗 야베스 사람들이 보낸 전령을 통해 이 소식을 들은 사울은 곧 유다 사람 3만과 이스라엘 사람 30만을 징집해 암몬 군대를 격파하고 성공적으로 길르앗 야베스를 구원한다. 길르앗 야베스 전투의 승리는 왕재로서 사울의 능력을 알리는 계기가 되었고, 이스라엘 백성은 길갈로 내려가 사무엘의 주도 아래 사울을 왕으로 옹립하는 즉위식을 거행했다.

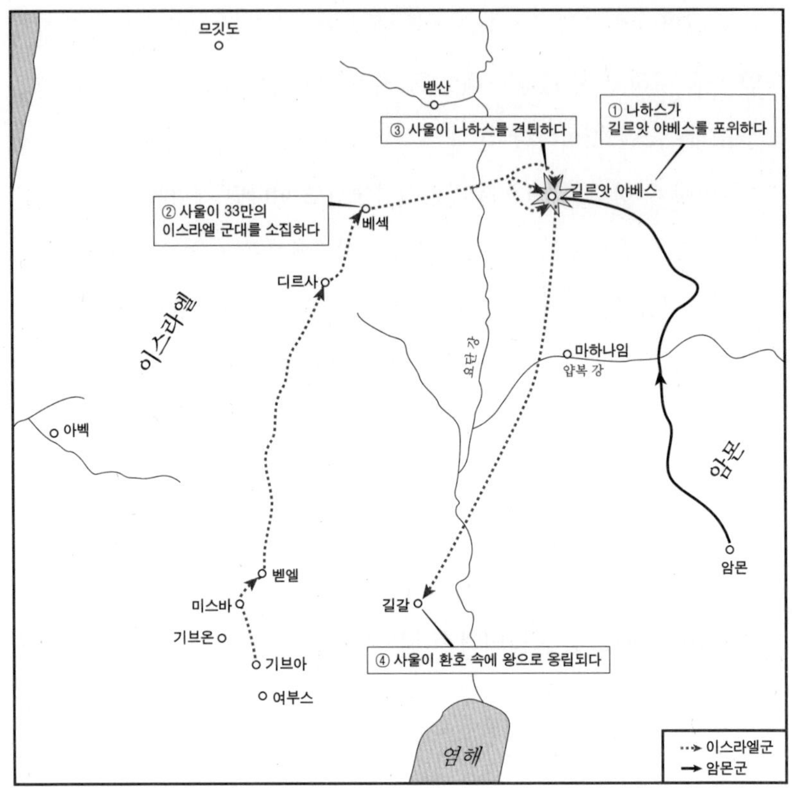

• 길르앗 야베스 전투

이스라엘 백성은 왜 길갈에서 사울의 등극식을 가졌을까?

여기서 이스라엘 백성의 열렬한 환호를 받으며 사울이 왕으로 옹립되는 장소가 다른 곳이 아닌 바로 길갈이라는 점이 흥미롭다. 이것은 '길갈'이란 장소가 갖고 있는 역사성으로 인한 것이다. 이스라엘은 미스바 전투의 승리에도 불구하고 여전히 게바에 블레셋 수비대가 주둔해 있는 반독립국 상태였다. 이런 상황에서 이스라엘이 왕국을 선포하고 왕을 옹립한 일은 자칫 압제자 블레셋에게는 도발로 비칠 수 있었다. 그런 점에서 길갈은 이스라엘 백성이 전혀 위축되지 않고 이 같은 일을 거행할 수 있는 가장 적합한 장소였다.

길갈은 가나안 땅에 들어온 이스라엘 백성이 처음 예배를 드린 장소일 뿐 아니라 그곳을 베이스캠프 삼아 수많은 가나안 정복 전쟁을 치른 감동적인 역사가 살아숨쉬는 장소였기 때문이다.

사울은 왜 길르앗 야베스를 구원하러 갔을까?

사무엘로부터 이스라엘 왕국의 초대 왕으로 기름 부음 받고 모든 백성이 지켜보는 가운데 제비뽑기를 통해 왕으로 선출된 사울에게 길르앗 야베스 전투는 특별한 의미가 있다. 길르앗 야베스 전투는 사울이 직접 군사를 징집해 주도적으로 참전한 첫 번째 전투였다. 그러면 사울은 왜 위기에 처한 길르앗 야베스를 구원하러 갔을까? 이스라엘에서 세미나를 할 때 이 질문을 던지면 이런 대답이 자주 나온다.

첫째, 하나님의 신에 감동했기 때문이라는 것이다. 이렇게 대답한 사람은 분명 다음의 성경 말씀에 근거를 두고 대답했을 것이다.

> "사울이 이 말을 들을 때에 하나님의 영에게 크게 감동되매 그의 노가 크게 일어나"(삼상 11:6).

이 대답은 틀리지 않지만 질문을 던진 나의 의도와는 전혀 동떨어진 대답이다. 우리가 성경을 읽을 때, 특히 구약성경을 읽을 때는 1차적으로 역사적인 관점에서 이해하는 것이 '반드시' 필요하다. 여기서 '반드시'란 부사를 넣어 강조하는 이유는 우리가 이 점을 종종 간과하기 때문이다. 우리는 역사 스토리인 구약성경을 대하면서도 우리에게 익숙한 영적이고 신학적인 관점과 잣대를 들이대고 본문을 이해하려는 경향이 있다.

사울이 길르앗 야베스를 구원하는 부분에서도 분명 '사울이 하나님의 신에 감동했다'는 언급이 나오지만 이건 어디까지나 영적이고 신학적인 관점에서만 부합하는 대답이다. 이 질문을 할 때 나의 의도는 사울이 위기에 처한 길르앗 야베스를 구원하러 갈 수밖에 없던 당시의 역사적 상황과 당위성이 무엇인가를 함께 고민해 보자는 것이다. 물론 이런 질문에 대해 고민하면서 성경(특히 구약성경)을 읽으면 역사적 관점에서 성경을 이해하는 훈련이 자연스럽게 될 수 있다.

이렇게 말하고 역사적 관점에서 접근해 보라고 하면 한참을 고민하다가 두 번째로 나오는 대답이 있다. 바로 왕재로서 자신의 능력을 입증해 보이기 위해 길르앗 야베스 전투에 출정했다는 것이다. 사울은 미스바에서 제비뽑기로 왕에 선출되었지만 행구 뒤에 숨은 그를 비웃고 멸시하는 사람들이 있었다.

> "어떤 불량배는 이르되 이 사람이 어떻게 우리를 구원하겠느냐 하고 멸시하며"(삼상 10:27).

왕에 선출된 사울은 자신을 향한 이런 멸시의 말을 듣고도 아무 말 없이 잠잠하기만 했다. 아마도 두 번째 대답은 이 말씀을 기억하고 나온 것으로 보인다. 충분히 역사적, 그리고 상황적 개연성이 있는 대답이다. 두 번째 대답이 '역사적 관점에서 이해하는 성경'이란 주제로 볼 때 첫 번째 대답보다 훨씬 더 주제와 부합한다고 볼 수 있다. 하지만 이 대답도 역시 2% 부족하다. 사울은 단지 자신을 비웃고 멸시하는 사람들의 코를 납작하게 해주고 자신의 숨겨진 능력을 과시하기 위해 길르앗 야베스 전투에 출정한 것일까? 물론 어느 정도 그런 측면도 없지 않을 것이다.

그러면 사울이 길르앗 야베스를 구원하러 갈 수밖에 없는 보다 설득력 있는 역사적 상황은 무엇일까? 이것은 바로 사울이 속해 있던 베냐민 지파와 길르앗 야베스의 관계를 이해할 때 알 수 있다. 물론 이는 구약성경을 읽으면서 그 역사적 흐름을 놓치지 않고 따라갈 때에만 알 수 있는 것이다. 사무엘상 11장에서 길르앗 야베스를 구원하러 가는 사울과 관련된 역사적 배경은 사사기 19~21장에서 찾아야 한다.

사사기 마지막 부분에는 기브아 첩 사건(일명 열두 토막 살인 사건)이 나온다. 여기에는 한 레위인의 첩을 기브아 사람들이 집단 강간하고 결국 죽게 만든 엽기적인 사건으로 인해 나머지 열한 지파 연합군과 베냐민 지파가 내전을 벌이는 상황이 기록되어 있다.

이 전투에서 베냐민 지파는 600명의 남자를 제외하고 모두가 전멸하

는, 그래서 자칫 베냐민 지파 자체가 통째로 사라질 뻔한 위기에 처한다. 그러자 지파 연합군이 진멸 위기에 처한 베냐민 지파를 다시 소생시킬 목적으로 600명의 베냐민 남자들에게 각각 처녀를 짝지어 주는데, 그중 400명의 처녀를 길르앗 야베스에서, 그리고 나머지 200명은 실로의 포도원 축제에 참석한 여인들 중에서 처녀 보쌈을 통해서 강제로 충원했다.

결국 베냐민 지파는 사사 시대에 고작 600명의 소수에서 출발해 놀라운 속도로 번성하여 급기야 왕국 시대로 넘어가면서는 이스라엘의 초대 왕인 사울을 배출하는 쾌거를 이룬 것이다. 하지만 여기서 우리가 주목해야 할 점이 있다. 바로 사울이 등장할 당시 베냐민 지파의 세 가정 중 두 가정은 그 외갓집이 길르앗 야베스에 있었다는 점이다.

그러면 이즈음에서 왕으로 뽑힌 사울이 위기에 처한 길르앗 야베스를 구원하러 갈 수밖에 없는 당시의 역사적 상황이 이해될 것이다. 그러니까 사울에게는 암몬 왕 나하스의 공격으로 인해 위기에 처한 길르앗 야베스의 사정이 결코 '강 건너 불구경 하듯' 남의 문제가 아니었던 것이다. 다시 말해 집안 문제였던 것이다. 어쩌면 사울의 외갓집도 길르앗 야베스에 있었을는지 모른다. 이럴 때 우리는 이런 말로 대신할 것이다.

"우리가 남이가?"

"피는 물보다 진하다."

왜 유다는 별도로 계수했을까?

사울은 길르앗 야베스를 구원할 군사를 징집한 후 베섹에서 군사의 수를 계수했는데 성경은 유다에서 3만, 이스라엘에서 30만의 군사를 모았다고 기록하고 있다. 문제의식을 가지고 이 부분을 본다면 '왜 유다의 군사를 별도로 계수했을까' 하는 궁금증이 들 것이다.

이때의 이스라엘은 분열왕국 시대와는 한참 거리가 멀었다. 이때는 사울을 초대 왕으로 옹립해 통일왕국이 막 출범되는 시기였다. 그런데 이때부터 유다의 군사가 별도로 계수된 것을 보면 유다와 다른 지파들 간에 갈등이 일찍부터 존재했음을 알 수 있다. 솔로몬이 죽고 그 아들 르호보암 왕 때 왕국이 남북으로 분열되지만 분열의 씨앗은 상당히 오래 전부터 자라고 있었던 것이다.

사울 왕국은 무늬만 왕국?

이스라엘의 왕정은 이방 국가들의 통치 체제를 본따 출범했지만 사울 왕국은 이방 국가의 그것과는 몇 가지 점에서 다른 특징이 있었다.

첫째, 단순한 혈통에 근거해 왕이 된 이방 국가들과 달리 사울 왕의 등장은 선지자의 기름 부음, 지도자로서 사울이 보여 준 카리스마(길르앗 야베스 전투의 승리), 백성의 열렬한 환호라고 하는 삼박자가 완벽하게 조화를 이루며 이루어졌다.

둘째, 사울이 왕으로 옹립된 곳은 이전에 지파 체제의 중심지요 성소였던 길갈이었는데, 이로써 이스라엘은 과거의 전통인 지파 체제와의 갈등을 최소화할 수 있었다.

셋째, 통치 형태상 왕정으로 넘어갔지만 과거의 지파 조직과 각 지파에서 실력자로 있던 장로들의 권한은 여전했다. 이런 상황에서 중앙집권적인 왕권을 의미하는 행정기구나 관료제도는 아예 존재하지도 않았다.

사울에게는 왕의 권력과 힘을 상징하는 후궁도 없었고, 지휘관도 친척인 아브넬을 제외하면 없었으며 호화로운 왕궁도 없었다. 사울은 자신의 고향인 기브아의 에셀 나무 그늘 밑에서 통치했는데(삼상 22:6) 이것을 볼 때 사울 왕국은 '무늬만 왕국'이었음을 알 수 있다. 어떤 면에서 사울의 통치기는 열두 지파가 각개전투하던 지방자치 체제에서 왕이 통치하는 중앙집권 체제로 넘어가는 과도기에 해당한다고 보아야 할 것이다.

사무엘의 퇴임식과 고별사 삼상 12장

사울을 왕으로 옹립하는 감격적인 즉위식을 마친 후 사무엘은 더욱 감동적인 고별사를 전달하며 퇴임한다. 이후에도 사무엘이 몇 년 더 살았고 행정에서 어느 정도 영향력을 발휘하기도 했지만 사울을 왕으로 세운 일은 그가 지도자로서 행한 마지막 직무였다. 이후부터는 왕이 주요한 지도자가 되어야 할 터였다.

사무엘은 고별사에서 이스라엘 백성이 왕 되신 하나님을 버리고 사람을 왕으로 세우려 한 것이 얼마나 큰 죄악인가를 지적했다. 하나님은 사무엘의 지적이 옳음을 확신시키고자 건기(여름)인 밀 추수기에 때아닌 우레를 내리심으로 응답하셨다. 사무엘은 이스라엘 백성의 불순종으로 인해 하나님이 애초에 계획하신 신정 체제가 폐기되었듯이, 새로운 왕정 체제 안에서도 동일한 죄악이 이들의 발목을 잡을 수 있음을 감지했다. 이로 인해 사무엘의 고별사는 결국 통치 제도의 변화보다는 심령의 변화가 더 중요하다는 사실에 초점을 맞추고 있다.

> "여호와께서는 너희를 자기 백성으로 삼으신 것을 기뻐하셨으므로 여호와께서는 그의 크신 이름을 위해서라도 자기 백성을 버리지 아

니하실 것이요 나는 너희를 위하여 기도하기를 쉬는 죄를 여호와 앞에 결단코 범하지 아니하고 선하고 의로운 길을 너희에게 가르칠 것인즉 너희는 여호와께서 너희를 위하여 행하신 그 큰 일을 생각하여 오직 그를 경외하며 너희의 마음을 다하여 진실히 섬기라 만일 너희가 여전히 악을 행하면 너희와 너희 왕이 다 멸망하리라"(삼상 12:22-25).

배척받은 사울 삼상 13-15장

40세에 왕이 된 사울은 이후 40년간 왕으로 통치했는데, 그의 즉위 기간은 대략 주전 1050~1010년으로 추정된다. 하지만 길르앗 야베스를 구원하며 이스라엘의 왕으로 화려하게 등극한 사울의 통치는 그 시작부터 잡음이 나기 시작했다. 여기에는 두 가지 이유가 작용했는데, 하나는 사울이 스스로를 통제하지 못하는 결함이었고, 다른 하나는 하나님에 대한 반역의 마음에서 비롯되었다. 결국 사울은 공간적으로 좀 떨어진 곳에서 펼쳐진 두 개의 군사 작전을 통해 하나님으로부터 버림받는 지경에까지 이른다.

첫 번째 배척: 믹마스 전투 삼상 13-14장

사울은 왕이 된 자신에게 부과된 가장 우선적인 직무가 무엇인지 잘 알았다. 그것은 산지에 버젓이 버티고 있는 블레셋 수비대를 해안평야 지대로 몰아내는 것이었다. 사울은 재위 2년이 되자 이를 위한 본격적인 군사 작전에 돌입한다.

1단계: 블레셋 수비대가 있는 게바 포위 작전 **삼상 13장**

사울은 아들 요나단에게 군사 1,000명을 주고 기브아에 진 치게 하고 자신은 군사 2,000명을 이끌고 믹마스에 진을 쳤다. 이스라엘의 지형을 아는 사람이라면 대번에 이런 군사 배치가 게바에 주둔한 블레셋 수비대를 포위하는 전략임을 눈치 챌 것이다. 요나단은 군사 1,000명을 대동하고 게바에 있는 블레셋 수비대를 기습적으로 공격했다. 이 작전은 분명 요나단의 일방적인 돌출 행동이 아니라 믹마스에 진 치고 있는 아버지 사울과 사전에 입을 맞춘 일이었을 것이다. 하지만 믹마스에 있던 사울은 이 일로 인해 해안평야에 있는 블레셋의 본진이 대규모로 출정해 올 것이 두려워 급히 동쪽 광야에 있는 길갈로 후퇴한다.

역시 사울의 예상대로 믹마스 산지는 곧 해변의 모래처럼 블레셋 군대로 가득 찼다. 원래 믹마스 산지는 사울이 군사 2,000명을 가지고 끝까지 사수해야 할 전략적 요충지였지만 사울이 길갈로 줄행랑친 바람에 블레셋 군대는 손쉽게 믹마스 산지를 점령하게 된 것이다. 이로써 게바에서 고작 1,000명의 별동대를 이끄는 요나단과 맞은편 믹마스 산지에서 병거만 3만을 거느린 블레셋의 본진이 일전을 벌이는 상황이 되었다. 기브아에 있던 요나단이 군사 1,000명을 이끌고 소수의 군사만이 주둔하고 있던 블레셋 수비대를 기습 공격한 것은 어찌 보면 간단한 작전일 수 있었다. 하지만 본 게임은 이제부터 시작이었다.

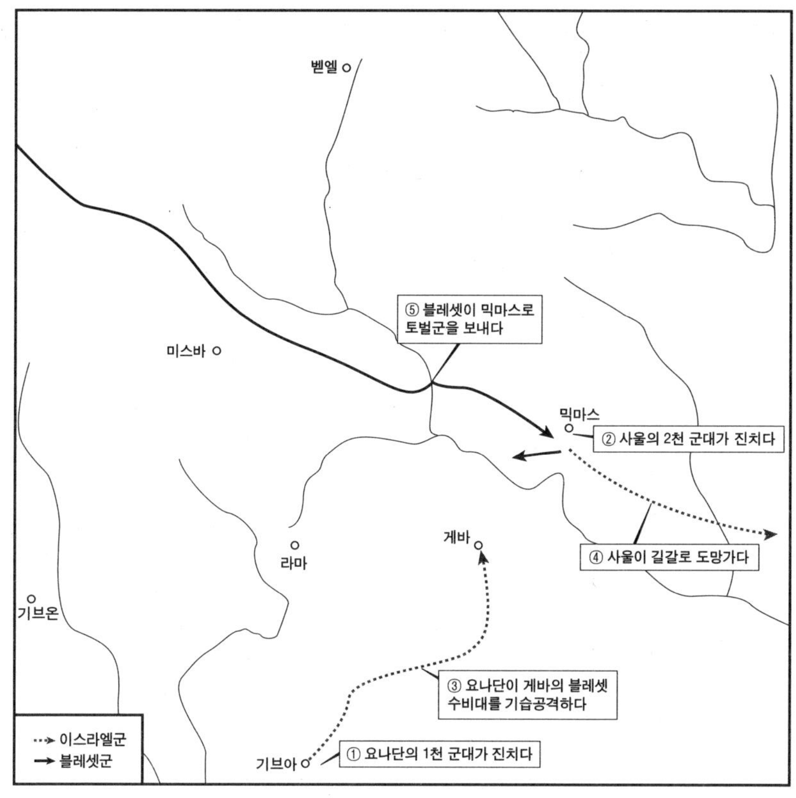
벧엘
⑤ 블레셋이 믹마스로
토벌군을 보내다
미스바
믹마스
② 사울의 2천 군대가 진치다
게바
라마
④ 사울이 길갈로 도망가다
기브온
③ 요나단이 게바의 블레셋
수비대를 기습공격하다
이스라엘군
블레셋군
기브아
① 요나단의 1천 군대가 진치다

• 게바 포위 작전

블레셋의 보복 공격이 두려워 길갈로 줄행랑친 사울에게는 자신의 후퇴로 인해 목숨이 위태롭게 될 아들 요나단의 안위는 안중에도 없었던 것 같다. 사울이 굳이 작전상 후퇴의 장소로 길갈을 정한 것은 아마도 여호수아의 정복 전쟁 당시 베이스캠프 역할을 하던 길갈의 역사와 명성에 의지해 군사들을 고무시키고자 함이었을 것이다. 하지만 총사령관인 사울이 극심한 두려움에 사로잡히자 이 두려움은 군사들 사이로 삽시간에 퍼져 나갔다. 사울의 군사들은 동굴과 수풀과 바위틈에 숨었고 심지어 요단 강을 건너 길르앗 땅으로 도주하는 사람들도 있었다. 이렇게 탈영병들이 속출하자 사울은 가지고 있던 군사 2,000명의 태반을 잃었다.

이런 상황에서 사울은 안절부절못하며 선지자 사무엘이 번제를 드리기 위해 길갈에 도착하기만을 손꼽아 기다렸다. 하지만 사무엘이 정한 기한인 일주일 내에 도착하지 않자 사울은 자신이 직접 번제를 드렸는데, 이것은 사울이 하나님께 배척당하는 첫 번째 단초가 되었다.

> "왕이 망령되이 행하였도다 왕이 왕의 하나님 여호와께서 왕에게 내리신 명령을 지키지 아니하였도다 그리하였더라면 여호와께서 이스라엘 위에 왕의 나라를 영원히 세우셨을 것이거늘 지금은 왕의 나라가 길지 못할 것이라 여호와께서 왕에게 명령하신 바를 왕이 지키지 아니하였으므로 여호와께서 그의 마음에 맞는 사람을 구하여 여호와께서 그를 그의 백성의 지도자로 삼으셨느니라"(삼상 13:13-14).

사울은 나름대로 최선을 다했고 부득이해서 번제를 드렸다고 둘러댔지만 그것은 사울이 둔 최고의 악수일 뿐이었다. 사울이 번제를 드리는 일에 그토록 집착한 것은 분명 사무엘이 묵묵히 번제만 드렸을 때 하나님이 직접 전쟁에 개입하시며 이스라엘에게 기적적인 승리를 주신 미스바 전투를 기억했기 때문일 것이다. 미스바 전투의 드라마틱한 승리를 목격한 사울은 사무엘이 하던 것을 비슷하게 흉내는 냈지만 그것은 그야말로 알맹이 없는 흉내에 불과했다. 사울은 미스바 전투의 승리는 맛보았지만 이 전투의 승리를 통해 하나님이 가르치시고자 한 영적인 교훈은 전혀 깨닫지 못했던 것이다.

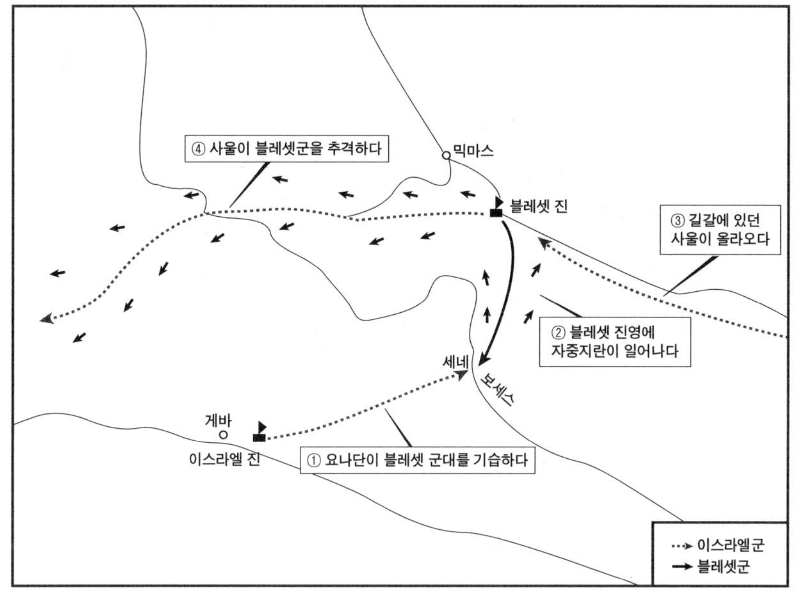
④ 사울이 블레셋군을 추격하다
믹마스
블레셋 진
③ 길갈에 있던
사울이 올라오다
② 블레셋 진영에
자중지란이 일어나다
세네
보세스
게바
이스라엘 진
① 요나단이 블레셋 군대를 기습하다
이스라엘군
블레셋군

• 믹마스 전투

2단계: 믹마스 전투 삼상 14:1-45

하지만 사울의 실패는 믹마스 전투가 낳은 숨은 영웅인 요나단의 등장을 더욱 빛나게 했다. 요나단은 아버지의 예상 밖의 배신(?)으로 인해 절체절명의 위기에 빠졌지만 오히려 이런 상황에서 그의 정금과도 같은 믿음을 발휘했다. 블레셋의 대군과 코앞에서 대치하고 있던 요나단은 압도적인 수적 열세에도 불구하고 전혀 믿음이 약해지지 않았다. 이것은 요나단이 미스바 전투의 승리가 가르쳐 준 핵심 교훈, 즉 전쟁이 여호와 하나님께 달린 것임을 알았기 때문이다. 이것은 요나단이 자신의 병기를 든 수하에게 한 말을 통해 잘 나타난다.

"우리가 이 할례 받지 않은 자들에게로 건너가자 여호와께서 우리를 위하여 일하실까 하노라 여호와의 구원은 사람이 많고 적음에 달리지 아니하였느니라"(삼상 14:6).

요나단은 병기를 든 자신의 수하만을 데리고 중과부적인 블레셋 대군 앞으로 가서 블레셋이 보이는 반응을 통해 하나님의 사인을 구하기로 했다. 즉 블레셋군이 달랑 두 사람뿐인 자기들을 보고 '오라' 하면 하나님이 붙이신 것이고, 만약 자기들이 직접 가겠다고 하면 그렇지 않은 것으로 여기겠다는 것이다. 요나단의 수하는 자신의 주군인 요나단을 묵묵히 따라 나섰다. 이것을 볼 때 두려움뿐 아니라 믿음도 다른 사람에게 전파되는 것임을 알 수 있다. 요나단의 수하는 주군인 요나단의 믿음을 보고 함께 동행한 것이다.

요나단과 그의 수하가 모습을 드러냈을 때 블레셋 군대는 직접 그들에게 가지 않고 '오라'고 했다. 이로써 하나님이 개입하실 것과 또 자신들에게 승리를 주실 것을 확신한 요나단과 그의 수하는 적진을 교란시키기 위한 기습 공격을 감행했다. 블레셋은 엄청난 대군이었지만 요나단의 담대하고 갑작스런 행동으로 인해 곧 아수라장이 되고 말았다.

이 소식은 길갈에 있는 사울의 군대에게도 전해졌다. 뒤늦게 도착한 사울은 승리의 전공을 차지했지만 이런 과정에서 자칫하면 자신의 군대를 모두 잃어버릴 수 있는 위험천만한 명령을 내린다. 하루 동안 아무 음식도 먹지 말라고 명령한 것이다. 이는 분명 블레셋을 끝까지 추격하라는 의도에서 내려진 것으로 보인다. 하지만 사울은 엉뚱한 명령을 통해 군사들이 추격에 필요한 힘을 비축할 기회를 박탈했고, 게다가 아들 요나단의 목숨마저 잣을 뻔했다. 아버지의 명령을 듣지 못한 요나단이 허기진 배를 채우고자 지팡이에 꿀을 찍어 먹었기 때문이다. 하지만 전쟁 승리의 일등공신이 바로 요나단임을 안 백성의 탄원으로 요나단은 가까스로 목숨을 구할 수 있었다.

흔히 "자리가 사람을 만든다"고 하지만 리더는 자리만 지킨다고 되는 것이 아니다. 믹마스 전투는 리더십이 없는 리더는 그를 따르는 팔로어들을 심히 피곤하게 만들 수 있음을 잘 보여 준다고 하겠다.

비정한 아버지 사울

게바 포위 작전과 그 뒤를 잇는 믹마스 전투를 통해 사울의 진면목이 드러나는데, 이것은 미니시리즈 '비정한 아버지 사울'이란 재미난 제목을 붙여서 표현할 수 있다.

비정한 아버지 사울 제1부

통치 2년이 되자마자 사울은 자신에게 주어진 과제 중 가장 중요한 블레셋 수비대를 축출하는 과업에 착수한다. 이때 사울은 아들 요나단에게 군사 1,000을, 자신은 군사 2,000을 거느리고 믹마스로 향한다. 이 대목에서 아버지들은 대뜸 이런 질문을 할지도 모른다.

"아니, 어떻게 아들한테는 군사 1,000을 주고 자기가 군사 2,000을

갔냐? 보통 아버지 같으면 반대로 아버지가 1,000을 갖고 아들한테 군사 2,000을 줄 텐데 말야. 거 참 비정한 아버지일세!"

비정한 아버지 사울 제2부

우여곡절 끝에 사울과 요나단은 중간에 있는 게바의 블레셋 수비대를 포위하는 데 성공했다. 요나단은 틀림없이 아버지 사울과 사전 교감을 통해 게바에 있던 블레셋 수비대를 치는 기습 공격을 감행했을 것이다. 하지만 사울은 순간 해안평야에 있는 블레셋 본진이 대규모 군대를 이끌고 침입해 올 것이 두려워 앞뒤 보지 않고 무작정 동쪽 광야 길을 거쳐 길갈로 줄행랑친다. 자신이 믹마스 진지를 비우게 될 경우 자칫 아들 요나단의 목숨이 위태로울 수 있는데 아버지 사울은 이런 것을 염두에 두지 않았다.

비정한 아버지 사울 제3부

요나단의 믿음과 그로 인한 과감한 작전으로 블레셋 군대가 대혼란에 빠지자 길갈에 있던 사울은 군사를 이끌고 즉시 올라와 블레셋군을 공격하면서 아들이 다 이루어 놓은 전공을 가로챈다. 특히 해가 질 때까지 아무것도 먹지 말고 블레셋 군대를 추격하라는 사울의 명령은 전혀 시의적절하지 않은 황당한 명령이었고, 이 명령을 듣지 못한 요나단이 지팡이에 꿀을 찍어 먹은 사실이 들통 나자 사울은 아들 요나단을 죽이려고까지 했다. 과연 사울이 요나단의 아버지가 맞기는 한 걸까?

두 번째 배척: 아말렉 전투 삼상 15장

사울이 하나님한테 버림받는 두 번째 사건은 믹마스 전투에서 승리한 지 약 20년 후에 있은 아말렉과의 전투에서 일어난다. 20년이라는 시간은 다음과 같은 추론에서 나온 것이다.

아말렉 전투 이후에 사울이 재차 버림받자 사무엘은 곧 다윗에게 기름 부었다. 다윗은 주전 1010년경에 30세의 나이로 이스라엘의 왕이 되었기 때문에 그의 출생은 대략 주전 1040년경일 것이다. 다윗이 사무엘로부터 기름 부음 받을 때 나이가 대략 15세였다면 주전 1025년경이 되고, 믹마스 전투는 사울이 즉위한 지 2년 후인 주전 1048년경에 발생했다.

짧지 않은 20년의 기간 동안 사울은 블레셋 외에도 모압, 암몬, 에돔, 소바 등의 대적들을 공격했고 비교적 성공을 거둔 듯하다.

"사울이 이스라엘 왕위에 오른 후에 사방에 있는 모든 대적 곧 모압과 암몬 자손과 에돔과 소바의 왕들과 블레셋 사람들을 쳤는데 향하는 곳마다 이겼고"(삼상 14:47).

아말렉과의 전투에 임하는 사울에게 사무엘은 특별 지시를 내렸다. 그것은 이스라엘이 애굽에서 나와 광야 여행을 할 때 아말렉이 치고 빠지는 전술로 약탈을 일삼은 것을 보복하기 위해 아말렉 사람과 가축을 하나도 남기지 말고 전멸하라는 것이었다(출 17:14; 신 25:17-19).

그러나 사울은 아말렉을 격퇴시켰지만 아말렉 왕인 아각을 비롯해 가장 좋은 양과 암소 몇 마리를 남겨 두었다. 사울은 이에 대해 추궁하는 사무엘에게 하나님께 드릴 예물이라는 궁색한 변명을 늘어놓았지만 이 사건은 사울의 배척을 확정 지은 확인 사살이 되었다.

"여호와께서 번제와 다른 제사를 그의 목소리를 청종하는 것을 좋아하심 같이 좋아하시겠나이까 순종이 제사보다 낫고 듣는 것이 숫양의 기름보다 나으니 이는 거역하는 것은 점치는 죄와 같고 완고한 것은 사신 우상에게 절하는 죄와 같음이라 왕이 여호와의 말씀을 버렸으므로 여호와께서도 왕을 버려 왕이 되지 못하게 하셨나이다"(삼상 15:22-23).

믹마스 전투 이후에 사울이 버림받았다고 하나 그것은 일종의 경고였기에 사울에게는 돌이킬 수 있는 시간이 충분히 있었다. 하지만 20년간 크고 작은 전투에서 승리하는 동안 마음이 교만해진 사울은 아말렉을 진멸하라는 하나님의 특별 명령을 대수롭지 않게 여기며 재차 불순종하기에 이른 것이다.

지는 별 사울 VS. 뜨는 별 다윗 삼상 16-20장

악신에 시달리는 사울 VS. 기름 부음 받은 다윗 삼상 16장

사울이 하나님으로부터 배척당하자 사무엘은 즉시 베들레헴으로 가서 이새의 아들 다윗에게 기름을 부었다. 라마에 사는 사무엘이 베들레헴에 있는 다윗에게 가려면 반드시 사울 왕이 통치하는 기브아를 통과해야 했기 때문에 이것은 자칫 목숨을 담보로 하는 위험천만한 일이었다.

사울의 위협과 그의 일그러진 성격을 잘 알고 있던 사무엘은 하나님께 "내가 어찌 갈 수 있으리이까 사울이 들으면 나를 죽이리이다" 하고 하소연하지만, 결국 여호와께 제사를 지낸다는 구실을 만들어 무사히 베들레헴에 도착한다. 사무엘은 이새의 아들 7명을 차례로 인터뷰했지만, 하나님은 아버지의 양을 돌보는 여덟째 아들 다윗을 이스라엘의 왕으로 택하셨다. 사

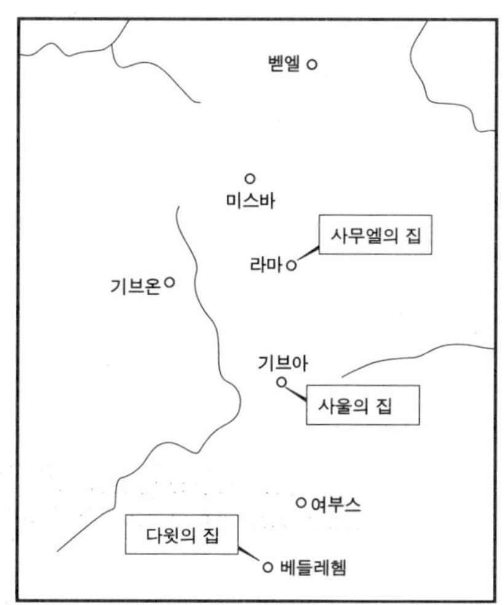

무엘은 사울로부터 다윗을 보호하기 위해 기름 부음 받은 사실을 대중에게 공개하지 않도록 특별히 주의시켰을 것이다.

베들레헴에 있던 다윗이 사무엘로부터 기름 부음 받고 여호와의 신으로 충만해진 반면, 그 시간 기브아에 있던 사울은 여호와의 신이 떠나고 악신으로 인해 극심한 불안과 우울증에 시달리게 된다.

사울은 마음을 안정시킬 궁중 음악가를 찾게 되는데, 이때 하프를 잘 타는 다윗이 채용됨으로써 사울과 다윗의 운명적인 만남이 이루어진다. 다윗은 사울 왕이 악신에 시달릴 때마다 하프를 켰고 그때마다 사울은 평상심을 회복할 수 있었다. 이 일을 계기로 사울은 다윗을 자신의 병기 든 자로 삼아 곁에 두었다.

승승장구하는 다윗 삼상 17장: 엘라 골짜기 전투

사무엘로부터 은밀히 기름 부음 받은 다윗은 엘라 골짜기 전투에서 블레셋 장군인 골리앗을 죽임으로써 이스라엘의 역사 무대에 본격적으로 데뷔한다. 요나단을 주인공으로 하는 믹마스 전투가 제1라운드였다면, 다윗을 주인공으로 하는 엘라 골짜기 전투는 제2라운드에 해당한다.

믹마스 전투에서 요나단의 지략과 용맹으로 인해 허를 찔리고 예기치 않은 패배를 당한 블레셋은 다시 전열을 가다듬어 이스라엘과 전투를 벌인다. 이번 전투는 이스라엘과 블레셋 사이의 완충지인 쉐펠라 지역의 엘라 골짜기를 무대로 펼쳐졌다. 엘라 골짜기의 중간 지점에 있는 소고와 아세가를 사이에 두고 이스라엘은 이편에, 블레셋은 저편에 진을 친 것이다. 그리고 주인공은 블레셋 평야의 5대 도시 중 하나인 가드에서 올라온 골리앗과 유대 산지의 베들레헴에서 내려온 다윗이다.

엘라 골짜기에서 펼쳐진 전투의 양상은 이전과는 판이하게 전개된다. 전투라 하면 치고받는 백병전을 연상하기 쉽지만 엘라 골짜기 전투는 일종의 수장 대결로 치러진다. 양쪽 진영에서 수장들이 나와서 싸우고 수장 대결의 결과를 가지고 전투의 승패를 가리는 것이다.

블레셋 진영에서는 가드 출신의 골리앗이 수장으로 나왔다. 그런데 이 골리앗은 보기만 해도 상대방의 간담을 서늘하게 하고 주눅이 들게 하는 상대였다. 키가 여섯 규빗이 넘으니까 거의 3m에 가까운 거인인 것이다. 이스라엘 진영에서는 이런 괴물 같은 블레셋 수장과 감히 결투를 하겠다고 나서는 자가 없었다. 엘라 골짜기 전투는 이렇게 40일 동안 아침저녁으로 골리앗이 나타나 이스라엘 진영을 향해 조롱과 무시, 더 나아가 두려움을 일으키는 독특한 형태로 진행되었다. 이런 전투의 성격은 이들이 진 치던 장소인 '에베스담밈'이란 말 속에 잘 드러난다.

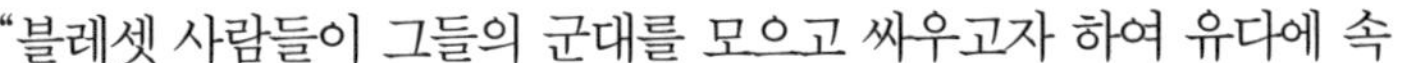
"블레셋 사람들이 그들의 군대를 모으고 싸우고자 하여 유다에 속

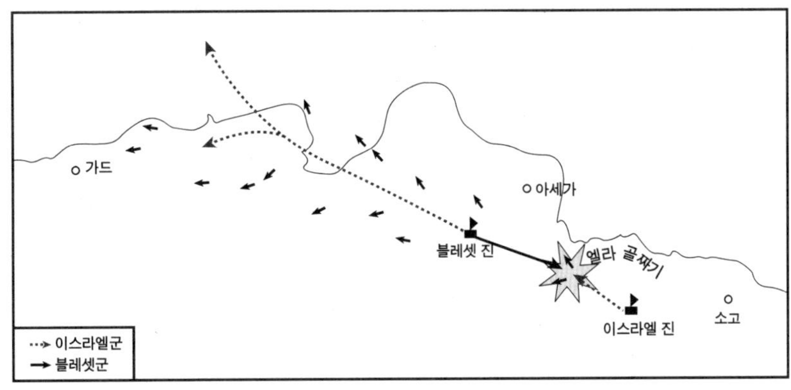

• 엘라 골짜기 전투

한 소고에 모여 소고와 아세가 사이의 에베스담밈에 진 치매"(삼상 17:1).

'에베스담밈'은 히브리어로 '에페스 담밈'인데 이것은 '제로'(에페스)와 '피'(담밈)를 뜻한다. 즉 '피 흘림이 없다'는 뜻이다.

다윗이 언뜻 교착 상태에 빠지고, 실제로는 이스라엘이 블레셋 쪽에 질질 끌려 다니는 엘라 골짜기 전투 현장에 모습을 드러낸 것은 이즈음이었다. 아직 소년티를 벗지 못한 다윗은 아버지 이새의 심부름을 하기 위해서 전투 현장에 나타났다. 이새는 엘라 골짜기 전투에 참전한 자신의 세 아들인 엘리압, 아비나답, 삼마의 안부를 묻기 위해 약간의 간식거리를 챙겨 다윗을 전투 현장으로 보낸 것이다.

전투 현장에 나타나 골리앗이 이스라엘 진영을 조롱하고 모욕하는 것을 목격한 다윗의 마음에는 순간 영적인 분노가 타오른다. 그리고 요나단이 그랬던 것처럼 놀라운 선언을 하며 선전 포고를 한다.

"이 할례 받지 않은 블레셋 사람이 누구이기에 살아 계시는 하나님의 군대를 모욕하겠느냐"(삼상 17:26).

결국 소년 다윗은 계획에도 없던 전투, 그것도 이스라엘 진영을 대표하는 수장으로 골리앗과의 싸움에 얼떨결에 나서게 된다. 사울 왕의 갑옷도 걸쳐 보지만 체구가 왜소한 소년 다윗의 몸에 성인용 갑옷이 맞을 리 없다. 광야에서 양들을 치는 목자였던 다윗은 자신에게 익숙한 무기, 즉 엘라 시내에서 취한 매끄러운 물맷돌 다섯 개와 막대기만 들고 골리앗 앞에 겁도 없이 선다. 이를 보고 '기가 막히고 코가 막힌' 골리앗은 다윗을 향해 이렇게 말한다.

> "네가 나를 개로 여기고 막대기를 가지고 내게 나아왔느냐"(삼상 17:43).

골리앗의 말을 통해 볼 때, 성경시대 이스라엘에서도 우리나라에서처럼 개를 막대기로 '개 패듯' 팼던 것 같다(?). 아무튼 골리앗은 막대기만 보았지 다윗이 가지고 나온 비밀 병기인 물맷돌은 미처 보지 못했다. 골리앗의 조롱 앞에서도 다윗은 전혀 위축되지 않았고 오히려 골리앗을 향해 놀라운 믿음의 선포를 한다.

> "너는 칼과 창과 단창으로 내게 나아오거니와 나는 만군의 여호와의 이름 곧 네가 모욕하는 이스라엘 군대의 하나님의 이름으로 네게 나아가노라"(삼상 17:45).

다윗의 선포는 믹마스 전투에서 승리를 이끈 요나단의 선포와 똑같은 믿음의 선상에 있다. 두 소년은 여호와의 구원하심이 칼과 창에 있지 않고 또한 전쟁은 여호와께 속한 것임을 확신했던 것이다. 전쟁에 능하신 만군의 하나님 여호와를 굳게 의지했고, 그분의 도우심을 신뢰하며 전투에 나선 두 소년에게 하나님은 놀라운 승리를 주심으로 응답하셨다.

비밀 병기로 가져간 다섯 개의 물맷돌은 다 쓸 필요도 없이 딱 하나로 충분했다. 평소 광야에서 물맷돌의 달인이 된 목자 다윗은 온갖 전투용 갑옷으로 무장한 골리앗에게서 유일한 약점이 얼굴, 그중에서도 이마에 있는 것을 간파했다. 그리고 있는 힘을 다해 그 이마를 향해 물맷돌을 던졌다. 얼마나 세게 던졌던지 이 물맷돌이 골리앗의 이마에 맞은 게 아니라 이마에 박혀 버릴 지경이었다. 3m에 가까운 거인 골리앗이 쓰러지자 다윗은 급히 달려가 골리앗의 칼을 꺼내 그의 목을 베었다. 이로써 수장 대결은 다윗의 완승으로 끝났다. 사기가 오른 이스라엘군은 블레셋군을 공격했고 도망가는 블레셋군을 가드와 에그론까지 추격했다.

날개 없이 추락하는 사울 삼상 18-20장: 시기심의 제왕

엘라 골짜기 전투의 승리는 다윗에게 기회이자 동시에 위기로 찾아왔다. 이 승리로 인해 다윗은 백성으로부터 확실한 눈도장을 받을 수 있었지만 모든 칭송이 다윗에게 집중됨으로써 오히려 사울의 시기심을 불태웠기 때문이다. 특히 여인이 부른 '천천과 만만 송(song)', 즉 "사울이 죽인 자는 천천이요 다윗은 만만이로다"는 노래는 사울에게 있던 지병인 정서 불안과 우울증을 극도의 시기심으로 바꿔 놓기에 충분했다.

다윗을 죽이려는 사울 삼상 18:8-19:24

사울이 두 번이나 다윗을 창으로 찔러 죽이려고 한 것을 볼 때 초기의 시도는 매우 노골적인 형태로 진행되었다. 이런 시도는 다윗이 사울 왕 앞에서 하프를 켜는 동안 일어났다. 다윗이 두 번이나 공격을 피하자 사울은 이후 은밀하고 치사한 방법으로 전환했다.

사울은 자신의 딸 미갈과 다윗의 결혼을 허락하면서 결혼 예물로 블레셋 사람 100명의 양피를 요구했다. 하지만 이것은 골리앗을 죽이는 자에게 자기 딸을 주겠다는 자신의 이전 약속(삼상 17:25)을 정면으로 위반한 행동이었다. 이는 블레셋 사람의 손을 빌려 다윗을 죽이려는 치사한 전략이었는데, 다윗은 오히려 블레셋을 도륙해 200명의 양피를 바침으로 사울을 실망시켰다(?). 사울은 할 수 없이 신하들에게 다윗의 집으로 쫓아가 그를 죽이라고 명령했지만, 그의 딸 미갈이 아버지의 명을 거슬러 남편 다윗을 탈출시킴으로써 뜻을 이루지 못했다.

왕궁에서 도피하는 다윗 삼상 20:1-42

끊임없는 죽음의 위협 속에서 다윗은 더 이상 왕궁에서 사는 것이 매우 위험함을 직감했다. 다윗은 요나단에게 조언을 구하며 왕이 계속 자신을 죽이려는 의도가 있는지 시험해 보기로 했다. 이 시험은 다윗도 참석하기로 되어 있는 월삭 축제일에 이루어졌다. 다윗은 의도적으로 조상의 매년제를 드리기 위해 고향 베들레헴에 간다는 핑계를 대고 자신의 부재에 대한 왕의 태도를 엿보기로 했다. 결국 요나단은 다윗을 변호하는 자기에게 아버지 사울이 폭풍 분노를 나타내는 것을 보고 다윗의 목숨이 위태로움을 알아차렸다.

> "패역무도한 계집의 소생아 네가 이새의 아들을 택한 것이 네 수치와 네 어미의 벌거벗은 수치 됨을 내가 어찌 알지 못하랴 이새의 아들이 땅에 사는 동안은 너와 네 나라가 든든히 서지 못하리라 그런즉 이제 사람을 보내어 그를 내게로 끌어 오라 그는 죽어야 할 자이

니라"(삼상 20:30-31).

요나단은 아버지가 심지어 자신에게까지 창을 던져 죽이려는 것을 보고 모든 사실을 다윗에게 알렸다. 요나단은 다윗에게 입 맞추고 다윗은 이후 기약 없는 도망자의 길을 떠난다.

기약 없는 도망자 다윗 삼상 21-27장

사무엘로부터 차기 이스라엘 왕으로 기름 부음 받은 다윗은 엘라 골짜기 전투에서 골리앗을 죽이면서 승승장구를 거듭했다. 다윗은 이스라엘 군대의 총사령관, 더 나아가 사울 왕의 사위가 되면서 마침내 사울 왕을 제외하고 이스라엘 땅에서 가장 높은 지위에 올랐다. 이로 인해 다윗은 자신을 왕으로 기름 부으신 하나님의 계획이 이루어지는 것은 이제 '카운트다운'에 들어갔다고 여겼을 것이다. 하지만 다윗을 향한 사울의 극심한 시기심 때문에 모든 상황이 어그러지기 시작했다. 다윗은 결국 쌓아놓은 모든 것을 버리고 기약 없는 도망자의 신세가 되어 광야로 들어갔다. 다윗의 복잡한 망명 루트를 간략히 정리하면 다음과 같다.

기브아 삼상 19:11-17: 아내 미갈은 아버지 사울이 다윗을 죽이려 함을 알고 창문을 통해 다윗을 피신시킨다. 대신 다윗이 눕는 침소에는 염소 털로

엮은 우상을 놓는다.

라마 삼상 19:18-20:42: 기브아에 있는 집에서 도망 나온 다윗은 우선 사무엘의 집이 있는 라마로 간다. 다윗을 잡으러 라마로 향하는 사울에게 하나님의 영이 임하셔서 사울이 예언을 하게 된다. 다윗은 요나단과 마지막 우정을 나누고 기약 없는 도망자의 길에 오른다.

놉 삼상 21:1-9: 요나단과 헤어진 다윗은 제사장 아히멜렉이 있는 놉 땅으로 향하고 아히멜렉은 굶주림에 지친 다윗 일행에게 진설병을 대접한다. 아히멜렉은 떠나는 다윗에게 자신이 보관하고 있던 골리앗의 칼을 준다.

가드 삼상 21:10-15: 이스라엘 땅에서 사울의 눈을 피해 도망자 생활을 하

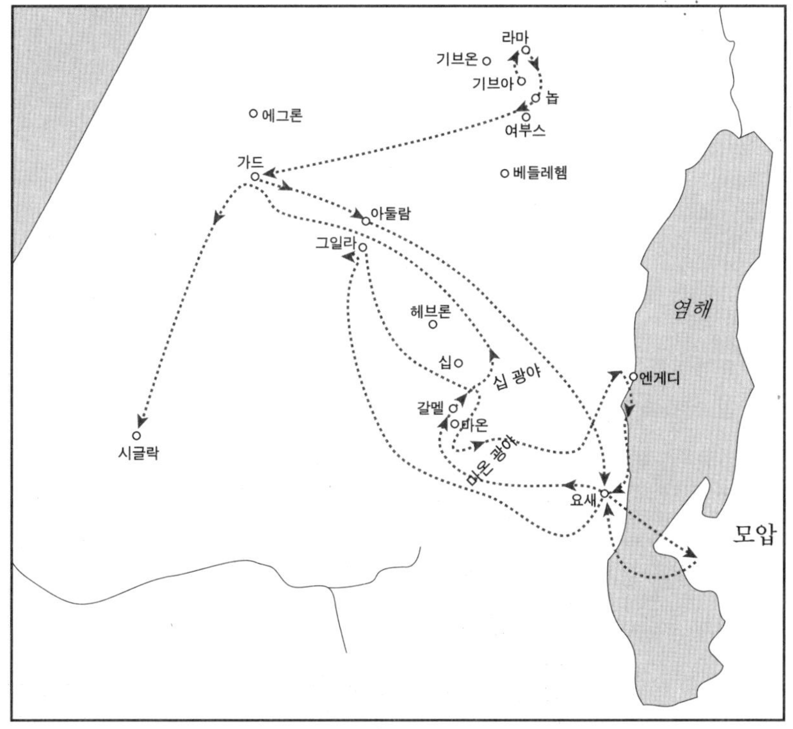

• 다윗의 망명 루트

는 것이 불가능함을 느낀 다윗은 이스라엘의 주적인 블레셋 땅의 가드 왕 아기스에게로 피신한다. 하지만 곧 발각되자 목숨을 부지하기 위해 문짝을 긁고 수염에 침을 질질 흘리며 미친 사람 흉내를 낸다.

아둘람 삼상 22:1-2: 평생을 블레셋 땅에서 미친 사람으로 살 수는 없겠다고 판단한 다윗은 아둘람 동굴로 거처를 옮긴다. 이때 사회에 적응하지 못한 400명의 부랑자들이 다윗에게로 몰려온다.

모압 삼상 22:3: 다윗은 베들레헴에 있는 부모를 사울이 인질로 삼아 자신에게 투항을 권유할지도 모른다는 생각에 이른다. 이에 다윗은 부모를 요단 동편의 모압 땅 미스베로 이주시킨다. 모압 땅은 자신의 증조할머니인 룻의 고향이기 때문에 부모를 잠시 맡기기에는 최고의 망명지였다.

요새 삼상 22:4-23: 부모를 모압 땅에 이주시킨 다윗은 돌아와 요새(아마도 마사다 요새)에 거한다. 이때 사울의 목자장 도엑의 밀고로 다윗을 도운 놉의 대제사장 아히멜렉과 제사장 85명이 사울의 손에 처형된다. 아히멜렉의 아들 아비아달은 간신히 도망 나와 다윗의 무리에 동참한다.

그일라 삼상 23:1-12: 다윗은 블레셋으로부터 고통당하는 그일라 성을 구원한다. 하지만 그일라의 배신을 알고 서둘러 도망한다.

십 광야 삼상 23:13-23: 십 광야로 피신한 다윗은 그곳에서 요나단과 감동적인 재회를 한다. 십 사람들의 밀고로 다윗은 다시금 서둘러 도망한다.

마온 광야 삼상 23:24-28: 다윗은 마온 광야로 피신하지만 여기까지 추격해 온 사울은 블레셋이 침입해 왔다는 소식을 듣고 철수한다.

엔게디 요새 삼상 23:29-24:22: 엔게디 요새의 동굴 안에 숨어 있던 다윗과 추종자 600명에게 사울을 죽일 절호의 기회가 찾아온다. 마침 그 동굴 안으로 사울이 경호장군 아브넬도 없이 홀로 용변을 보러 들어온 것이다.

하지만 다윗은 추종자들의 강력한 권유에도 하나님이 기름 부은 사울 왕을 자신의 손으로 죽이지 않고 그의 겉옷 자락을 자르는 것에 만족한다.

갈멜 삼상 25:1-44: 다윗은 갈멜의 부자인 나발에게 후원을 요청하지만 모욕적인 거절을 당한다. 이에 다윗은 복수를 계획하지만 나발의 아내인 아비가일의 지혜에 감동하여 복수를 보류한다. 나발이 죽자 다윗은 그의 아내였던 아비가일을 아내로 취한다. 다윗은 이후 아히노암을 새로운 아내로 취한다. 이즈음 사울의 둘째 딸로 다윗과 결혼했던 미갈은 아버지 사울의 권유로 발디(다른 이름은 발디엘)와 재혼한다.

십 광야 삼상 26:1-25: 십 광야에 피신 중인 다윗을 사울이 추격하고 여기서 다윗은 사울을 죽일 수 있는 기회를 다시 한 번 얻는다. 하지만 다윗은 사울의 물병과 창을 빼앗는 것으로 만족하고 기름 부음 받은 왕 사울을 놓아 준다.

가드 삼상 27:1-5: 다윗은 추종자 600명과 함께 다시 한 번 가드 왕 아기스에게 투항한다. 처음에는 미친 사람으로 가장했지만 이번에는 정상인으로 들어가 아기스의 충성스런 심복이 된다.

시글락 삼상 27:6-12: 아기스는 다윗에게 시글락을 떼어 주고 그곳에서 다윗은 아말렉을 제압한다. 아말렉과의 전투에서 얻은 전리품을 아기스에게 가져다주면서 자신이 유다 지방을 공격해서 취한 것이라고 거짓말한다. 이로 인해 다윗이 고향 땅 유다로 다시 돌아갈 수 없게 되었다고 판단한 아기스는 다윗이 확실한 자기 사람이 되었다고 굳게 믿는다.

가드 왕 아기스의 충신이 된 다윗, 그는 과연 매국노인가?

사사 시대 후반기부터 사울이 통치하던 왕국 시대까지 이스라엘의 주요 대적을 꼽으라고 하면 뭐니뭐니해도 블레셋이다. 그런데 우리는 블레셋 도시 중 하나인 가드로 망명하고, 거기서 한 술 더 떠 가드 왕 아기스의 충성스런 봉신이 되어 시글락에 거주하는 다윗을 볼 때 생각이 복잡해진다. 그는 과연 이스라엘의 원수인 블레셋에게 투항하고 조국을 등진 배신자이자 심지어 매국노라 할 수 있는가? 이것은 마치 일제 시대에 일본으로 망명해 일본군 순사가 된 것과 유사한 상황이지 않은가? 여기서 우리는 자연스럽게 '다윗, 그는 과연 매국노인가?'란 의문을 품게 된다. 이 질문에 대한 정답은 'No'인데, 그 이유를 다윗의 입장과 이후 다윗이 보여 준 행동 궤적을 따라가면서 분석해 보도록 하자.

첫째, 다윗은 부모를 피신시킨 모압 땅으로 갈 것인가, 아니면 블레셋 땅으로 갈 것인가를 놓고 고민해야 했다. 만약 다윗이 사울에게서 피해 일신의 안전만을 도모했다면 그에게 최적의 망명지는 모압 땅이었다. 하지만 다윗이 블레셋 땅으로 망명한 것을 보면 그가 일신의 안전보다는 더 큰 그림을 가지고 망명지를 선택했음을 알 수 있다. 다윗은 극단적으로 망가져 가는 사울의 모습을 보고 자신을 차기 이스라엘의 왕으로 기름 부으신 하나님의 때가 머지않았음을 직감했을 것이다. 다윗은 자신이 왕이 된 후 어차피 극복해야 할 대상이 블레셋이라면 대적 블레셋에 대해 제대로 아는 것이 중요하다고 판단했을 것이다. 다윗은 결국 "호랑이를 잡기 위해서는 호랑이 굴에 들어가야 한다"고 결정했고, 비록 일시적이기는 하지만 호랑이(가드 왕 아기스)를 감쪽같이 자기편으로 만들 수 있었다.

둘째, 블레셋의 입장에서도 다윗은 어느 정도 효용가치가 있었다. 다윗에게 시글락을 맡긴 아기스의 의도를 분석해 보면 이러했을 것이다. 당시 이스라엘과 블레셋은 다시 한 번 전면전을 앞두고 있는 상황이었다. 블레셋은 두 번째 전면전의 장소로 북쪽에 있는 이스르엘 평야를 염두에 두었고, 그러자면 반드시 남쪽에서 수시로 분탕질을 해대는 아말렉을 손볼 필요가 있었다.

아기스 왕은 아말렉을 막는 남쪽 최전방의 성읍인 시글락을 다윗에게 떼어 주었는데, 이것은 아기스에게 전혀 손해 볼 게 없는 장사였다. 시글락에서 다윗이 아말렉을 잘 막으면 금상첨화이고, 혹시 아말렉을 막다가 죽더라도 자신과는 아무 상관이 없기 때문이다. 즉 다윗을 시글락으로 보내는 아기스의 머릿속에는 아마도 '다윗=아말렉을 막아 내는 화살받이'라는 공식이 성립되어 있지 않았을까 싶다. 하지만 다윗은 이것을 역으로 이용해 오히려 아기스 왕의 완전한 신임을 얻는 데 성공한다.

다윗은 아말렉을 공격해서 얻은 전리품을 아기스에게 바치면서 유다 지방을 공격해서 얻은 전리품이라고 감쪽같이 속였다. 가드와 시글락의 거리가 가까웠다면 다윗이 아기스를 속이는 일이 불가능했겠지만 두 도시의 거리는 이런 새빨간 거짓말도 통할 정도로 충분히 멀었던 것이다.

셋째, 다윗은 아벡에서 있었던 블레셋 다섯 왕들의 작전회의에도 참석했는데, 이 작전회의는 다윗 편에서 볼 때 조국 이스라엘을 무너뜨리는 전략을 짜는 회의였다. 이 모습을 보고 다윗이 조국을 배신한 것으로 쉽사리 판단할 수 있는데, 이것은 분명 영민한 다윗의 전략 중 하나였을 것이다.

다윗은 비록 가드 왕 아기스가 자신을 신뢰한다고 해도 나머지 네 왕들이 자신을 불신임할 것을 예측했고, 그럼에도 다윗은 이 작전회의에 아기스와 함께 참석함으로써 아기스의 무한 신뢰를 얻게 된 것이다. 이것은 훗날 다윗이 헤브론에서 유다의 왕이 될 때 아기스가 다윗의 행동을 용인한 것에서도 잘 나타난다. 아기스는 그때까지도 다윗을 자신의 충실한 꼬붕 정도로 판단했음에 틀림없다.

넷째, 다윗은 이스르엘 평야에서 맞붙을 조국 이스라엘과 블레셋의 전투가 블레셋의 압도적인 승리로 끝날 것임을 예측했을 것이다. 사울 왕은 전쟁 중 전사하거나 최소한 적에게 잡혀 포로가 될 것이다. 하나님은 결국 자신의 손을 통하지 않고 블레셋 군대를 통해 사울 왕의 운명을 결정지을 것이다. 그렇게 되면 자신이 이스라엘의 왕이 되려고 할 때 그를 가로막는 최고의 장애물이 사라지는 것이다.

사울의 안타까운 최후 삼상 28-31장

길보아 전투, 블레셋과의 2차 전면전

다윗을 향한 사울의 지루한 추격전도 이스라엘과 블레셋이 맞붙은 2차 전면전이 시작되면서 종지부를 찍게 된다. 아벡(에벤에셀)에서 있었던 1차 전면전과 달리 2차 전면전은 이스르엘 평야를 무대로 펼쳐진다. 이스라엘군은 길보아 산 밑자락에 있는 이스르엘의 샘(아마도 하롯 샘)에 진 치고, 블레셋군은 맞은편 모레 산 남쪽 수넴에 진을 친다. 아벡 전투에 이은 블레셋과 이스라엘의 운명을 건 일전이 다가온 것이다.

아벡에 모인 블레셋 왕들의 참모회의 삼상 29:1-11

전투에 앞서서 블레셋 다섯 왕들은 아벡에 모여 작전회의를 갖는다. 이때 가드 왕 아기스는 자신의 심복이 된 다윗을 데리고 참석하지만 다른 왕들은 다윗이 자신의 조국인 이스라엘과의 전투 중 변심해 자칫 자신들의 대적이 될 것을 우려해 다윗의 참석을 허락하지 않는다. 아무래도 블레셋 5명의 왕들만 모인 작전회의에 다윗이 참석하는 게 부담스러웠을 것이다. 다윗을 향한 아기스의 강력한 변호도 별 도움이 못 됐고 다윗은 결국 불신임을 받고 시글락으로 돌아온다.

시글락으로 돌아온 다윗 삼상 30:1–31

시글락으로 돌아온 다윗에게는 뜻밖의 비보가 기다리고 있었다. 평소 다윗으로부터 괴롭힘을 당하던 아말렉 사람들이 다윗과 추종자들이 모두 아벡으로 가 무주공산이 된 시글락을 공격한 것이다. 아말렉 사람들은 시글락 성을 불태우고 부녀자들을 모두 사로잡아 갔다. 이런 참혹한 광경을 목도한 다윗과 그의 추종자들은 목 놓아 울었고 절망한 추종자들은 심지어 다윗을 돌로 치려 했다. 다윗도 마음이 다급하고 절망스러웠지만 그 상황에서도 말씀을 굳게 붙잡았다. 힘을 얻은 다윗은 여호와께 묻고 아말렉

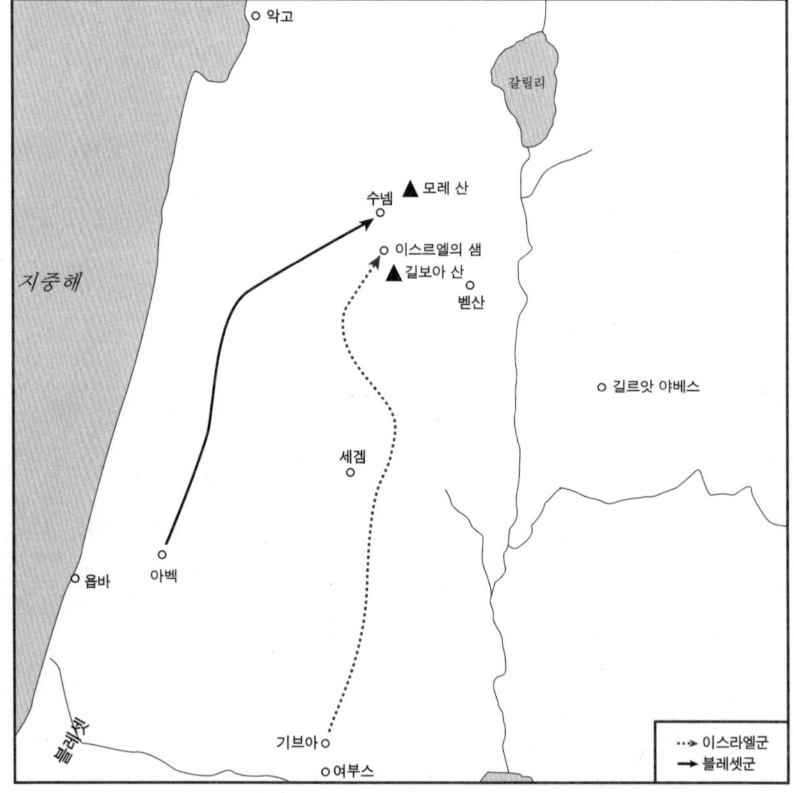

• 이스라엘 군과 블레셋 군이 진 치다

을 향한 대추격 작전을 감행한다. 브솔 시내를 건널 즈음 600명 중 200명이 중도 탈락하고 나머지 군사 400명만 이끌고 추격전을 벌여 결국 빼앗긴 부녀자들을 모두 되찾아온다.

다윗을 죽이려 한 추종자들, 흔히 보는 하극상인가?

시글락에 돌아왔을 때 시글락 성읍이 아말렉의 분탕질로 인해 초토화된 것을 보고 다윗의 추종자들이 주군(主君)인 다윗을 죽이려고 한 것은 무척 쇼킹하기까지 하다. 이런 경우 소위 하극상으로 볼 수 있겠지만 다윗과 그를 따르는 추종자들의 관계를 생각하면 충격적이지 않을 수 없다. 한번은 아둘람 동굴에 있던 다윗이 먼발치에 보이는 베들레헴 성을 바라보며 이렇게 혼잣말을 했다.

"베들레헴 성문 곁 우물 물을 누가 내게 마시게 할꼬"(대상 11:17).

도망자 신세인 다윗은 먼발치로 보이는 자신의 고향 베들레헴 성문을 보면서 어릴 적 성문 옆의 우물물을 마음껏 마시던 추억에 젖어 들었던 듯싶다. 이때 다윗의 혼잣말을 들은 무명의 세 용사가 목숨을 걸고 블레셋 수중에 떨어진 베들레헴 성문까지 잠입해 우물물을 떠오는 감동적인 일이 벌어진다. 이것은 다윗과 그를 따르는 추종자들의 관계가 범상치 않음을 잘 보여 준다.

다윗은 사울 왕국이 출범하는 과정에서 소외되고 환란 당한 자들이 아둘람 동굴에 숨어 있는 자신에게 모여들자 이들의 상처를 싸매 주고 회복시켜 주면서 섬기는 리더십을 발휘했다. 이에 추종자들도 자신의 주군인 다윗을 목숨 바쳐 보필했다. 이들은 다윗이 죽으라고 하면 '죽는 시늉 정도가 아니라' 실제로 죽을 수도 있는 사람들이었다.

다윗과 추종자들의 친밀한 관계를 알 때 시글락에서 보인 추종자들의 반응은 가히 충격적이다. 이들은 왜 다윗을 돌로 쳐 죽이고자 했을까? 이 부분에서는 다분히 드라마 작가의 상상력을 동원하는 수밖에 없다. 혹자는 이런 작업을 부질없는 것으로 보기도 하겠지만, 이런 작업은 우리를 성경 본문의 역사적 상황 속으로 인도해 주기 때문에 충분히 가치 있다고 생각한다. 그러면 잠시 드라마 작가가 되어 상상의 나래를 펼쳐 보자.

다윗과 그의 추종자들이 시글락 도성을 비우고 아벡에서의 작전 회의에 참석하고 돌아왔을 때 시글락은 광야의 도적 떼나 다름없는 아말렉의 분탕질로 인해 아수라장이 되어 있었다. 그동안 다윗으로부터 괴롭힘(?)을 당하던 아말렉은 다윗이 도성을 비우자 완벽한 복수의 기회가 왔다고 생각했다. 이들은 시글락을 공략해 모든 재산을 약탈하고 부녀자들을 생포해서 데려갔다. 역시 이들의 장기대로 바람처럼 나타나 약탈한 후 바람처럼 사라진 것이다. 시글락에서 발생한 사건은 다윗에게뿐 아니라 추종자들에게도 최악의 사건이요 끔찍한 악몽이었다. 때가 무르익었고 머지않아 다윗이 이스라엘의 왕으로 추대될 판인데, 막판에 아말렉이라는 변수가 튀어나와 '다 된 밥에 재를 뿌린' 것이다. 그야말로 모든 것이 물거품이 될 수도 있는 순간이었고, 이 광경을 본 사람들은 저마다 한없는 절망 가운데 목 놓아 울 수밖에 없었다.

"다윗과 그와 함께 한 백성이 울 기력이 없도록 소리를 높여 울었더라"(삼상 30:4).

여기까지는 충분히 일어날 수 있는 각본인데, 이후 추종자들이 보인 반응이 좀 충격적이다.

"백성들이 자녀들 때문에 마음이 슬퍼서 다윗을 돌로 치자 하니"(삼상 30:6).

다윗과 추종자들은 동변상련의 입장이었다. 다윗도 두 명의 아내가 모두 납치되었기 때문이다. 그런데도 추종자들은 다윗을 돌로 쳐 죽이자고 결의한다. 여기에는 분명 본문에는 기록되지 않은 상황이 관련되어 있을 것이다. 이 부분부터는 그야말로 드라마 작가가 되어 상상의 날개를 펴 보는 것이니 고려해서 이해하기를 바란다.

추종자들이 보인 극단적인 반응은 필시 아벡에서 있은 작전회의에 참석하는 문제로 다윗과 추종자들 사이에 열띤 실랑이가 있었음을 암시해 준다. 다윗은 부녀자만 남기고 남자들은 모두 아벡의 작전회의에 참석하자고 주장했을 것이다. 다윗은 이번 기회야말로 아기스를 완벽하게 속이고 확실한 신임을 얻을 수 있는 절호의 찬스로 보았을 것이다. 반면 다윗의 추종자들은 작전회의에 참석하는 것은 좋지만 시글락 도성을 지킬 수 있는 최소한의 병력만큼은 남겨 두고 가야 한다고 주장했을 것이다. 그동안 다윗으로부터 괴롭힘을 당하던 아말렉이 이 틈을 노려 난동을 부릴 확률이 높다고 판단했기 때문이다.

양측에서 열띤 공방전이 오고간 끝에 결론이 나지 않자 다윗은 자신의 생각을 밀어붙였을 것이다. 시글락이 아말렉에게 마음껏 분탕질을 당한 것을 볼 때 시글락에는 최소한의 방어병력도 남아 있지 않았음을 알 수 있다. 다윗은 시글락을 뒤로하고 떠나면서 이런 말을 남기지 않았을까 싶다.

"모든 상황은 내가 책임진다. 나를 따르라!"

아벡의 작전회의에 참석하고 돌아온 다윗은 자신의 의도대로 아기스 왕의 폭풍 신뢰를 얻는 데는 성공했지만, 시글락의 상황은 추종자들의 예상과 염려대로 전개되어 있었다. 다윗도 슬퍼하고 추종자들

도 목 놓아 울었지만 감정을 추스른 추종자들은 순간 다윗에게 원망과 분노를 쏟아냈다. 마침내 다윗을 돌로 쳐서 죽이자고 공모하기에 이른 것이다.

분신과도 같던 추종자들마저 자기에게 등을 돌리려 하자 다윗도 순간 마음이 급해졌다. 하지만 다윗은 하나님의 말씀을 붙잡고 다시금 용기를 얻는다.

> "다윗이 크게 다급하였으나 그의 하나님 여호와를 힘입고 용기를 얻었더라"(삼상 30:6).

주군의 이런 모습은 폭발 직전의 추종자들의 마음을 돌려놓기에 충분했을 것이다. 다윗은 실로 '위대한' 하나님의 사람이었다. '범인' 같았으면 이런 상황에서 십중팔구 절망하고 극단적인 선택을 할 것이다. 하지만 다윗은 평소에도 늘 그랬던 것처럼 절체절명의 위기에서 하나님의 말씀을 굳게 붙잡았다. 그리고 하나님께 묻고 아말렉을 쫓는 대추격전을 벌여 납치된 부녀자들을 무사히 구출해 옴으로써 모든 위기는 해피엔딩으로 종결된다.

전투 전야의 상황,
엔돌의 신접한 여인을 찾은 사울 삼상 28:3-25

전투가 벌어지기 전날 사울은 지병이 도져 극심한 절망과 우울증에 시달린다. 수넴에 진 친 블레셋 대군을 마주 대하고 두려움에 빠진 사울은 하나님께 묻지만 하나님은 꿈으로도, 우림으로도, 선지자로도 대답하지 않으신다.

선지자 사무엘이 죽자 사울도 나름대로 하나님 편에 서고자 이스라엘 전 지역에 있는 박수무당들을 쫓아내는 기특한(?) 행동을 하기도 했다. 하지만 사무엘도 죽고 하나님도 응답하지 않는 절망적인 상황에서, 게다가 최고의 장군인 다윗마저 정적(政敵)으로 돌린 상황에서 사울은 용하다고 하는 박수무당을 찾아가면서 다시금 하나님을 배역한다. 엔돌의 용하다고 하는 여인을 만나 초혼술로 죽은 사무엘의 영혼을 불러 낸 사울은 이튿날 전투에서 이스라엘이 패배할 것과 사울이 죽고 다윗이 왕이 될 것이라는 가장 듣기 싫은 예언을 듣고 혼비백산한다.

길보아 전투 삼상 31:1-13

이튿날 벌어진 전투의 결과는 불을 보듯 빤했다. 절망과 두려움에 빠진 사울 왕이 이끄는 이스라엘군은 공격다운 공격도 해보지 못한 채 퇴각하고 만다. 하지만 이들이 퇴각할 곳은 뒤에 있는 길보아 산밖에 없다. 블레셋군은 도망가는 이스라엘군을 추격했고, 결국 사울과 그의 아들 요나단, 아비나답, 말기수아를 포함해 많은 군사들이 전사한다.

블레셋 군사들은 사울 왕의 시체를 찾아내 그의 머리를 베고 갑옷은 벗겨 아스다롯 신전에 두고 목이 잘린 시체를 벧산 성벽에 매닮으로 이스라엘과의 오랜 전투를 종결짓는다. 하지만 사울로부터 은혜를 입었던 요단 동편의 길르앗 야베스 사람들이 벧산 성벽에 달린 사울 왕의 시체를 거두어 장례를 지내 준다.

길보아 전투, 누가 봐도 이스라엘의 패배가 분명한 전투

이스라엘의 초대 왕으로 기름 부음 받은 사울은 블레셋과 두 번째로 맞붙은 전면적인 길보아 전투에서 최후를 맞이한다. 이스라엘군은 제대로 싸워 보지도 못하고 길보아 산으로 후퇴했고, 블레셋군은 대군을 앞세워 밀고 올라가 도망가는 이스라엘군을 추격했다. 이 전투에서 적이 쏜 화살에 맞아 부상당한 사울 왕은 더 이상 승리에 대한 소망이 없음을 직시하고 자신의 칼 위에 엎드림으로써 자살로 기구한 생을 마감한다. 굴곡 많던 사울의 인생 역정을 생각할 때 그의 마지막은 보는 이로 하여금 연민을 자아내게 한다.

미약한 베냐민 지파 출신으로 통일 이스라엘의 초대 왕이 된 사울은 자신의 지파를 세우랴, 두 강대 지파(유다와 에브라임) 사이에서 눈치를 보랴,

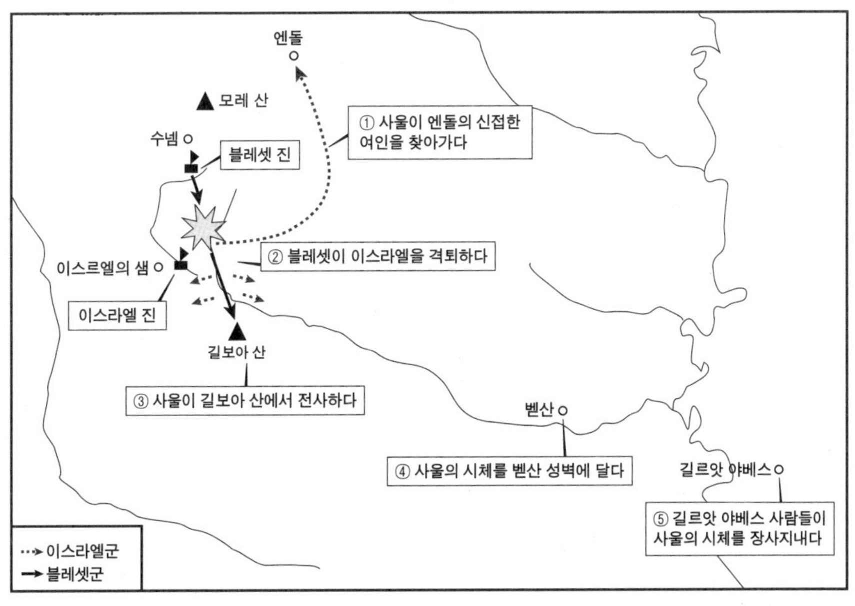

• 길보아 전투

그리고 사방에 흩어진 적들과 싸우랴, 늘 동분서주하는 나날을 보냈지만, 어쩌면 그의 어깨 위에 놓인 짐은 자기 혼자만의 힘으로는 감당하기 버거운 것이었는지도 모른다. 그나마 통치 초반에는 하나님의 은혜 안에 붙들려 있었기에 하나님의 도우심으로 인상적인 승리와 성공을 거둘 수 있었다. 하지만 선지자 사무엘에게 거절당하고 아들 요나단에게 전과를 빼앗기고 강한 유다 지파 출신의 다윗이 급부상하면서 그러잖아도 소심하고 정신쇠약의 기질이 있던 사울의 상태는 정신분열 증세로 급격히 악화된다.

블레셋과 두 번째로 맞붙은 전면전인 길보아 전투는 사울이 이끄는 이스라엘군에게 절대적으로 불리한 전투였다. 변변한 무기도 없이 산지에서 방어전이나 게릴라전만 펼쳐 오던 민병대 수준의 이스라엘군이 이스르엘 평야에서 중무장한 블레셋의 대군에 맞서 정면 대결을 펼쳐 승리를 거둔다는 것은 애초부터 가능성 '제로'의 무모한 싸움이었던 것이다.

과거 사사 시대에 이스르엘 평야에서 맞붙은 전투에서 철병거 900승이라는 압도적인 화력을 이끌고 온 시스라의 군대에 맞서 오합지졸에 불과한 드보라-바락 연합군이 놀랍게도 승리를 거둔 적이 있다. 하지만 그 전투는 전쟁에 능하신 만군의 하나님 여호와가 직접 개입하신 전투였다. 다볼 산 꼭대기에 진 치고 있던 드보라-바락 연합군이 하나님의 명령에 순종해서 이스르엘 평야로 내려갔을 때 하나님은 갑자기 폭우를 내려 이스르엘 평야를 졸지에 늪지로 만들어서 적들이 소유한 병거 900승을 무용지물로 만든 것이다.

하지만 사울 왕의 최후가 된 길보아 전투에서는 상황이 전혀 달랐다. 하나님은 사울에게 꿈으로도, 우림으로도, 선지자의 예언으로도 나타나지 않으셨기 때문이다. 사울은 그야말로 자기 힘만으로 불가능한 전투를 해야 했는데, 얼마나 다급했으면 전투 전날 엔돌의 신접한 여인을 찾아갔겠는가? 그러나 여인을 통해 불러낸 사무엘에게서 이스라엘군이 대패할 것이라는 예언을 듣는다. 이튿날 전투에 임하는 사울의 심정은 그야말로 자포자기, 그 이상도 이하도 아니었을 것이다.

보통 사람들 같았으면 처음부터 아예 전투를 하지 않고 줄행랑을 쳤을 것이다. 하지만 사울은 이 전투에서 100% 패배할 것을 알면서도 블레셋과의 정면 대결로 향하는 고삐를 멈추지 않았다. 그리고 자신이 생포되어 적의 포로가 될 것을 수치스럽게 여긴 나머지 칼 위에 엎드려 자살함으로써 생을 마감한다. 유대인 역사가인 요세푸스는 사울의 이런 면을 부각시키면서 "사울이야말로 최고로 용감한 전사였다"고 찬사를 보내기도 했다.

사울의 실패를 보면서 우리는 어떤 교훈을 얻을 수 있을까? 만약 우리가 사울의 입장에 있었다면 과연 사울보다 더 멋들어지게 왕 노릇을 할 수 있었을까? 이미 언급한 대로 사울이 왕으로 옹립될 당시 이스라엘은 '총체적 위기'라 할 만큼 그리 간단한 상황이 아니었다. 웬만한 범인 같았으면 지레 제왕의 관을 거부할 만한 상황이었다. 인간적으로 볼 때 사울은 왕재로서 부족함이 없는 자질과 탁월함을 가지고 있었고, 자신의 능력도 십분 발휘할 수 있었지만 그의 재위 40년의 끝은 처참한 실패로 마무리되었다. 그의 실패의 원인은 사울을 책망한 선지자 사무엘의 쩌렁쩌렁한 호령 속에서 찾을 수 있다.

> "어찌하여 왕이 여호와의 목소리를 청종하지 아니하고 탈취하기에만 급하여 여호와께서 악하게 여기시는 일을 행하였나이까"(삼상 15:19).

그렇다. 사울이 실패한 원인은 여호와의 목소리를 청종치 않은 데 있었다. 여호와의 음성을 듣는 데 소홀해진 사울은 다른 곳에서 들려오는 두 가지 소리에 민감하게 반응했고 결국 그로 인해 타락과 멸망의 길을 걷게 된 것이다.

첫째, 백성의 소리에 민감했다. 이른바 '여론'에 민감해진 것인데, 이것은 자신에게는 천천을 돌리고 다윗에게는 만만을 돌린 여인들의 창화가 크게 한몫했다. 여론과 인기란 실로 바닷가에 수없이 생겼다가 사라지는 거품과도 같은 것인데, 여호와의 음성을 청종치 않은 사울에게는 그런 백성의 소리가 민감하게 들렸고 나중에는 확성기에 대고 울리는 환청으로 변해 사울을 괴롭혔다.

둘째, 양들의 소리에 민감해졌다. 아말렉 전투에서 승리한 사울은 아말렉에 속한 모든 사람과 짐승들을 진멸해야 했다. 하지만 사울은 그중에서 살진 양들을 살려 두었다. 결국 사울은 양들의 소리를 통해 찾아온 욕심의 굴레에서 벗어나지 못했던 것이다.

사울의 실패는 인간적인 능력이 부족해서가 아니라 바로 여호와의 음성을 청종하지 않은 데 그 근본 원인이 있었다. 사울이 통치 말기에 다윗을 추격하는 과정에서 보여 준 급격히 무너지고 망가지는 모습도 이 근본 원인에서 비롯된 것이었다.

사울의 퇴장 이후에 등장하는 다윗의 눈부신 성공은 정확히 사울과 대비되는 모습에서 그 원인을 찾을 수 있다. 바로 다윗은 여호와의 음성을 듣는 일에 자신의 모든 에너지를 투자할 만큼 열심이었던 것이다.

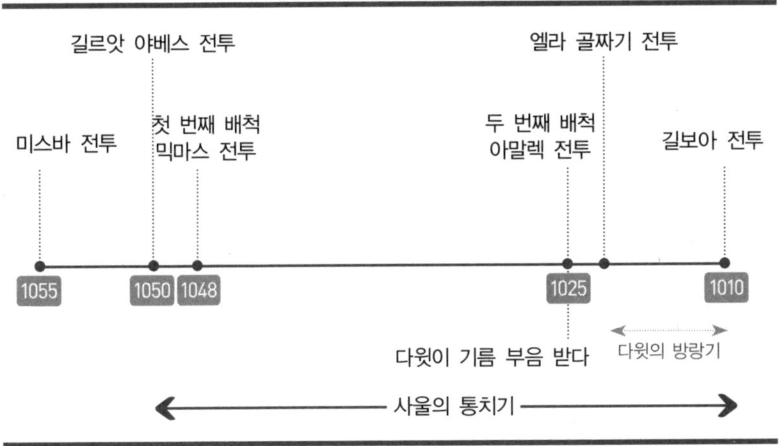
길르앗 야베스 전투
엘라 골짜기 전투
미스바 전투
첫 번째 배척
믹마스 전투
두 번째 배척
아말렉 전투
길보아 전투
1055
1050
1048
1025
1010
다윗이 기름 부음 받다
다윗의 방랑기
사울의 통치기

• **사울의 통치 연대기**

ASIA

Part 11

강성대국을 이뤄낸 하나님의 사람

통일왕국을 세운 다윗

주전 1010~970년

길보아 전투의 패배로 이스라엘의 운명은 블레셋의 처분에 맡겨졌다. 이스라엘이 블레셋과 맞붙은 두 번의 전면전(아벡 전투, 길보아 전투)은 모두 블레셋의 일방적인 승리로 끝났다. 1차 전투인 아벡 전투에서는 법궤를 빼앗기는 전대미문의 치욕을 당했고, 2차 전투인 길보아 전투에서는 사울 왕과 유력한 세 명의 왕자가 모두 전사했다. 블레셋은 사울 왕의 시체를 벧산 성벽에 매달았는데, 이것은 이스라엘 백성에게 수치와 절망감을 안겨 주려는 고도의 심리전이었다. 이로써 이스라엘은 파산했고 재기불능의 상태가 된 것이다.

길보아 전투에서 승리한 블레셋은 내친김에 북쪽 갈릴리와 요단 동편으로 진격하지 않고 다시금 서부 산지의 중앙에 있는 게바에 수비대를 두는 것으로 만족했다. 이로써 비슷한 시기에 가나안 땅에 정착해 일진일퇴를 거듭하던 블레셋과 이스라엘의 경쟁은 블레셋의 압도적인 KO승으로 끝난 것처럼 보였다. 하지만 이스라엘은 절망적인 상황에서 무서운 속도로 재기했고 이후 블레셋을 제압하고 근동 세계를 호령하는 위대한 제국으로 우뚝 서게 된다. 그리고 이 믿기 어려운 역사의 중심에 이번 장의 주인공 '다윗'이 있었다.

다윗과 이스보셋 왕국 삼하 1-4장: 1차 분열왕국 시대

헤브론을 수도로 한 다윗 왕국 삼하 1:1-2:7

다윗이 길보아 전투에서 이스라엘의 치욕적인 패배와 사울 왕의 전사 소식을 들은 것은 아말렉 추격 작전을 성공적으로 마치고 시글락에 돌아온 지 사흘이 지난 시점이었다. 이 소식은 전투 현장에 있던 아말렉 사람을 통해서 전해졌고 다윗은 저녁까지 울며 금식했다. 한편 다윗은 사울 왕의 왕관과 팔찌를 보이며 자신이 사울을 죽였다고 의기양양하게 말하는 아말렉 사람을 포상하기는커녕 오히려 여호와께서 기름 부은 사람에게 손을 댔다는 이유로 그를 처형했다.

다윗은 여호와께 묻고 자신의 고향인 유다 땅 헤브론으로 돌아왔는데, 그곳의 장로들은 다윗에게 기름을 붓고 유다 지파의 왕으로 옹립했다. 이때는 대략 주전 1010년경으로 다윗은 30세에 유다의 왕이 되어 헤브론에서 7년 6개월을 통치하게 된다.

마하나임을 수도로 한 이스보셋 왕국 삼하 2:8-11

한편 사울 왕과 유력한 세 왕자가 동시에 죽음으로 쑥대밭이 된 이스라엘에서는 길보아 전투 현장에서 간신히 목숨을 건진 아브넬이 사울의 아들 중 하나인 이스보셋(역대상 8:33에서는 에스바알로 등장)을 왕으로 옹립한다. 하지만 사울이 자신의 고향인 기브아에서 통치했던 것과 달리 이스보셋

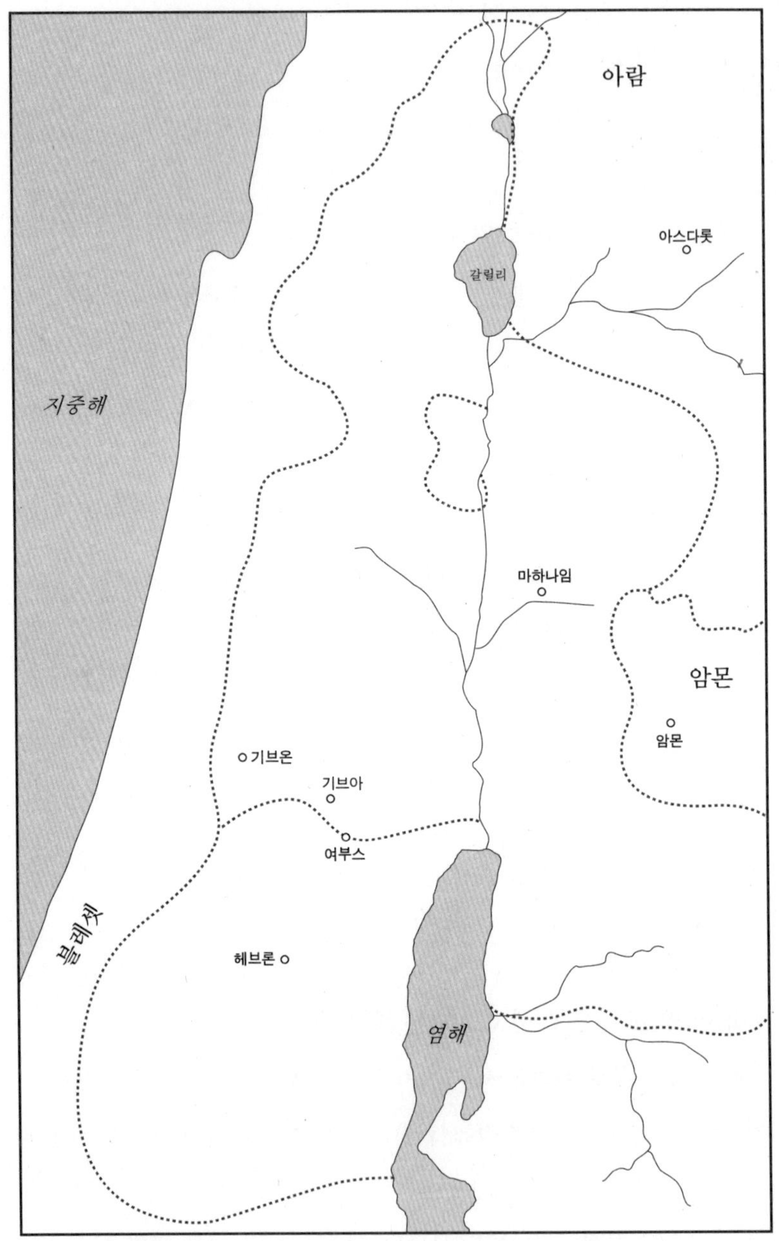
아람
아스다롯
갈릴리
지중해
마하나임
암몬
암몬
기브온
기브아
여부스
블레셋
헤브론
염해

• 다윗과 이스보셋 왕국

왕궁은 수도를 요단 동편에 있는 마하나임으로 옮겨야만 했다. 요단 서편에 있는 대부분의 땅은 이미 블레셋의 세력권으로 떨어졌기 때문이다. 마하나임을 수도로 40세에 왕이 된 이스보셋은 고작 2년을 통치하고 암살당하고 만다.

왜 블레셋은 헤브론의 다윗 왕국을 용인했을까?

두 차례에 걸친 이스라엘과의 전면전에서 압도적인 승리를 거둔 블레셋은 이즈음에 등장한 헤브론의 다윗 왕국과 마하나임의 이스보셋 왕국을 어떤 눈으로 바라보았을까? 위험한 적으로 간주했을까, 아니면 자기에게 도움을 주는 봉신국쯤으로 여겼을까? 아니면 아예 무관심했을까? 그들은 아마도 요단 동편에 있는 이스보셋 왕국에 대해서는 무관심하고 무시하는 전략으로 나갔을 것이다. 당시 블레셋의 관심은 기껏해야 요단 서편의 땅에만 한정되어 있었기 때문이다. 하지만 헤브론의 다윗 왕국은 달랐다.

다윗은 1년 4개월 동안 가드 왕 아기스에게 망명해 그의 충성스런 신하로서 자신을 검증해 보였고, 시글락을 영지로 받은 봉신 군주로서 블레셋 왕 아기스를 섬겼다. 이런 다윗이 고향 헤브론으로 돌아가 유다 지파의 왕이 된 것을 블레셋은 분명 용인했을 것이며 오히려 속으로는 환영했을 공산이 크다. 왜냐하면 블레셋은 그때까지 다윗이 자신의 충성스런 신하요 봉신 군주라 여겼고, 그들의 대적이라 할 수 있는 이스라엘 왕국이 이스보셋 왕국과 다윗 왕국으로 분열된 현 상태가 오히려 황금분할이라 여겼을 것이기 때문이다. 블레셋의 입장에서 다윗은 마하나임으로 수도를 옮긴 이스라엘을 컨트롤할 수 있는 최고의 카드요 꼭두각시였던 것이다.

하지만 불과 7년 반이 지난 시점에서 블레셋의 이런 생각은 그야말로 혼자만의 착각이었음이 드러난다. 블레셋이 다윗을 몰라도 한참 몰랐던 것이다. 그들은 다윗을 너무 과소평가했던 것이다.

흥하는 다윗 왕국 VS. 쇠하는 이스보셋 왕국 삼하 2:12-4:12

기브온 못가 전투 삼하 2:12-32

유다와 이스라엘 간의 갈등은 처음부터 불가피했는데, 마침내 기브온 못가에서 국지전을 치르게 된다. 기브온 못가에서 대치한 양측은 이스라엘의 군대를 아브넬이, 유다의 군대를 요압이 이끌고 있었다. 하지만 같은 민족인지라 오랜 대치 상황만 있었고 직접적인 유혈 충돌은 일어나지 않았다. 그러던 차에 아브넬이 오랜 대치로 인한 지루함을 달래고자 요압에게 각 진영에서 군사 12명을 뽑아 서로 힘겨루기(장난)를 해보자고 제안한다. 이 힘겨루기가 구체적으로 무엇이었는지는 확실치 않지만 우리가 상상할 수 있는 것은 닭싸움, 씨름, 말뚝박기와 비슷한 수준이 아니었을까 싶다. 기브온 못가를 휴전선으로 양측이 대치하는 상황에서 이런 류의 장난이 벌어진 것을 보면 우리나라 남북한 병사들의 우정을 그린 영화 〈공동경비구

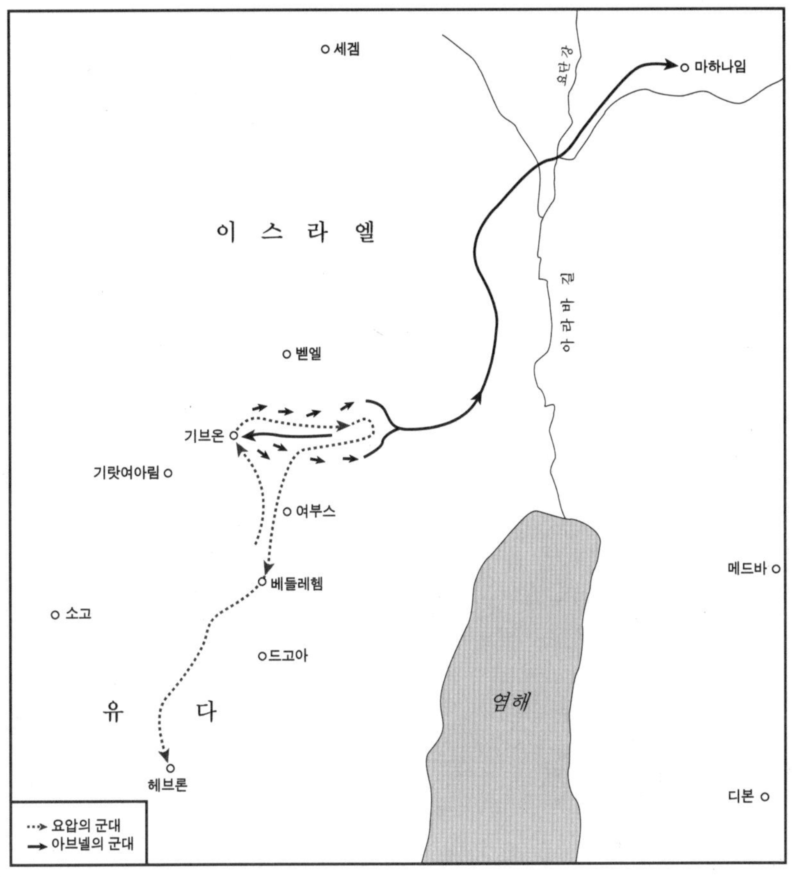

• 기브온 못가 전투

역〉이 떠오른다.

그런데 이 힘겨루기가 확대되어 작은 규모의 국지전으로 발전한다. 이 전투에서 요압 군대가 대승을 거두었고(요압쪽 군사 20명 전사, 아브넬쪽 군사 360명 전사) 아브넬은 허겁지겁 마하나임으로 줄행랑을 쳤다. 그런데 이런 아브넬을 요압의 동생인 아사헬이 끝까지 추격하다가 아브넬에게 죽는 불미스런 사태가 발생한다. 이로 인해 요압은 아브넬을 향한 복수의 칼날을 갈게 된다.

나날이 강성해지는 다윗 삼하 3:1-39

한편 시간이 지날수록 다윗의 통치는 강력해진 반면 이스보셋의 세력은 급격히 약화되었다. 이스보셋이 쇠퇴하게 된 데는 아브넬과 이스보셋 간에 벌어진 반목과 갈등이 결정적인 이유였다. 두 사람 사이의 갈등은 아브넬이 선왕인 사울의 첩 리스바를 취한 것이 계기가 되었다. 이스보셋은 이것을 두고 아브넬이 왕위를 넘보고 있다고 생각해 아브넬을 심하게 책망했는데, 이스보셋 입장에서 본다면 충분히 그렇게 생각할 수 있었다. 그런데 아브넬이 가만있지 않고 이스보셋에게 따지고 들었다.

"아니, 이스보셋 너를 왕으로 세운 게 누군데, 고작 첩 한 명을 취했다고 딴지를 걸어?"

아브넬의 이런 생각도 아브넬 입장에서 보면 충분히 수긍이 가는 부분이다. 아무튼 이 일로 둘 사이는 벌어지기 시작했고, 급기야 아브넬은 다윗을 찾아가 모든 이스라엘을 다윗에게 넘겨주는 비밀 협상을 하게 된다. 다윗은 먼저 자기의 전처인 미갈을 돌려보내라고 요구했는데, 당시 미갈은 다윗이 도망자가 된 이후 발디와 재혼한 상태였다. 다윗은 사울의 딸인 미갈을 다시 취함으로써 북쪽 이스라엘 지파의 충성을 획득하는 데 도움을 얻고자 했을 것이다. 하지만 아브넬의 노력이 효력을 발휘하기도 전에 모든 것이 수포로 돌아가고 만다. 바로 요압이 다윗과 협상을 마치고 돌아가는 아브넬을 암살함으로써 이전에 억울하게 죽은 동생 아사헬의 원한을 갚았기 때문이다.

암살당한 이스보셋 삼하 4:1-12

이스보셋 왕국 군대의 총사령관인 아브넬이 죽자 그의 왕국은 백척간두의 위기에 놓이게 된다. 이런 위기에서 자기의 출세만 생각하는 두 장군이 있었으니 그들은 바아나와 레갑 장군이었다. 형제지간인 이들은 이스보셋을 죽이고 그 머리를 헤브론에 있는 다윗에게 가져감으로써 공을 세우고자 했다. 그들은 이 일로 인해 다윗에게 포상을 받을 줄로 기대했겠지만, 다윗은 이전에 아말렉 전령에게 그랬던 것처럼 두 형제를 가차 없이 처형한다. 이들을 포상했다가는 자칫 북쪽 지파 사람들로부터 자신이 이스보셋의 암살을 사주했다는 누명을 쓸 수도 있기 때문이다.

통일 이스라엘 왕국을 세우다 삼하 5-7장

온 이스라엘의 왕이 된 다윗 삼하 5:1-5

군대 총사령관인 아브넬과 왕인 이스보셋이 죽자 북쪽 지파의 장로들도 더 이상 버틸 재간이 없었다. 이들은 헤브론에 있는 다윗에게 찾아와 다윗을 온 이스라엘의 왕으로 기름 부었다. 이로써 사울이 죽은 후 잠시 이스보셋 왕국과 다윗 왕국으로 분열되었던 이스라엘은 평화적으로 통일이 되었다. 다윗은 북쪽 지파 장로들과 언약을 맺었는데, 이 언약은 아마도 진정한 중앙정부를 보장받기 위한 어떤 약조와 지지를 포함했을 것이다. 다윗은 규제나 조직, 세금 부과와 같이 왕으로서 최소한의 권력도 행사하지 못하고 무늬만 왕이었던 사울과는 달리 명실상부한 통일왕국의 왕으로서 최소한의 권위를 요구했을 것이다.

통일 이스라엘의 수도가 될 여부스 예루살렘 정복 삼하 5:6-12

이스라엘이 통일되자마자 다윗이 곧바로 착수한 일은 통일 이스라엘의 수도가 될 여부스를 정복한 것이다. 다윗이 7년 반 동안 통치한 헤브론은 유다 지파 입장에서만 본다면 중앙에 위치했지만, 통일된 이스라엘에서는 너무 남쪽에 치우쳐 있었다. 세겜과 같은 성읍은 통일 이스라엘에서는 중앙이지만 유다 쪽에서는 너무 북쪽이었다. 사울 왕국 당시 수도였던 기브아는 블레셋 사람에 의해 철저히 파괴되었고 샘 근원이 없어 많은 인구가 정착해서 살아야 할 수도로서는 적합하지 않았다.

다윗은 서부 산지에서 그때까지 가나안 원주민인 여부스족이 살고 있던 여부스 성을 정복하고 자신의 이름을 따서 '다윗 성'이라고 불렀다. 이곳은 위치적으로도 통일 이스라엘의 수도가 될 만했고 기혼 샘이라고 하는 자체적인 물 근원도 갖고 있었다. 게다가 북쪽을 제외한 나머지 삼면에 힌놈 골짜기와 기드론 골짜기가 깊이 파여 있어서 적들의 공격을 막아 내기에도 용이했다.

블레셋과의 두 차례 전쟁 삼하 5:17-25:
르바임 골짜기 전투

다윗이 여부스 성을 정복한 사건은 해안평야에 있는 블레셋을 자극하는 일종의 도발이었다. 다윗은 7년 반 동안 헤브론에서 통치했지만 이것은 어디까지나 가드 왕 아기스의 허락을 받고 다스린 봉신 군주에 가까웠다. 하지만 그 7년 반의 세월 동안 다윗은 와신상담(臥薪嘗膽), 그리고 절치부심(切齒腐心)하며 블레셋의 속박으로부터 벗어나기 위한 만반의 준비와 함께 힘을 키웠을 것이다. 블레셋은 다윗이 여전히 자신의 충성스런 신하임을 믿어 의심치 않았고, 게다가 이스라엘도 이스보셋 왕국과 다윗 왕국으로 분열되어 있었기 때문에 모든 게 뜻대로 되어 간다고 여겼을 것이다.

하지만 이후 이스라엘의 상황은 숨가쁘게 돌아갔다. 아브넬이 요압에 의해 죽고, 이스보셋 왕은 두 장군의 손에 암살당했다. 그리고 북쪽 지파 장로들이 다윗에게 백기를 들고 투항하면서 이스라엘은 순식간에 다윗의 이름 아래 통일되었다. 통일과 함께 다윗은 서부 산지의 중앙에 있는 가나안 성읍 여부스를 정복하고 다윗 성으로 명명하며 명실상부한 통일 이스라엘의 수도로 삼았다. 이 모든 일은 블레셋이 미처 손써 볼 재간도 없이 전광석화처럼 순식간에 일어났다.

역시나 블레셋은 다윗이 여부스 성을 정복한 사건에 담긴 정치적 의미를 제대로 간파했다. 더 이상 다윗이 자신의 충성스런 신하가 아님을 직시한 블레셋은 다윗의 영민한 전략에 완전히 허를 찔리고 만 것이다. 남부 해안평야에 살던 블레셋은 두 차례나 전군 총동원령을 내리고 여부스 성에 있는 배신자(?) 다윗을 치러 올라왔다. 두 차례의 전쟁에서 블레셋이 올라온 출정 루트는 똑같았다. 소렉 골짜기를 따라 올라와서 중간에 남쪽으로 갈라지는 르바임 골짜기를 이용한 것인데, 성경은 이 상황을 다음과 같이 묘사하고 있다.

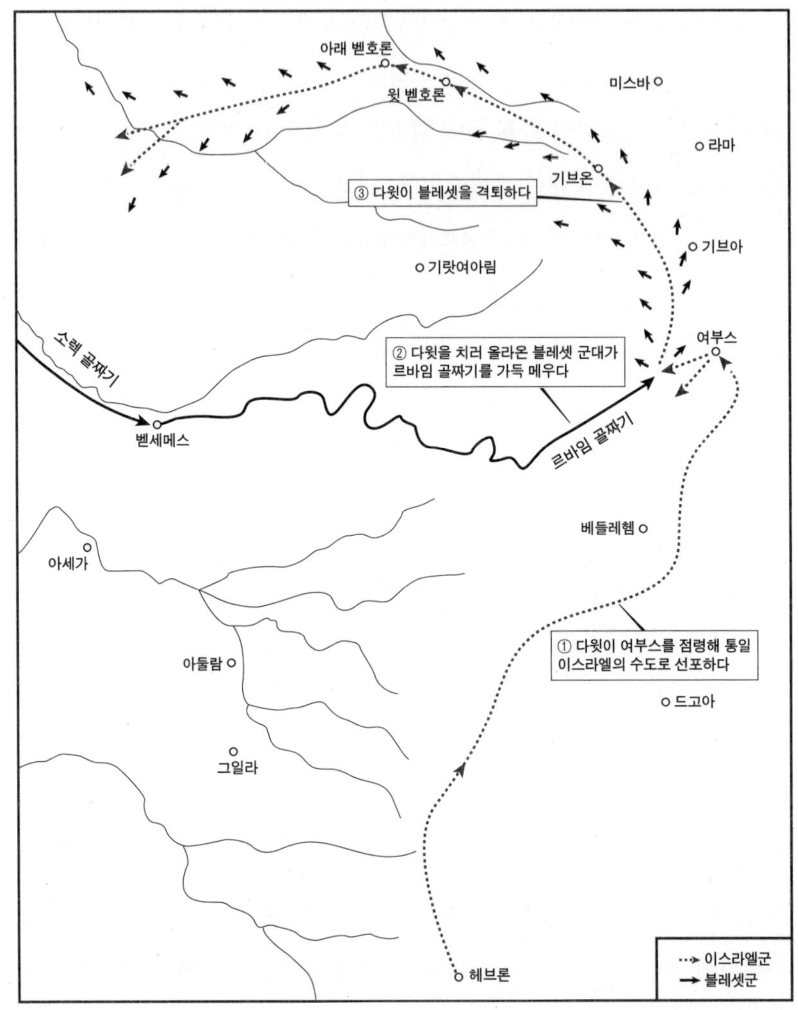

• 르바임 골짜기 전투

"블레셋 사람들이 이미 이르러 르바임 골짜기에 가득한지라"(삼하 5:18).

"블레셋 사람들이 다시 올라와서 르바임 골짜기에 가득한지라"(삼하 5:22).

이스라엘의 지형에 익숙한 사람이라면 이 말씀을 읽을 때 여부스 성에 있는 다윗이 풍전등화의 위기 상황에 몰렸음을 직감할 것이다. 르바임 골짜기는 여부스(예루살렘) 성 바로 코앞까지 뻗어 있기 때문이다. 정치적 감각이 탁월한 다윗은 여부스 성 점령이 자칫 블레셋을 자극해 새롭게 탄생한 통일 이스라엘 왕국을 멸망으로 이끌 수 있는 위험천만한 도박임을 모르지 않았다. 이는 분명 잠자는 사자의 코털을 뽑은 것과도 같은 과감한 도발이었다. 하지만 다윗은 헤브론에 있던 7년 반의 시간 동안 절치부심하며 거사를 도모했고 때가 되자 마침내 주사위를 던진 것이다.

다윗이 여부스를 점령함으로써 블레셋을 자극한 것은 실로 믿음이 없으면 감히 실행할 수 없는 과감한 작전이었다. 블레셋이 누구인가? 과거 이스라엘이 두 차례나 맞붙어 한 번은 법궤를 빼앗기고 또 한 번은 왕과 세 명의 왕자가 전사할 만큼 가공할 만한 전력을 가진 호적수가 아니던가?

블레셋 땅에 1년 4개월 동안 망명해 있던 다윗은 누구보다 블레셋의 위력을 잘 알았을 것이다. 하지만 다윗은 자신과 함께하시는 하나님을 의지했고 그 하나님이 블레셋보다 더 강하심을 믿었다. 다윗은 또한 전쟁이 군사 수의 많고 적음이나 전략의 좋고 나쁨에 달려 있지 않고 전쟁에 능하신 만군의 하나님 여호와를 굳게 의지하는 믿음에 달려 있음도 잘 알았다. 하나님은 다윗의 이런 믿음에 응답하셨고 블레셋과 벌어진 두 번의 전투에서 놀라운 승리를 주셨다.

르바임 골짜기 전투는 인천상륙작전(?)

구약성경에는 셀 수 없이 많은 전투가 나오는데 그 전투의 상황과 배경을 일반 평신도들이 일일이 알 수도 없고 또 굳이 알아야 할 필요도 없다. 하지만 다른 전투는 몰라도 무방하지만 누구나 반드시, 그리고 꼭 알아야 하는 전투가 있다. 바로 사무엘하 5장에 나오는 르바임 골짜기 전투다.

르바임 골짜기 전투가 갖는 의미를 설명하기에 앞서 나는 다음 세 가지 경우를 예로 들고자 한다.

첫째, 한국전쟁이다. 우리나라 사람치고 한국전쟁을 모르는 사람은 없을 테지만 1950년부터 3년 동안 치러진 한국전쟁 당시 일어난 모든 전투 상황을 정확히 꿰고 있는 사람은 아마 한 사람도 없을 것이다. 한국전쟁 당시 국군 총사령관을 지낸 사람이라도 수십 년의 세월이 지난 지금은 기억이 가물가물할 것이다. 모든 전투 상황을 굳이 알려고 한다면 전쟁기록 보관소(뭐, 이런 게 진짜 있는지는 모르겠지만)와 같은 곳을 찾아가야 할 것이다.

그런데 한국전쟁 당시 일어난 모든 전투를 알지 못하더라도 누구나 다 아는 전투가 있다. 바로 인천상륙작전이다. 이 인천상륙작전을 계기로 수세에 몰리던 국군이 북한군에 공세를 취할 수 있었기 때문이다.

둘째, 2차 세계대전이다. 1939년에 발발해 6년 동안 일어난 2차 세계대전 중에 일어난 수많은 전투를 기억하는 사람은 거의 없지만 웬만한 사람도 아는 것이 있는데, 바로 노르망디상륙작전이다. 노르망디상륙작전을 계기로 수세에 몰리던 연합군이 독일을 중심으로 한 동맹국을 제압하게 되었기 때문이다.

셋째, 발해 건국 과정에서 일어난 천문령 전투다. 이스라엘에 있을 때 가족과 함께 재미나게 본 드라마가 사극 〈대조영〉이었다. 이 드라마를 보면 대조영이 고구려가 멸망한 후 유민들을 규합해 발해를 건국하는데 그 과정이 참으로 파란만장했다. 발해가 세워지기까지 수많은 전투가 치러졌는데 그 분기점이 된 전투가 바로 천문령 전투다. 만일 이 전투에서 대조영이 패했다면 발해 건국의 꿈은 물거품처럼 사라졌을 것이다. 그만큼 천문령 전투는 발해 건국으로 향하는 기나긴 전쟁에서 전환점(turing point)이 될 만큼 중요했다.

사무엘하 5장에 나오는 르바임 골짜기 전투의 중요성을 강조하려다 보니 서론이 좀 길어졌다. 인천상륙작전, 노르망디상륙작전, 천문령 전투는 모두 기나긴 전쟁에서 놀라운 전환점이 된 전투들이다. 르바임 골짜기 전투 역시 정확히 그러한 성격, 즉 놀라운 전환점이 된 전투였다.

'르바임 골짜기 전투'라는 표현은 다윗이 여부스를 공격한 후 블레셋 군대가 두 번이나 동일한 루트를 따라 다윗을 치러 올라온 골짜기가 르바임 골짜기였기 때문에 그렇게 명명한 것이다. 사실 이 전투를 가지고 멋들어지게(?) '르바임 골짜기 전투'라고 이름 붙인 사람은 내가 처음일 것이다.

사무엘하 5장에 나오는 르바임 골짜기 전투가 있기 전까지 이스라엘의 상황은 어떠했는가? 멀리 갈 것도 없이 사무엘상 31장에는 블레셋과의 전투에서 이스라엘이 패해 사울과 세 아들이 전사하기까지 했다. 구약성경의 파노라마 속에 흠뻑 빠진 독자라면 사실 이 대목에서 밀려오는 절망과 허무함, 그리고 조바심으로 안절부절해야 한다.

하나님은 아브라함 한 사람을 부르시고 그의 후손을 이집트 땅으로 인도해 그곳에서 200만이 넘는 큰 민족을 이루셨다. 모세를 통해, 그리고 여호수아를 통해 하나님은 출애굽과 광야 40년의 가시밭길을 통과해 천신만고 끝에 이스라엘 백성을 약속의 땅 가나안으로 인도하셨다. 그리고 사사 시대의 지난한 혼란기를 지나 하나님은 마침내 사울을 왕으로 세우시고 통일 이스라엘 왕국을 출범시키셨다. 그런데 그렇게 천신만고 끝에 등장한 이스라엘 왕국이 블레셋과의 전투에서 패함으로써 완전히 멸망 직전에까지 이른 것이다.

그렇다면 과연 이스라엘은 이렇게 끝나고 마는 것인가? 이스라엘을 세운 하나님은 이토록 무능한 분이란 말인가? 하나님이 이스라엘 백성을 통해 이루시고자 했던 원대한 계획은 이로써 완전히 끝나고 마는 것인가? 사무엘상 31장은 바로 이런 안타까움과 허망함을 남긴 채 끝이 나고 만다. 그러므로 사무엘하 1장을 펴는 우리는 새롭게 써 내려갈 하나님의 역사를 기대감과 흥분, 한편으로는 두려움으로 마주해야 하는 것이다.

'하나님은 과연 어떠한 방법으로 반전의 역사를 이루어 가실 것인가? 그래, 하나님께는 우리가 미처 생각지 못한 기가 막힌 묘수가 있으실 거야. 아니야, 혹시 이대로 폭삭 주저앉는 것은 아니겠지? 설마….'

사무엘하 1장부터 르바임 골짜기 전투가 벌어지는 사무엘하 5장까지는 다윗이 헤브론에서 7년 반 동안 다스리던 시기에 일어난 사건이 기록되어 있다. 그런데 많은 경우 헤브론에서 통치한 다윗의 7년 반의 시간이 주는 의미를 제대로 간파하지 못한다. 이것을 그저 다윗이 헤브론에서 7년 반, 그리고 나중에 예루살렘에서 33년, 이렇게 도합 40년을 다스렸다는 식으로, 즉 단순한 수학 공식처럼 이해하는 경우가 많다.

하지만 여기서 우리가 반드시 주목해야 할 사실은 다윗의 40년 통치기에서 헤브론에서의 7년 반과 예루살렘에서의 33년은 전혀 다른 의미와 성격을 가지고 있다는 것이다. 다시 말해 헤브론에서의 통치는 이스라엘이 멸망한 후에 다윗이 블레셋의 가드 왕 아기스로부터 인준을 받고 다스린 '봉신 군주'의 성격이었다면, 예루살렘에서의 통치는 블레셋의 속박에서 완벽하게 벗어난 다윗이 이후에는 대적들과의 전투에서 연전연승하며 순식간에 근동의 절대 강자로 부상한 '제국의 리더'의 성격을 띠고 있다. 그리고 그 놀라운 분기점에 해당하는 전투가 바로 블레셋의 속박을 끊은 르바임 골짜기 전투였던 것이다.

르바임 골짜기 전투는 이스라엘 역사뿐 아니라, 더 나아가 이스라

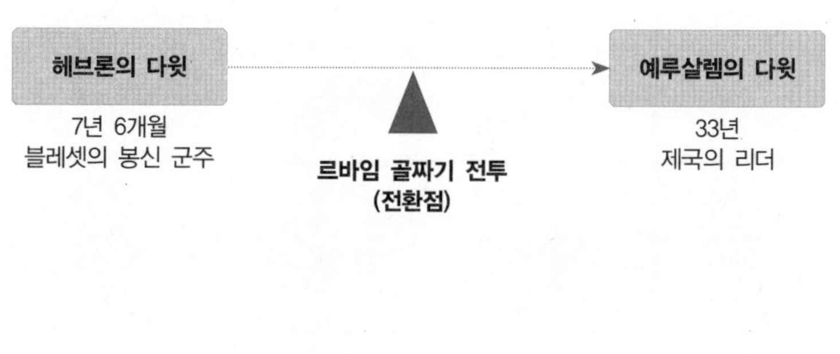

엘 역사를 통해 계시된 하나님 나라의 확장이란 측면에서 볼 때도 놀라운 분기점이 된 전투였다. 이 부분에서 나는 나름대로 드라마 작가의 상상력을 발휘해 보는 재미난 시도를 한 적이 있다. 드라마 작가가 만약 이 부분을 가지고 역사 드라마를 꾸민다면 틀림없이 다윗이 여부스를 치고, 그런 다윗을 치기 위해 해안평야에 있던 블레셋 군대가 벌 떼와 같이 올라와 르바임 골짜기를 가득 메운 부분에서 그 회 드라마의 대미를 장식할 것이다. 그리고 박진감과 조바심을 자아내는 배경음악을 깔고 여부스 성 안에서 어금니를 굳게 깨물고 한껏 상기되어 있는 다윗과 르바임 골짜기를 가득 메운 블레셋 군대를 수시로 오버랩하면서 시청자들의 궁금증을 증폭시킬 것이다. 드라마가 이렇게 끝나면 틀림없이 시청자들은 그 다음 주까지 기다리지 못하고 한 주를 완전히 드라마 폐인이 되어 살 것이다.

이렇듯 사무엘하 5장에 나오는 르바임 골짜기 전투는 우리가 구약성경을 읽으면서 가장 손에 땀을 쥐고 또 심장이 터질 것 같은 긴박감을 가지고 읽어야 하는 부분이다. 그런데 우리는 어떤가? 혹시 이 부분을 읽으면서 손에 땀은커녕, 또 심장이 터질 것 같은 긴박감은커녕

성경읽기 표에서 제시한 오늘 하루 읽어야 할 분량을 채우는 데만 급급하지는 않았는가? 만약 그렇다면 이제부터 구약성경이 주는 역사 드라마로서의 박진감을 제대로 느껴보기 바란다.

법궤를 다윗 성으로 옮기다 삼하 6:1-7:29

다윗은 블레셋을 격퇴한 후에 새롭게 수도가 된 예루살렘을 종교적인 수도로 삼기 위해 법궤를 옮겨 오는 작업에 착수했다. 법궤는 아벡 전투에서 블레셋에 패배한 이후 기럇여아림에 70여 년간 안치되어 있었다(주전 1075~1003년). 다윗은 수레를 이용해 법궤를 옮기려고 했지만, 나곤의 타작마당에서 소가 뛸 때 법궤가 땅에 떨어지는 것을 막고자 무의식 중에 법궤에 손을 댄 웃사가 죽는 것을 보고 주춤하게 되었다. 하지만 법궤가 3개월 동안 안치되어 있던 가드 사람 오벧에돔의 집에 하나님께서 복을 주시는 것을 보고 이전에 법궤 이동 과정에서 무엇이 문제였는가를 곰곰이 돌아보게 되었다. 그리고 재차 시도할 때는 율법에 기록된 대로(민 4:15) 법궤를 수레에 싣지 않고 제사장들이 어깨에 메어서 옮겼고 결국 다윗 성까지 무사히 들어올 수 있었다.

법궤를 예루살렘에 들여 온 다윗은 여호와를 위한 성전을 짓고자 하는 마음이 강했다. 하지만 하나님은 선지자 나단을 통해 다윗의 이런 마음을 기뻐 받으시고 다윗 왕조를 견고히 세워 주겠다고 약속하셨다. 그리고 성전을 건축하는 일은 다윗의 아들을 통해, 즉 다윗 왕조가 든든히 선 이후에나 가능한 일임을 알려 주셨다. 하지만 다윗은 자신의 아들이 성전을 짓게 될 그날을 위해 모든 실질적인 준비에 착수했다.

정복 전쟁을 통한 다윗 제국의 탄생 삼하 8-12장

블레셋을 격파한 다윗은 이후 승승장구하면서 주변 국가들과의 정복 전쟁을 승리로 이끄는데, 이런 정복 전쟁을 위해서는 강력한 군대가 필요했다. 다윗의 군대는 크게 세 부류로 구성되었다.

첫째, 다윗의 망명 시절부터 그와 목숨을 걸고 한 배를 탔던 600명의 용사들이다.

둘째, 한 달에 한 번씩 순번을 바꾸어 가며 징집된 2만 4,000명의 상비군들이다(대상 27:1-15).

셋째, 그렛(아마도 크레타 사람) 사람과 블렛(아마도 블레셋 사람) 사람의 외국계 용병으로 구성된 다윗의 호위병들이다.

모압과 에돔 정복

첫 번째 전투는 요단 동편에 있는 모압을 상대로 치러졌다. 이곳은 다윗이 사울에게 추격당할 때 잠시 은신하던 곳인데, 전쟁의 원인은 기록되어 있지 않지만 다윗이 전쟁 승리 후 이들을 혹독하게 다룬 것을 보면 이들이 다윗에게 상당히 도발적인 행동을 한 것 같다. 이 결과 모압은 왕권을 유지하는 대신 다윗에게 공물을 바쳐야 하는 봉신국으로 떨어졌다.

얼마 후 다윗은 에돔과 싸워 승리를 거둔다. 이 전투는 소금 골짜기(염곡)에서 치러졌고 이 전투에서 패배한 에돔 역시 다윗의 봉신국이 되었다. 에돔 정벌에서 요압 장군은 6개월 동안 에돔 땅에 머물며 모든 남자들을 죽였는데, 왕세자인 하닷만이 몇몇 부하들을 데리고 간신히 이집트로 망명할 수 있었다. 이 하닷은 훗날 솔로몬 통치하에서 재기에 성공해 솔로몬의 강력한 대적자가 된다(왕상 11:14-18).

아람 국가 다메섹, 소바, 하맛 정복

다윗은 북쪽에서 강한 소바 왕 하닷에셀을 상대로 승리를 거두는데 이 승리로 병거 1,000승과 마병 1,700명, 보병 2만 명을 사로잡았다. 이때 다윗은 병거 100승을 끌 수 있는 말만 남기고 나머지는 발의 힘줄을 끊어 버렸다.

이후 다메섹 사람들이 소바를 도우러 오자 다윗은 이들도 격파하고 조공을 받았다. 이때 하맛 왕 도이가 다윗이 소바 왕 하닷에셀을 굴복시켰다는 소식을 듣고 자진하여 공물을 가지고 나왔다. 하맛 왕 도이와 소바 왕 하닷에셀 간에 잦은 전쟁으로 둘 사이는 감정이 좋지 않았는데, 다윗이 소바 왕을 친 것이 하맛 왕에게는 내심 고소한 일이었기 때문이다.

암몬 정복, 그리고 삶을 바꾼 만남

암몬과의 전쟁은 다른 전쟁과 달리 성경에 자세하게 기록되어 있다. 다윗은 암몬 왕 나하스가 죽었다는 소식을 듣고 조문단을 파견했는데, 새로 즉위한 하눈 왕이 이들에게 모욕을 주고 쫓아낸 것이 전쟁의 빌미가 되었다. 암몬 왕 하눈은 아람 사람들을 중심으로 용병을 소집해 다윗과의 일전을 준비했다. 이 전투에 다윗은 요압을 보냈는데, 요압은 놀라운 능력을 발휘해 결정적인 승리를 이끌었다.

하지만 요압이 예루살렘으로 돌아오자 이전에 패한 소바 왕 하닷에셀이 암몬을 돕기 위해 나섰다. 다윗은 친히 군대를 이끌고 헬람까지 진군해 이들을 격파하고 내친김에 다메섹까지 밀고 올라갔다. 다윗은 그곳에 수비대를 두고 하닷에셀의 땅인 디브핫과 군에서 많은 놋을 전리품으로 취했다.

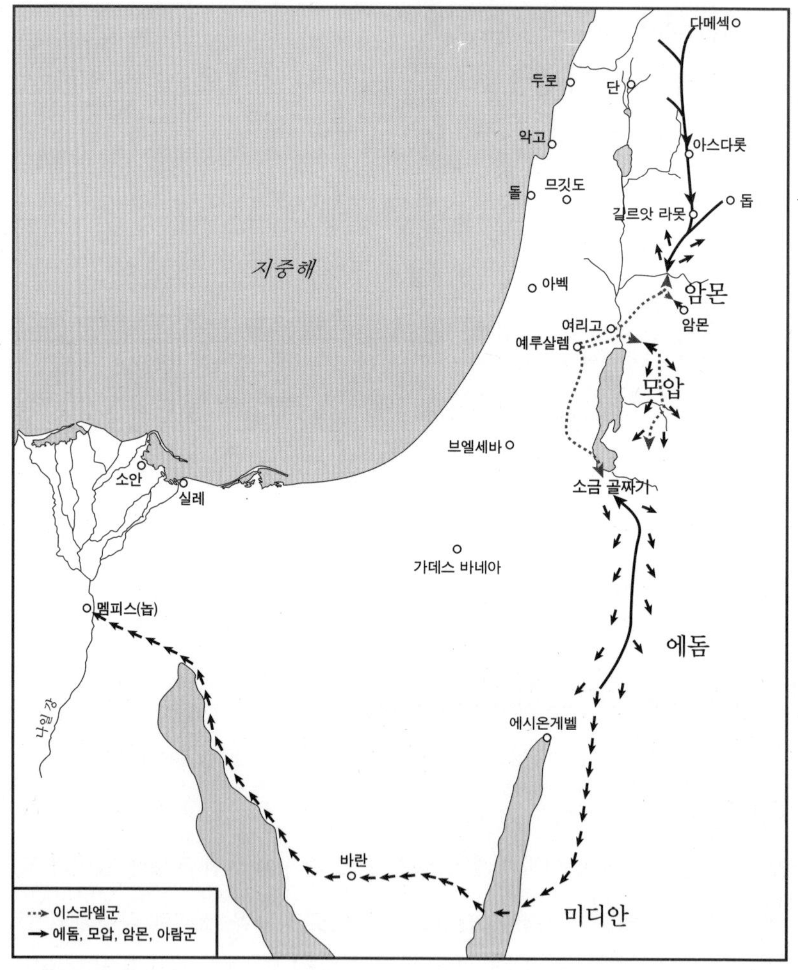

• 다윗의 정복 전쟁

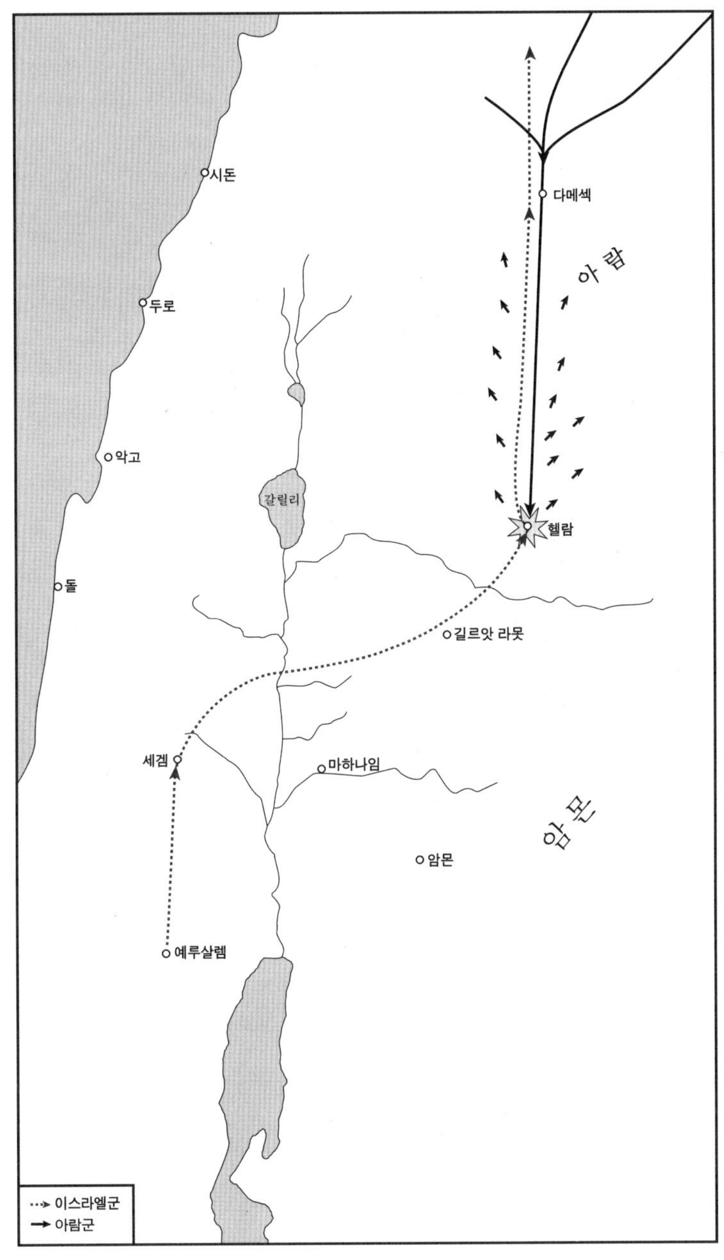

• 암몬을 도우러 온 아람군을 격퇴한 다윗

이후 요압은 암몬 전투를 마무리 짓기 위해 수도 랍바(암몬)를 포위 공격했다. 그 해의 전투에는 출정하지 않고 왕궁의 지붕 위를 어슬렁거리던 다윗은 충신 우리아의 아내 밧세바를 범하게 되는 치명적인 범죄를 저지른다. 이후 요압에 의해 랍바가 점령되자 다윗은 암몬의 왕위를 떠맡아 이 나라를 합병해 자기 왕국의 일부로 삼았다.

다윗 제국의 행정부

다윗의 통치 기간 동안 이스라엘의 세계관은 급격하게 변했다. 이전에 이들은 작고 약했던 탓에 외부의 압제자들에게 끊임없이 괴롭힘을 당하며 살았지만 이제는 모든 면에서 상황이 바뀌었다. 이스라엘은 주도적인 국가가 되었고 주변 나라들의 두려움을 사게 되었다. 하나님께서 조상 아브라함에게 주신 약속(창 15:18)이 마침내 다윗을 통해 실현된 것이다.

이런 다윗 제국 행정부의 면면을 살펴보면 다음과 같다.

요압-군대장관
브나야-그렛 사람과 블렛 사람을 관장하는 용병대장
여호사밧-사관
스라야-서기관
아도람-감독관

이외에도 제사장과 선지자 그룹은 따로 언급할 만하다.

다윗 통치기에 선지자로 활약한 사람은 나단과 갓이다. 갓은 다윗의 망명 시절부터 함께했으며(삼상 22:5), 후에 다윗의 재임 시에는 인구조사로 인한 범죄를 지적하기도 했다(삼하 24:1-15). 나단은 하나님께서 다윗이 성전 짓는 것을 허락하지 않음을 고했고, 후에 밧세바를 범한 다윗의 죄를 책망했다(삼하 7:2-17).

다윗 통치기에는 율법에서 한 명만 허락하는 대제사장이 두 명이나 등장한다. 바로 사독과 아비아달이다. 아비아달은 사울이 놉에서 85명의 제사장을 살해했을 때 다윗에게 망명했고 이후로 다윗과 동고동락한 사람이다. 사독은 아마도 놉 땅의 제사장들이 살해당한 후 사울이 새롭게 임명했을 가능성이 있는(확실치는 않음) 대제사장이다. 그는 헤브론에 있는 다윗에게 북쪽 지파 사람들이 복속될 때 처음으로 언급된다(대상 12:28). 아비아달은 이다말을 통한 아론의 자손이었고, 사독은 엘르아살을 통한 아론의 자손이므로(대상 24:3, 6) 두 사람 모두 대제사장의 직분을 감당할 자격은 충분했다.

다윗의 말년과 혼란 삼하 13-20장

다윗의 말년은 밧세바를 범한 간음죄에 대한 징벌로 주어진 쿠데타와 내란으로 점철되었다. 다윗의 집권 말기로 가면서 이스라엘에서는 과연 누가 그의 뒤를 계승할 것인가의 문제가 점점 민감하게 대두되었다. 이스라엘의 초대 왕인 사울의 뒤를 이어 다윗이 왕이 되었기 때문에 이스라엘에는 아직 왕조가 안정적으로 세워진 경험이 없었다. 위대한 통치력으로 이스라엘 역사에서 찬란한 제국 시대를 연 다윗이었기에 다윗이 자신의 자식들 가운데 한 명을 직접 후계자로 지명할 것으로 많은 사람들이 기대했다.

하지만 후계자와 관련된 공식적인 발표는 차일피일 미뤄진 채 집권 후반기로 접어들었다. 실제로 다윗은 솔로몬이 태어날 당시에 그를 후계자로 선택했지만 공식적인 발표는 하지 않은 상태였다. 이것은 아무래도 그때가 집권 초기여서 불필요한 혼란을 야기하지 않으려는 의도에서 그랬을 것이다. 하지만 다윗의 집권 후반기는 두 아들인 압살롬과 아도니야의 쿠데타, 그리고 사울의 추종자인 세바의 반란으로 먹구름이 몰려오기 시작했다.

압살롬의 반역 삼하 13-19장

압살롬은 다윗의 셋째 아들로서 그의 어머니는 그술(갈릴리 주변의 아람 왕국) 왕 달매의 딸인 마아가였다. 왕위 계승에서 장자가 우선하는 고대 사회의 전통에서 볼 때 압살롬은 분명 남보다 앞선 위치에 있었다. 첫째 아들인 암논은 압살롬의 손에 살해되었고, 둘째 아들인 아비가일(나발의 전 부인)의 소생 길르압은 출생 이후 한 번도 언급된 적이 없는데 아마도 어렸을 때 죽은 것으로 사료된다. 이로 인해 압살롬은 차기 왕위 계승자로서 가장 선두주자가 된 것이다.

압살롬은 누이 다말을 겁탈한 이복 형 암논을 자신의 손으로 살해한 후 외할아버지가 있는 그술 땅으로 도망갔다. 그러다 3년 후 아마도 압살롬으로부터 종용을 받은 요압이 다윗을 설득해 압살롬의 귀향이 이루어졌다. 하지만 다윗은 압살롬을 보려 하지 않았고 2년이 지나서야 그를 용서해 주었다. 아버지 다윗과 간신히 화해한 압살롬은 곧바로 반역을 위한 첫 단추로

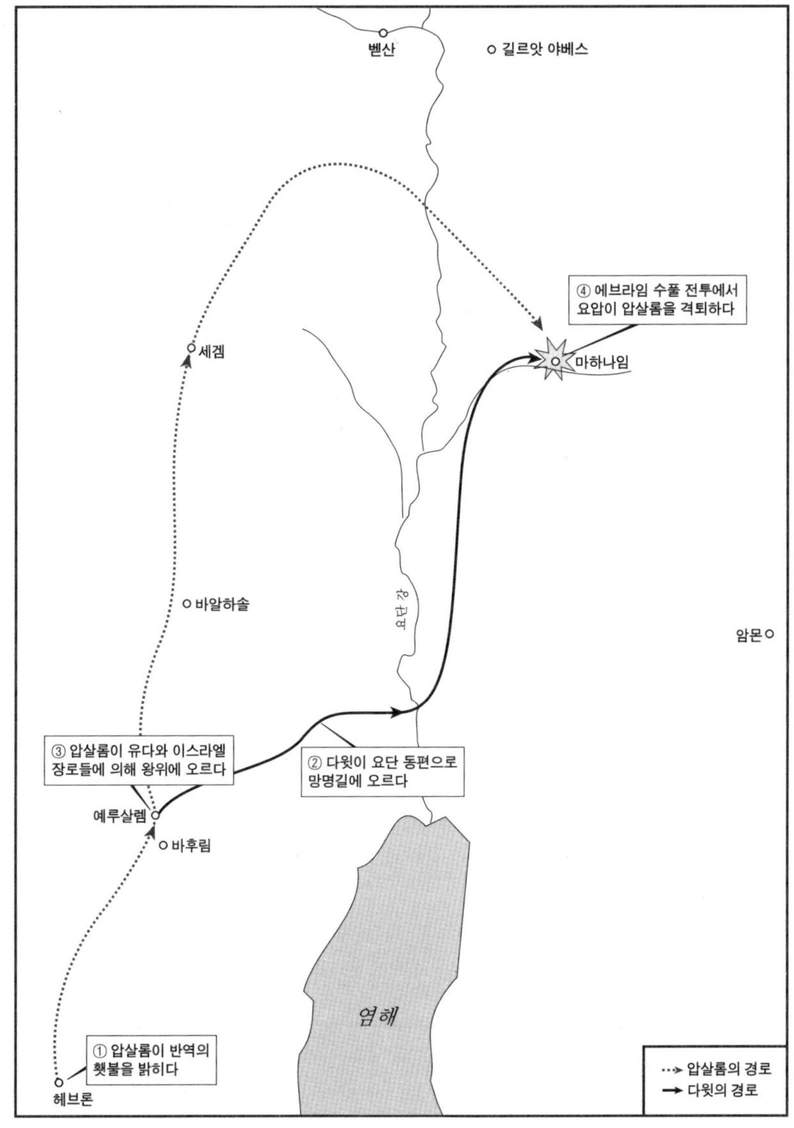

벧산
길르앗 야베스
④ 에브라임 수풀 전투에서
요압이 압살롬을 격퇴하다
세겜
마하나임
바알하솔
요단강
암몬
③ 압살롬이 유다와 이스라엘
장로들에 의해 왕위에 오르다
② 다윗이 요단 동편으로
망명길에 오르다
예루살렘
바후림
염해
① 압살롬이 반역의
횃불을 밝히다
헤브론
압살롬의 경로
다윗의 경로

• 압살롬의 반역

백성의 환심을 사는 일부터 시작했다. 압살롬은 성문에 앉아서 재판을 받으러 오는 백성의 마음을 도적질한 것이다. 4년 후 압살롬은 헤브론에서 서원을 이루겠다는 핑계로 예루살렘을 나와 그곳에서 자신의 추종자들을 모아 스스로 왕이 되었다. 이로써 반역의 횃불이 활활 타오른 것이다.

오랜 준비 기간이 아깝지 않게 백성의 태반은 압살롬을 지지했고, 다윗은 급히 도성을 비우고 요단 동편 길르앗 땅으로 망명을 가게 되었다. 이때 사울의 후손인 시므이가 도망가는 다윗을 향해 저주를 퍼붓는 일이 발생했다. 다윗은 도성에 심어 놓은 전략가인 후새의 도움으로 압살롬의 군대를 막아 낼 충분한 시간을 벌 수 있었고, 결국 마하나임 근처 에브라임 수풀에서 치러진 전투에서 압살롬의 반란군을 격퇴했다. 압살롬은 도망가다가 긴 머리가 상수리나무에 걸려 대롱대롱 매달렸는데, 요압은 다윗의 요청대로 압살롬을 생포할 수도 있었지만 그를 살해함으로 아버지 다윗의 마음을 슬프게 했다.

압살롬은 어떻게 손쉽게 민심을 얻었을까?

사울의 뒤를 이은 다윗의 눈부신 통치를 기억할 때 이스라엘 백성이 어떻게 그렇게 급격하게 반역의 깃발을 든 압살롬에게 기울 수 있었을까 하는 의문이 든다. 이것은 압살롬의 반역이 가지고 있는 정치적인 성격을 이해할 때 해답을 얻을 수 있다.

압살롬은 무늬만 왕정이던 사울의 통치기와 달리 지파 체제에서 급격하게 왕정으로 넘어간 다윗의 통치기에 백성의 마음속에 억눌려 있는 불만을 제대로 간파했던 것 같다. 겉으로 볼 때 다윗 제국은 승승장구하는 듯 보였지만 내부적으로는 왕과 백성 간에 장벽이 점점 높아져 이에 대해 불만이 쌓이고 있었다. 특히 오랫동안 권력을 분점해 오던 지파의 장로들은 다윗 제국 아래서 그의 가신들이 누리는 특권적인 지위에 노골적인 불만과 분노를 표했을 것이다. 압살롬은 틀림없이 지파의 장로들을 설득해 자신이 집권할 경우 지파 장로들과 권력을 배분하겠다는 약속을 했을 것이다. 실제로 예루살렘에 입성한 압살롬은 다윗을 추격하는 전쟁 문제를 결정할 때 장로들과 의논하는 모습을 보여 준다. 결국 압살롬 반란은 지파 체제에서 왕정으로 넘어가는 과도기에 발생할 수 있는 틈(지파 장로들의 소외감)을 제대로 노린 것이고, 비록 싱겁게 진압되기는 했지만 흥행으로 치자면 거의 대박 직전까지 간 것으로 볼 수 있다.

세바의 반역 삼하 20장

압살롬의 반역이 진압되기가 무섭게 새로운 반역이 꼬리를 물었다. 베냐민 사람 세바는 다윗이 망명 생활을 마치고 요단 강을 건너 막 예루살렘으로 돌아오려고 할 때 북쪽 지파의 분리를 주장하며 반역을 일으켰다. 북쪽 지파 가운데 많은 사람들이 귀향길에 오른 다윗을 영접하러 왔을 때 다윗은 유다 지파도 그 영접에 참가하도록 특별 명령을 내렸다. 그것은 유다 지파가 압살롬을 지지했다는 이유로 왕이 그들을 미워하지 않는다는 것을 알리기 위한 조처였다.

다윗은 더 나아가 압살롬의 군장으로서 반란에 가담했던 아마사를 요압을 대신해 자신의 군장으로 삼겠다고 파격적인 약속을 했다. 이에 유다 사람들은 재빨리 응했고 결국 첫 번째로 왕을 호위하며 요단 강을 건너 길갈로 오게 되었다. 이때 북쪽 지파 사람들은 자신들이 차별받는다고 여기며 불평했다. 유다와 북쪽 지파 간에 험악한 실랑이가 오가는 상황에서 세바는 북쪽 지파들에게 다윗을 버리고 자신을 따르라고 외쳤다.

다윗은 새 군장 아마사에게 세바의 반란을 진압하도록 지시했다. 하지만 아마사가 지정된 3일 안에 출정을 떠나지 못하자 재빠른 조치가 필요하다고 여긴 다윗은 요압의 형 아비새에게 서둘러 반란을 진압하도록 명령했다. 요압은 이 진압군에 따라나서는 도중에 아마사를 죽였고, 멀리 북쪽에 있는 아벨벧마아가에 피신해 있는 세바를 죽임으로써 반란을 진압했다.

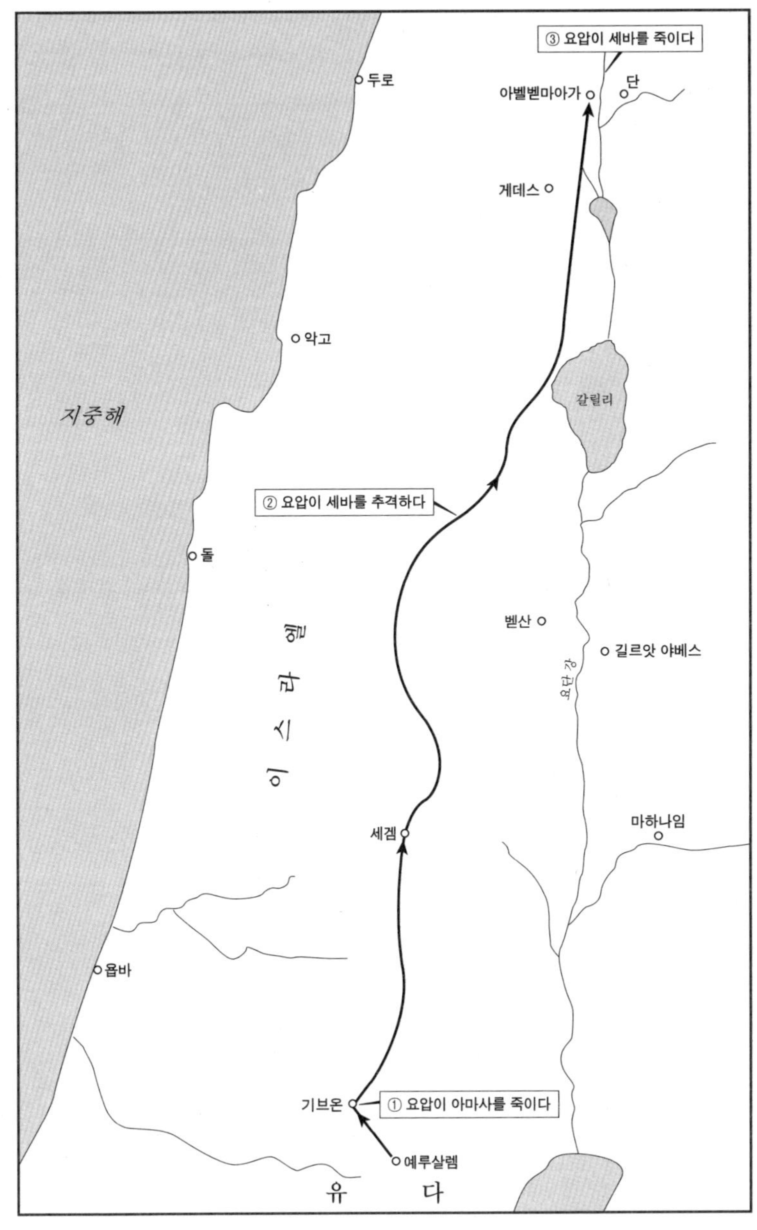
③ 요압이 세바를 죽이다
두로
아벨벧마아가
단
게데스
악고
지중해
갈릴리
② 요압이 세바를 추격하다
돌
벧산
길르앗 야베스
이스라엘
요단 강
마하나임
세겜
욥바
기브온
① 요압이 아마사를 죽이다
예루살렘
유 다

• 세바의 반란

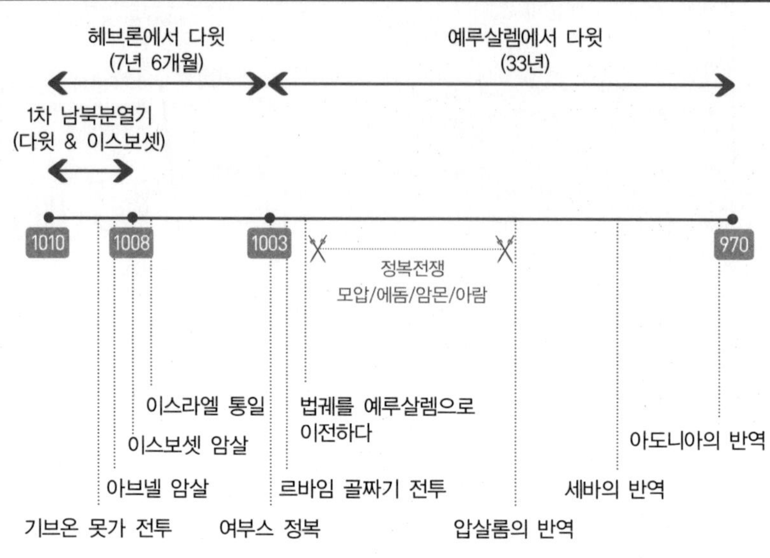
헤브론에서 다윗
(7년 6개월)
예루살렘에서 다윗
(33년)
1차 남북분열기
(다윗 & 이스보셋)
1010
1008
1003
970
정복전쟁
모압/에돔/암몬/아람
이스라엘 통일
이스보셋 암살
아브넬 암살
기브온 못가 전투
여부스 정복
법궤를 예루살렘으로
이전하다
르바임 골짜기 전투
압살롬의 반역
세바의 반역
아도니아의 반역

• **다윗의 통치 연대기**

ASIA

Part 12

고대 근동의 실력파

부유한 제국을 건설한 솔로몬

주전 970~931년

솔로몬 정권과 다윗 정권은 두 통치자의 커다란 배경 차이로 인해 뚜렷한 대조를 보인다. 다윗은 넓은 환경에서 자란 양치는 목자였고 후에는 혹독한 광야에서 망명생활을 했다. 그러나 솔로몬은 왕궁의 안락과 사치 속에서만 자랐다. 다윗은 '행동의 왕'으로서 공격적이고 유능했으며 군대를 이끌고 가는 곳마다 승리를 거두었다. 반면 솔로몬은 '평화의 왕'으로서 집에 있기를 좋아했으며 그의 아버지가 획득한 영토를 단순히 유지하는 일에만 만족했다. 솔로몬은 분명 아버지로부터 물려받은 제국의 경제적 잠재력을 극대화할 수 있는 영민한 인물이었다. 하지만 다른 분야에서는 무분별과 무절제를 드러내 그의 죽음과 함께 제국의 분열을 촉진했다.

다윗 왕궁은 정부가 필요로 하는 이상으로 크지 않았지만 솔로몬 왕궁은 그의 허영심을 충족시켜 줄 만큼 지나치게 사치스러웠다. 그 결과 솔로몬은 정부 운영에서 다윗보다 더 많은 재정이 필요했고 따라서 세금을 인상할 수밖에 없었다. 솔로몬도 분명 경건한 신앙인으로 출발했지만 이내 하나님과의 관계를 유지하지 못하고 사악한 길에 빠져 악의 씨앗을 뿌린 삶이 되고 말았다.

솔로몬의 즉위와 살벌한 숙청 왕상 1-3장

아도니야의 반역과 피의 숙청 왕상 1-2장

다윗은 임종이 가까운 상황에 이르기까지 후계자 임명을 차일피일 미루었던 것 같다. 압살롬의 반역이 실패하자 후계자가 불확실한 상황을 틈타 이번에는 아도니야가 반역의 깃발을 들었다. 압살롬마저 사라진 상황에서 다윗의 넷째 아들인 아도니야가 차기 대권에 가장 근접해 있었던 것이다. 대세를 따랐던지 아도니야의 반역에는 장군 요압과 대제사장 아비아달이 가담했다.

아도니야 지지파는 엔로겔(에느로겔) 샘에서 아도니야를 왕으로 옹립하려 했다. 하지만 선지자 나단이 밧세바를 찾아가 급박하게 돌아가는 상황을 알렸고, 두 사람은 임종이 가까운 다윗을 찾아가 밧세바의 아들인 솔로몬을 왕으로 세워 달라고 최후의 담판을 지었다. 이로써 솔로몬이 다윗의 노새를 타고 엔로겔 샘에서 가까운 기혼 샘에서 왕으로 등극한다. 솔로몬 지지파에는 제사장 사독과 용병대장 브나야가 중심 인물이었다. 다윗의 노새를 탄 솔로몬에게 왕으로서의 정통성이 더 있었던 탓에 결국 아도니야 지지파는 사방으로 흩어지게 된다. 아도니야는 잽싸게 제단 뿔을 잡음으로써 간신히 목숨을 건질 수 있었다(출 21:13-14).

솔로몬은 다윗이 살아 있을 동안에 왕위에 올랐는데, 이것은 둘 사이에 짧은 섭정 기간이 있었음을 의미한다. 이 섭정 기간은 솔로몬의 대적자들에게는 은혜의 시간이었다. 하지만 다윗이 죽자 모든 상황이 바뀌어 살벌한 숙청이 시작되었다. 숙청의 첫 타깃은 아도니야였는데, 그는 다윗의 첩인 아비삭을 요구했다가 목숨을 잃었다. 아도니야를 지지했던 대제사장 아비아달은 고향 아나돗에 유폐되었다. 이로써 하나님께서 실로의 제사장이던 엘리의 후손에게 임할 재앙에 대한 예언이 이루어졌다(왕상 2:27). 요압 장군은 사정의 칼날이 자신에게 향할 것을 예측하고 이전에 아도니야가 그랬던 것처럼 제단 뿔을 잡았지만 용병대장 브나야의 손에 죽고 만다. 이외에도 압살롬의 반역으로 인해 예루살렘을 탈출하려 할 때 다윗에게 저주를 퍼부은 시므이도 예루살렘 성에 유폐되지만 이를 어기다가 처형당한다. 이로써 솔로몬은 자신의 본격적인 통치를 살벌한 정적 제거로 시작했다.

솔로몬의 지혜 왕상 3장

이 일 직후에 솔로몬은 특이한 방법으로 하나님의 복과 사랑을 받았다. 솔로몬은 정적 제거와 함께 본격적인 통치를 여호와 하나님께 대한 신앙으로 출발했는데, 그것은 기브온 산당에서 일천 번제를 드리는 데서 잘 나타난다. 솔로몬이 그곳에 있을 때 하나님은 이를 기뻐하시며 밤중에 그에게 꿈으로 나타나셨다. 그리고 솔로몬이 원하는 것을 말하도록 하셨다. 이때 솔로몬은 개인의 부귀와 명예를 구하지 않고 백성을 잘 다스릴 수 있는 지혜를 달라고 요청함으로써 하나님의 마음을 흡족하게 했다. 이로써 솔로몬은 하나님의 지혜와 함께 덤으로 부귀와 명예도 얻게 되었다. 아버지로부터 광대한 제국을 이어받은데다 하나님의 지혜까지 덧입게 된 솔로몬의 통치는 그야말로 장밋빛 전망을 갖게 했다. 하지만 그의 통치는 우습게도 초반부터 삐걱거리기 시작했다.

솔로몬 왕국의 이모저모 왕상 4-10장

국방 정책

솔로몬의 국방 정책은 국경의 확장보다는 아버지 다윗으로부터 물려받은 제국의 방어선을 확실하게 유지하는 데 집중되었다. 주요한 방어 조치는 이스라엘에서 군사적으로 중요한 곳인 하솔, 므깃도, 게셀에 요새를 건축함으로써 이루어졌다. 솔로몬은 또한 수도 예루살렘을 강화하기 위해 성과 밀로를 건축했다. 솔로몬의 국방 정책이 다윗과 근본적으로 달랐던 것은 말과 병거를 많이 둔 데서 나타나는데, 그는 1,400승의 병거와 1만 2,000명의 마병을 모으고 4,000마리의 말 마굿간을 유지했다(왕상 10:26; 대하 9:25). 솔로몬이 곳곳에 세운 군사 요새들에는 많은 상비군이 주둔했고 이를 감당하기 위한 재정적인 뒷받침도 상당히 요구되었을 것이다.

경제 정책

성읍을 요새화하고 상비군을 유지하며 호사스런 궁중 생활을 누리기 위해서는 상당한 재정이 요구되었는데, 솔로몬 정권에서 수입의 원천은 크게 네 종류로 나눌 수 있다.

세금

솔로몬은 세금 징수를 목적으로 나라를 12개 군으로 나누고 각 군마다 지방장관을 임명했다. 각 군은 매년 솔로몬 왕궁에서 필요한 경비를 한 달

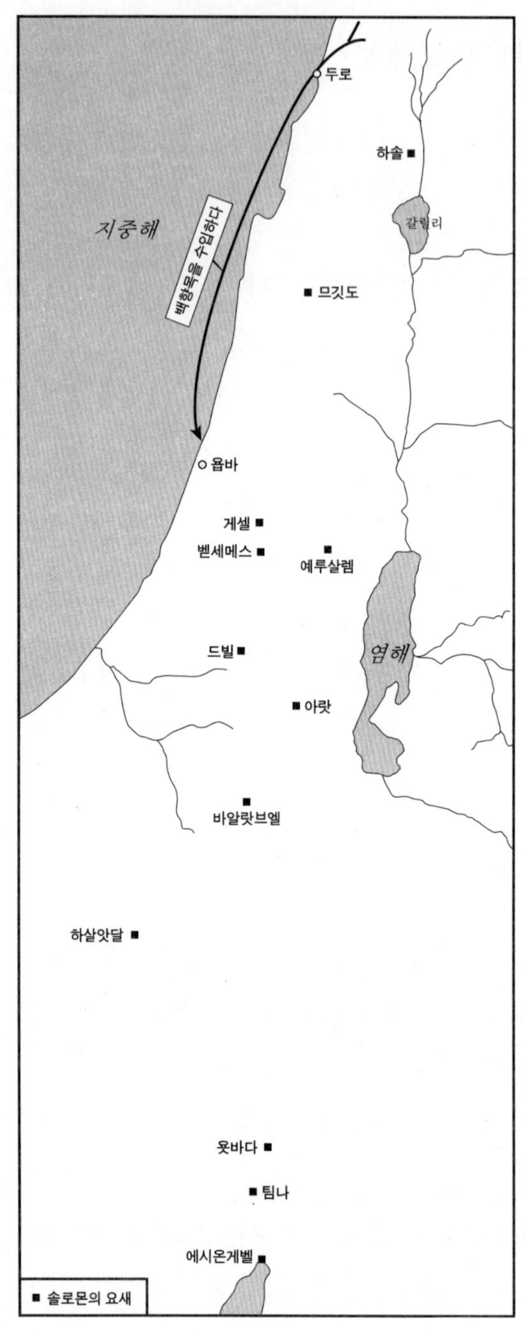

• 솔로몬이 곳곳에 세운 군사 요새

씩 돌아가면서 제공해야 했다. 여기에는 사람들을 위한 양식뿐 아니라 말들을 위한 보리와 짚도 포함되었다. 솔로몬의 뒤를 이어서 그의 아들 르호보암이 왕위에 올랐을 때 북쪽 지파 사람들이 세금을 줄여 달라고 아우성을 쳤는데, 이를 볼 때 세금 부담은 강압적이었을 것이다.

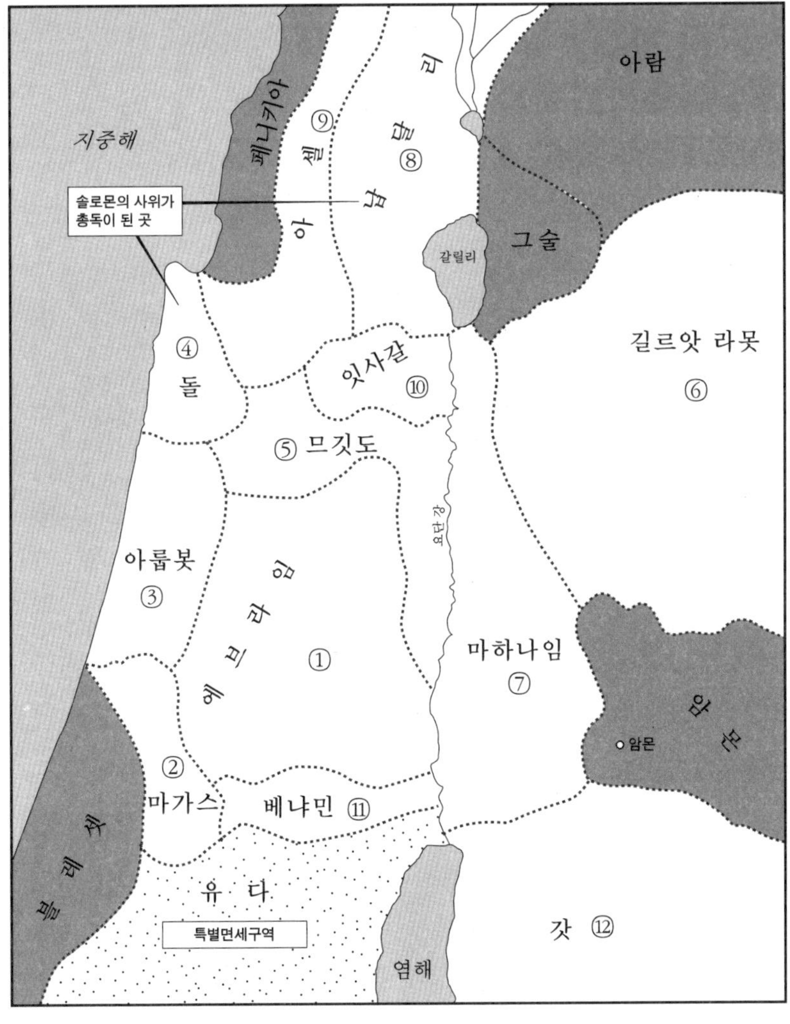

• 세금을 징수하려고 나눈 12개의 군

솔로몬이 시행한 행정구역 개편 속에 숨겨진 의미

솔로몬이 시행한 행정구역 개편은 열왕기상 4장 7-19절에 자세하게 언급되어 있다. 이 본문에는 12개의 행정구역과 각 지역에 임명된 행정장관의 이름들이 지루하게(?) 나열되어 있다. 구약성경을 읽을 때 이런 부분은 대충 건너뛰거나 그 의미를 깊이 생각하지 않고 빠르게 읽고 넘어가기가 일쑤다. 그런데 만약 이런 본문이 그날 QT 본문이라면 과연 어떻게 적용 거리를 찾아야 할까? 게다가 만약 그날 구역예배가 있어서 이 본문 말씀으로 QT 나눔까지 해야 한다면 그야말로 난감하다.

하지만 솔로몬의 행정구역 개편과 관련된 이 본문은 단순한 행정구역과 행정장관의 이름을 나열하는 것 이상의 깊은 의미가 있다. 여기서 우리가 간파해야 할 중요한 사실은 솔로몬 정권이 이전의 사울과 다윗의 정권과는 확실히 다르다는 것이다.

첫째, 솔로몬이 구획을 나눈 12개의 행정구역은 대체로 이전의 열두 지파 경계와 일치하는 듯 보이지만 반드시 일치하지는 않는다. 이것은 과거 열두 지파의 경계를 무시하고 솔로몬의 의중을 담아 12개의 행정구역으로 나눈 것이다. 열두 지파의 전통적인 경계를 무시한 것은 각 지파 내에서 기득권과 리더십을 행사해 오던 장로들의 세력을 일거에 무력화시키려는 의도에서 비롯된 것이다. 이것은 마치 우리가 역사에서 배운 고려의 네 번째 왕 광종이 지방 호족들의 사병 소유를 금지함으로써 왕권을 강화한 것에 비유할 수 있다.

고려의 태조인 왕건은 새로운 왕조를 출범시키면서 지방 호족들의 추대와 합의를 통해 왕이 되었다. 이런 상황에서는 누가 왕이 되더라도 강력한 왕권을 발휘하기가 쉽지 않다. 그래서 대체로 왕조의 초창기에는 지방 호족들이 자체적인 사병을 거느리고 자기 지방에서는 제멋대로 세금을 징수하며 거의 왕에 버금가는 권력을 휘두른다. 하지만 이런 상황은 4대 광종에 이르러 급변하는데 광종은 때가 무르익자 호족들의 사병 소유를 금지하는 왕령을 발표함으로써 호족들의 세력을 일거에 무력화시킨다. 솔로몬이 전통적인 지파의 경계를 무시하고 새롭게 행정구역을 개편한 것 역시 지파 장로들의 세력을 무력화하고 왕권을 강화하려는 의도가 숨어 있는 것이다.

둘째, 각 행정구역의 행정장관은 하나같이 솔로몬의 핵심 측근들로만 임명되었다. 그중에서 돌 구역(④번)과 납달리 구역(⑧번)의 행정장관은 솔로몬의 사위였다. 이 정도면 솔로몬이 앞으로 확실한 친정 체제를 구축해 강력한 왕권을 행사하겠다는 의지의 표명이라 할 만하다.

셋째, 열두 행정구역 가운데 왕을 배출한 유다 지파는 쏙 빠져 있다. 그리고 나머지 열두 행정구역에서 한 달씩 돌아가며 솔로몬 왕궁에서 필요한 제반 경비를 충당해야 했다. 그리고 놀라운 것은 이러한 세금 부담에서 유다가 면제되었다는 것이다.

솔로몬이 시행한 행정구역 개편은 사울과 다윗 때까지 이어 오던 지파 체제가 최종적으로 그리고 실질적으로 폐지된 것을 의미했다. 국가가 위기에 처했을 때 지파별로 군사를 파병할 수 있는 실권을 가졌던 지방 장로들은 완전히 날개가 꺾였고, 유다 지파를 제외한 나머지 지파들은 솔로몬 정권이 부과하는 무거운 세금과 군복무의 징병 의무를 져야

했다. 그리고 이를 강제한 것은 이전처럼 여호와의 말씀이 아니라 강력하고 신성해진 국가였다. 이로써 이스라엘에는 왕을 구하는 백성에게 선지자 사무엘이 경고한 일들이 실제로 임하게 되었다(삼상 8:10-18). 게다가 솔로몬 정권하에서 이스라엘 왕국은 상공업과 도시의 발달로 농경과 목축을 중심으로 한 소농국가에서 벗어남으로써 전통적인 지파 개념과 씨족 간의 유대감이 급격히 와해되는 놀라운 사회변혁을 경험하게 된다.

부역

고대 사회에서 부역은 흔했지만 이스라엘 백성에게는 생소한 것이었다. 다윗은 주로 외국인을 부역에 동원했지만 솔로몬은 건축 사업이 길어지자(성전 건축에 7년, 왕궁 건축에 13년) 자국민인 이스라엘 사람들도 부역에 동원했다. 성전을 건축할 때는 3만 명의 역군을 동원했는데, 매달 1만 명씩 교대로 레바논으로 보내 건축에 필요한 백향목을 가져오게 했다. 이렇게 징집된 사람들은 지정된 기간 동안 아무런 보수도 없이 정부를 위해 일해야 했다.

외국의 공물과 예물

세 번째 수입원으로 외국에서 들어오는 공물과 예물이 있었다. 외국의 사신들은 금, 은, 의복, 귀한 향품, 동물들을 보내왔다. 특히 스바 여왕의 방문이 성경에 자세히 기록되어 있는데(왕상 10:1-13), 이 여왕 역시 많은 향품과 보석 외에 금 120달란트를 가져왔다.

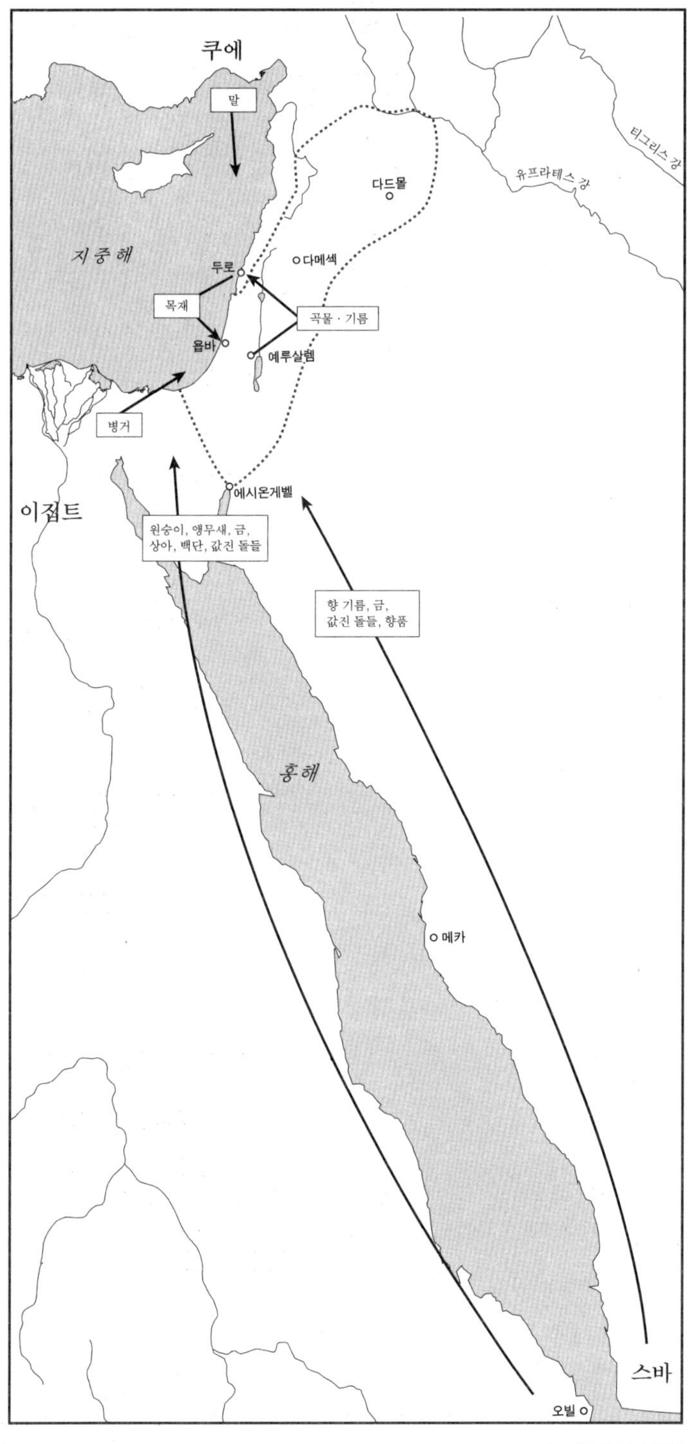
쿠에
말
지중해
두로
목재
욥바
곡물 · 기름
예루살렘
다드몰
다메섹
티그리스 강
유프라테스 강
병거
에시온게벨
이집트
원숭이, 앵무새, 금,
상아, 백단, 값진 돌들
향 기름, 금,
값진 돌들, 향품
홍해
메카
스바
오빌

• 솔로몬 왕국의 무역

무역

솔로몬은 사이 땅인 이스라엘의 지정학적 이점을 십분 활용하기 위해 무역에 힘을 쏟았다. 이것은 이스라엘에게 상당한 수입을 안겨다 주었는데, 그중 하나가 홍해 무역이었다. 솔로몬은 선박 건조의 달인인 페니키아 사람들(특히 두로 사람)의 도움으로 최남단에 있는 에시온게벨 항구에서 오빌(아마도 현재 해적이 창궐하는 소말리아)까지 무역선을 정기적으로 띄워 금, 은, 백향목, 보석, 상아, 원숭이들을 가져왔다. 솔로몬은 또한 말과 병거의 무역도 수행했는데, 말과 병거를 자신이 사용하려는 목적도 있었지만 지정학적 이점을 이용한 중계무역으로 이문이 남는 사업을 영유하기 위함이었다.

솔로몬 정권의 재정 상태는 만년 적자(?)

솔로몬 정권의 재정 상태는 한마디로 만년 적자로 표현할 수 있다. 이런 상황은 다음 몇 가지 사실에서 유추할 수 있다.

첫째, 솔로몬의 영민한 무역 정책으로 인해 수입을 극대화할 수 있었지만 솔로몬 정부는 늘 비용이 수입을 초과하는 기형적인 구조를 가지고 있었다. 40년의 재위 기간 중 절반인 20년간 이어진 무리한 건설 사업, 성전 제의에 대한 국가의 아낌없는 지원, 늘어난 중앙 상비군과 그로 인한 국방비의 증가, 노역 감독관만 해도 550명이 되는 수많은 정부 관리들, 이런 것들은 솔로몬 정부의 기형적인 구조의 한 단면을 여실히 보여 준다. 다윗은 백성에게 과도한 세금을 부과하지 않고 개인의 수입과 조공만으로 정부의 비용을 해결했고 다윗 자신이 검소한 생활을 함으로써 정부의 지출이 그리 많지 않았지만, 솔로몬 정부 들어 솔로몬의 호사스런 성격으로 인해 경상수지는 항상 적자를 면하지 못했던 것이다.

둘째, 처음에는 정복민만으로 강제 노역을 충당했으나 건설 공사가 장기화되자 점차 이스라엘 백성도 강제 노역에 동원되었다. 이것은 자유민으로 살아오던 이스라엘 백성으로서는 분명 삼키기 힘든 쓴 약이었을 것이다.

셋째, 왕궁과 성전 건축에 사용한 백향목과 같은 목재의 밀린 대금을 치르기 위해 두로의 히람 왕에게 갈릴리 주변의 성읍을 팔아넘겼다. 어찌되었든 영토를 판다는 것은 위태로운 재정 상태를 보여 준다.

넷째, 부족한 재원을 마련하기 위해 백성에게 부과된 세금이 갈수록 증가되었다.

외교 정책

솔로몬은 드넓은 제국을 물려받고 활발한 무역관계를 유지했기 때문에 외국과의 네트워크도 무척이나 광범위했다. 이것은 솔로몬이 수많은 외국 여인과 결혼했다는 사실에서도 알 수 있다. 당시 고대 세계에서 결혼은 외국과 동맹을 맺기 위한 가장 흔한 수단이었다. 그는 모압, 암몬, 에돔, 시돈, 헷 족속의 부인을 두었는데, 이 가운데서도 특히 이집트와 두로와의 동맹은 주목할 만하다.

이집트와의 동맹

솔로몬은 바로의 딸과 결혼함으로써 이집트와 동맹을 맺었다. 솔로몬이 이집트 바로의 공주를 아내로 맞았다는 것은 솔로몬이 통치하는 이스라엘이 당시 세계에서 상당히 높은 지위에 있었음을 보여 준다. 이집트는 과거 역사에서 미탄니, 히타이트와 같은 메소포타미아 지역의 강대국들과 경쟁을 할 때도 상대국의 공주를 일종의 볼모 성격으로 데려와 자국의 왕자와 결혼시킨 적은 있지만, 자국의 공주를 상대국에 보낸 경우는 한 번도 없었다. 솔로몬은 이 동맹의 중요성으로 인해 이집트 출신 왕비를 위한 별궁을 지어 주었다. 자신의 딸을 솔로몬의 아내로 준 바로는 아마도 무력했던 21왕조 말기의 바로인 시아문일 것이다.

두로와의 동맹

또 하나의 중요한 동맹은 페니키아 왕 히람 1세와 맺은 것이다. 솔로몬의 부인 중 시돈 여인은 이 통치자의 딸로 추정된다. 두로는 주전 12세기에 페니키아인에 의해 재건되었고 이후 지중해를 무대로 강력한 해상 국가로 거듭났다. 솔로몬은 특히 이 나라의 백향목에 관심이 있었고 이를 위해 해마다 밀과 올리브기름으로 값을 지불했다. 하지만 성전과 왕궁을 건축하는 20년 동안 백향목을 원 없이 수입한 솔로몬은 이후 부족한 값을 지불하기 위해 갈릴리 지역에 있는 20개 성읍을 떼어 주었다.

건축 정책

솔로몬은 예루살렘에 두 개의 웅장한 건축물을 세웠는데 바로 하나님을 위한 성전과 자신을 위한 왕궁이다.

성전 건축

이미 언급한 대로 다윗은 성전을 건축하고 싶었지만 하나님이 허락하지 않으셨다. 하지만 다윗은 성전 건축을 위한 모든 준비를 해두었고 건축 구조와 관련해서도 하나님의 영이 그에게 보여 주신 설계도를 솔로몬에게 그대로 넘겨주었다. 솔로몬은 성전 건축의 재료로 쓸 백향목 조달을 위해 두로의 히람 왕과 계약을 맺고 이를 자르고 운송하기 위해 한 달에 만 명씩 그곳에 일꾼을 보냈다.

솔로몬은 재위 4년(주전 966년경)에 성전 건축을 시작해 7년 후 가을에 완공해 하나님께 봉헌했다. 이때 법궤를 지정된 장소에 넣을 때 이전에 시내 산에서 성막을 봉헌했을 때와 같이 여호와의 영광의 구름이 성전을 가득 덮는 놀라운 일이 발생했다. 그리고 모인 사람들 앞에서 솔로몬이 봉헌 기도를 마치자 하늘에서 불이 내려와 놋제단에 있던 번제물을 태웠다. 이렇게 7일 동안 성전 봉헌을 기념하며 총 2만 2,000마리의 소와 12만 마리의 양을 제물로 바쳤다. 하나님은 이전에 기브온 산당에서 그랬던 것처럼 다시 솔로몬에게 나타나셔서 그가 아버지 다윗처럼 하나님의 계명을 준수하면 복을 내리겠다고 약속하셨다.

왕궁 건축

솔로몬은 성전 건축보다 6년이 더 긴 13년의 기간 동안 자신이 거할 왕궁을 화려하게 건축했다. 이외에도 왕궁 부속 건물로 '레바논 나무의 궁'을 지었는데, 이것은 아마도 백향목 기둥으로 받쳐서 그렇게 이름이 붙은 것 같다. 이곳은 무기를 저장하는 데 사용되었다(왕상 10:16-17). 또한 '기둥의 복도'를 지었는데, 이것은 레바논 나무의 궁과 옥좌 사이에 기둥으로 이어진 웅장한 통로의 일종이었던 것 같다. 솔로몬이 앉는 옥좌는 상아로 만들어졌고 그 위에 정금을 입혔는데 솔로몬은 이 6층 보좌에 앉아서 재판을 했다.

이처럼 성전과 왕궁을 건축하는 데 총 20년이 걸렸다. 솔로몬의 재위 기간 40년 중 절반에 해당하는 기나긴 노역 공사였던 것이다. 이스라엘의 초대 왕 사울이 기브아의 에셀 나무 밑에서 소박하게(어떤 면에서는 초라하게) 통치했던 것과 비교할 때 호사스런 왕궁을 지은 솔로몬의 왕권은 보는 이로 하여금 사뭇 격세지감을 느끼게 한다.

성전과 왕정의 신학적 결탁(?)

사울과 다윗을 거쳐 솔로몬이 등장하면서 이스라엘 왕정은 세상적으로 볼 때 완벽한 체제를 갖추게 된다. 중세 유럽에서 황제와 교황이 결탁했듯이 성전과 왕정 체제가 신학적으로 결탁하게 되는데, 화려한 왕궁과 왕조의 영원한 치세를 기원하는 성전의 건축은 솔로몬 정권을 지탱하는 거대한 두 개의 기둥이 되었다. 우리는 여기서 성전과 왕정 체제의 결탁이 빚어낸 신학적이고 역사적인 문제점들을 고찰해 볼 필요가 있다. 이것은 훗날 왕국이 남북으로 분열되어 앗시리아와 바벨론에 의해 차례로 멸망하게 되는 국가적 재앙을 이해하는 데 있어서 중요한 단초가 될 수 있기 때문이다. 성전 건축과 왕궁 건축은 긍정적인 면과 함께 어떤 부정적인 측면을 갖고 있었을까?

첫째, 솔로몬 통치 기간에 성전이 완공되면서 일종의 국가 신학이 생겨났다. 여기서 국가 신학이란 다윗 왕조를 굳건히 세워 주겠다는 선지자 나단의 신탁(삼하 7:4-17)에 기초한 것으로 여호와께서 시온을 처소로 선택하셨고 다윗 가문의 영원한 통치를 약속하셨다는 내용이다. 이로 인해 왕은 징벌을 받아도 왕조 자체는 단절되지 않으리라는 굳건한 신조가 생겨났다. 다윗과의 약속에 기초하기 때문에 일명 '다윗 언약'이라고도 불리는 국가 신학은 무조건적인 언약이라는 점에서 '시내 산 언약'과 모종의 긴장관계를 갖는다. 시내 산에서 주어진 언약은 너희가 순종하면 복을 받지만 불순종하면 재앙이 임한다고 하는 조건적인 언약이었기 때문이다.

둘째, 성전은 점차 왕조의 성소, 즉 왕실 예배당이 되었고, 대제사장은 왕이 임명한 사람으로서 내각의 종교부 장관 수준으로 그 의미가 퇴색되었다. 이것은 솔로몬 통치가 시작되면서 아비아달이 유폐되고 사독이 대제사장으로 임명된 것과 관련된다. 아비아달의 유폐는 분명 엘리 가문에 임할 징계에 대한 예언이 이루어진 것이었다. 하지만 정치적으로 본다면 이것은 솔로몬이 아도니야의 반란에 가담한 아비아달을 유폐시키고 자신을 지지한 사독을 대제사장에 임명함으로써 대제사장이 갖고 있던 영적인 권위를 퇴색시켰음을 의미한다.

셋째, 사울 → 다윗 → 솔로몬으로 이어질 때까지 '왕정'이라고 하는 통치 체제는 이스라엘 백성에게 여전히 논란이 많은 제도로 인식되었다. 왕정이 과연 하나님이 기뻐하시는 제도인가, 아니면 하나님에 대한 반역의 소산물인가 하는 논쟁은 당시에도 '뜨거운 감자'였다.

특히 북쪽 지파 사람들은 다시 예전의 지파 체제로 돌아가자는 과격한 입장은 아니더라도 다윗 왕조가 무조건적으로 세습된다고 하는 국가 신학 교리에는 전적으로 동의하지 않았다. 이들은 솔로몬의 전제 정치에 격노했고, 솔로몬을 왕이 해서는 안 되는 것들만 골라서 하는 악의 화신으로 보았다.

실제로 솔로몬은 신명기 17장 16-17절의 왕이 해서는 안 될 금기들, 즉 말을 많이 두지 말 것, 이방 여인을 아내로 많이 취하지 말 것, 금과 은을 많이 축적하지 말 것과 같은 금기 조항만 골라서 시행했기 때문에 북쪽 지파의 이런 생각이 전혀 타당성 없는 것은 아니었다.

넷째, 다윗과 솔로몬 왕조의 눈부신 업적에도 불구하고 왕정 체제가 갖고 있는 근본적인 문제들, 특히 지파들의 독립성과 중앙정부의 권력 간의 간격, 옛 전통과 새로운 체제의 요구 간의 간격을 메우는 문제를 해결하는 데 성공하지 못했다. 오히려 솔로몬의 전제 정치는 그 간격을 치유할 수 없을 정도로 넓혀 놓았다. 솔로몬은 자신의 치세 동안 한 번도 중대한 반란에 직면하지는 않았지만 문제가 없어서가 아니라 억압되고 미루어졌을 뿐이다. 결국 이 같은 문제들은 그의 아들 르호보암이 왕위에 올랐을 때 터져 나와 왕국이 분열되는 불행을 자초하게 된다.

스러져 가는 솔로몬 왕국 왕상 11장

솔로몬은 분명 능력 있는 왕이었다. 그의 집권 기간 동안 나라는 부강했고 비록 집권 말기로 가면서 세금과 부역의 부담이 늘어나 불만이 생겼지만 백성은 대체로 태평성대를 누렸다. 하지만 종교적으로 볼 때 솔로몬은 하나님의 미움을 사게 되었다.

솔로몬은 여호와로부터 지혜와 부와 명예를 약속 받음으로 멋지게 출발했지만 후반부로 가면서 심각한 문제들을 드러냈다. 이런 문제들의 주된 이유는 솔로몬의 국제적인 관심과 그에 따른 영향에서 비롯된다. 특히 외국과 동맹을 맺으면서 무분별하게 외국 여인과 결혼한 것이 화근이었다. 이들을 통해 모압의 가증한 그모스, 암몬의 가증한 몰록 신을 비롯해, 외국 여인들이 섬기던 우상들을 위한 산당이 수도 예루살렘에 세워지는 지경에까지 이르렀다.

솔로몬의 신앙적 변절이 언제부터 시작되었는가는 분명치 않지만 아마도 성전을 완공하고 봉헌하는 시점인 재위 11년까지는 심각한 변절이 없었던 것 같다. 하지만 이후 솔로몬은 급격히 타락했는데, 그럼에도 죽기 전에는 이런 죄악을 깨닫고 하나님께 돌이켰고 그런 신앙의 여정을 자신이 기록한 '전도서'에 잘 기록했다.

솔로몬은 이러한 변절에 대해 하나님으로부터 무서운 경고를 받았다. 그리고 경고에 대해 솔로몬이 반응하지 않자 하나님은 세 명의 대적자를 세워 솔로몬을 징계하셨다.

여로보암 왕상 11:26-40

첫 번째 대적자는 훗날 북이스라엘의 왕이 될 여로보암이다. 유능했던 여로보암은 일찌감치 솔로몬의 눈에 띄어 요셉 지파의 노역 감독으로 일했다. 이런 여로보암에게 어느 날 실로 출신의 선지자인 아히야가 나타나 여로보암이 가던 길을 막으며 새 옷을 열두 조각으로 찢어 그중 열 조각을 취하도록 했다. 이것은 솔로몬이 죽은 후 여로보암이 통치하게 될 열 지파를 상징했다. 하지만 이 일이 발각되면서 여로보암은 솔로몬이 죽을 때까지 이집트에서 망명생활을 해야 했다. 왜냐하면 사울이 이전에 다윗을 죽이려 한 것처럼 솔로몬도 여로보암을 죽이려 했기 때문이다. 솔로몬이 죽자 여로보암은 북지파의 중심 도시인 세겜으로 돌아와 북쪽의 열 지파를 통치하는 왕으로 즉위한다.

에돔의 하닷 왕상 11:14-22

두 번째 대적자는 에돔의 하닷인데, 이 하닷의 활동으로 인해 솔로몬 제국의 남쪽은 확연히 줄어들게 되었다. 하닷은 다윗 시대에 요압이 에돔을 정복하고 큰 살육을 자행했을 때 에돔 왕가 중 유일하게 생존한 왕손이었다. 그는 이후 여로보암과 마찬가지로 이집트로 망명했고 다윗과 요압이 죽었다는 소식을 듣자마자 에돔으로 돌아와 당시 솔로몬 제국의 영향권에 있던 에돔 지역의 우두머리가 되었다.

하닷은 이전에 요압이 에돔 백성에게 저지른 잔혹한 행위를 기억하며 이스라엘의 대적자가 되었고 솔로몬에게 귀찮은 문젯거리를 안겨 주었다. 솔로몬이 집권 기간 내내 에시온게벨에서 출발하는 정기적인 상선으로 해상 활동을 한 것을 보면 에돔 왕국이 하닷에 의해 실제적인 독립까지 이루지는 못했던 것 같다. 하지만 그럼에도 하닷은 솔로몬 제국의 남쪽 국경을 교란하며 골칫거리를 안겨 주었다.

다메섹의 르손 왕상 11:23-25

세 번째 대적자는 다메섹의 르손인데, 그로 인해 솔로몬 제국의 북쪽 지배가 줄어들게 되었다. 르손은 이전에 다윗이 물리친 바 있는 소바 왕 하닷에셀을 섬기던 신하 중 하나였다. 하지만 하닷에셀이 다윗과의 전투에서 패전하고 세력이 약해지자 그 틈을 이용해 다메섹에서 왕이 되었다.

이전에 다메섹은 그다지 강력한 세력의 중심지가 아니었지만 르손의 등장과 함께 이후 아람 도시국가 연합에서 중추적인 역할을 감당하게 된다. 그는 점차 지위와 세력을 확대해 솔로몬에게 심각한 위협이 되었고, 이후 분열왕국 시대에는 상황이 역전되어 이스라엘이 다메섹 왕(벤하닷과 하사엘)에게 조공을 바치는 지경에까지 이르게 된다. 하지만 솔로몬 통치기에는 솔로몬 왕이 다드몰(왕상 9:18)에 요새를 건축한 사실로 미뤄 볼 때 르손이 다메섹을 완전한 독립국으로 만들지는 못했던 것 같다.

단원 평가 문제

01. 다음 중 아벡(에벤에셀) 전투(주전 1075년)의 영향인 것은?
(1) 중앙 성소인 실로의 파괴
(2) 게바에 블레셋 수비대 설치
(3) 블레셋의 철 생산 독점
(4) 모두 정답

02. 다음 중 블레셋 땅으로 넘어간 법궤가 거쳐간 도시가 아닌 것은?
(1) 가드 (2) 가사
(3) 에그론 (4) 아스돗

03. 법궤는 블레셋 땅에 얼마 동안 머물러 있었는가?
(1) 3개월 (2) 5개월
(3) 7개월 (4) 1년

04. 다음 중 다윗이 법궤를 예루살렘으로 옮기기 직전에 법궤가 안치되어 있었던 도시는?
(1) 벧세메스
(2) 베들레헴
(3) 실로
(4) 기럇여아림

05. 다음 중 사울이 제비뽑기를 통해 왕으로 선출된 도시는?
(1) 미스바 (2) 라마
(3) 기브아 (4) 길갈

06. 다음 중 사울이 백성의 환호를 받으며 왕으로 옹립된 도시는?
(1) 미스바 (2) 라마
(3) 기브아 (4) 길갈

07. 다음 중 사무엘이 사울을 대신해 다윗을 기름 부은 시점은 언제인가?
(1) 미스바 전투 직후
(2) 믹마스 전투 직후
(3) 아말렉 전투 직후
(4) 길보아 전투 직후

08. 다음 중 도피 중인 다윗이 부모님을 피신시킨 곳은?
(1) 에돔 (2) 모압
(3) 암몬 (4) 블레셋

09. 다음 중 도피 중인 다윗이 사울의 목숨을 구해 준 장소는?
(1) 마온 광야 (2) 갈멜 광야
(3) 십 광야 (4) 바란 광야

정답

01. 4, 02. 2, 03. 3, 04. 4, 05. 1, 06. 4, 07. 3, 08. 2, 09. 3, 10. 4,

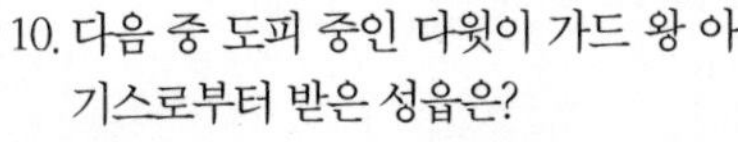

10. 다음 중 도피 중인 다윗이 가드 왕 아기스로부터 받은 성읍은?
    (1) 가사　(2) 헤브론
    (3) 아스돗　(4) 시글락

11. 다음 중 사울 왕이 전사한 곳은?
    (1) 길보아 산　(2) 다볼 산
    (3) 모레 산　(4) 헤르몬 산

12. 다음 중 사울의 시체가 매달린 성벽은 어디인가?
    (1) 길르앗 야베스　(2) 벧산
    (3) 수넴　(4) 길르앗 라못

13. 다음 중 사울이 죽고 이스보셋이 왕국의 수도로 삼은 곳은?
    (1) 마하나임　(2) 길르앗 야베스
    (3) 브니엘　(4) 길르앗 라못

14. 다음 중 이스보셋 왕을 암살한 사람은?
    (1) 아말렉 사람　(2) 레갑
    (3) 아브넬　(4) 요압

15. 다윗이 밧세바를 범한 사건은 다음 중 어떤 전투 중에 일어난 것인가?
    (1) 암몬 전투　(2) 아람 전투
    (3) 에돔 전투　(4) 모압 전투

16. 다음 중 압살롬이 반역의 깃발을 일으킨 곳은 어디인가?
    (1) 예루살렘　(2) 헤브론
    (3) 브엘세바　(4) 바알하솔

17. 다음 중 솔로몬이 즉위하기 직전에 반란을 일으킨 사람은?
    (1) 압살롬　(2) 암논
    (3) 아도니야　(4) 예후

18. 다음 중 솔로몬이 말과 병거를 둔 군사적 요새 도시가 아닌 곳은?
    (1) 하솔　(2) 므깃도
    (3) 게셀　(4) 세겜

19. 다음 중 솔로몬 정권에서 군대 총사령관을 맡은 사람은?
    (1) 요압　(2) 아브넬
    (3) 브나야　(4) 시스라

20. 다음 중 솔로몬의 우상숭배로 인해 하나님이 세우신 대적자가 아닌 사람은?
    (1) 하닷　(2) 르손
    (3) 여로보암　(4) 하닷에셀

---

11. 1,　12. 2,　13. 1,　14. 2,　15. 1,　16. 2,　17. 3,　18. 4,　19. 3,　20. 4

ASIA
AFRICA

Part
13

피 튀기는 집안싸움

분열왕국 시대 1기: 남북경쟁 시대

주전 931~870년

사울, 다윗, 솔로몬으로 이어지는 통일왕국 시대는 솔로몬의 죽음과 함께 왕국이 남북으로 갈라지며 분열왕국 시대로 접어든다. 이번 장부터 집중적으로 다루고자 하는 부분은 남유다와 북이스라엘로 불리는 분열왕국 시대에 해당하는 열왕들의 이야기다.

성경에서는 열왕기상 12~22장, 열왕기하 1~20장, 역대하 10~32장, 그리고 요엘, 오바댜, 아모스, 호세아, 요나의 선지서들이 이 시기의 스토리를 다루고 있다. 분열왕국 시대의 성경 스토리는 구약성경을 멀리하게끔 만드는 원흉(?)이라 할 만큼 충분히 난해하고 복잡하다. 하지만 발상을 전환해서 신앙적 관점이 아닌 역사적 관점으로 읽는다면 이 부분이 성경 전체에서 가장 역동적이고 드라마틱하다는 것을 알 수 있다. 마치 역사 드라마(사극)를 보는 것처럼 흥미진진한 것이다.

분열왕국 시대를 제대로 이해하기 위해서는 반드시 남북 왕조에서 이어지는 열왕들의 이름을 외워야 한다. 이렇게 말하면 눈이 휘둥그레지고 지레 겁부터 먹기 십상이지만 이것은 결코 '미션 임파서블'이 아니다.

우리가 학교에서 역사를 배울 때 '태정태세문단세 예성연중인명선…' 하면서 조선시대 왕들을 외운 것처럼 이스라엘의 역사는 최소한 열왕들의 이름을 외우는 작업부터 시작해야 하는 것이다. 하지만 아무 생각 없이 무데뽀로 외우는 것은 큰 의미가 없다. 각각의 왕들과 그 시기에 일어난 중요한 사건들, 더 나아가 남북 왕조가 서로 얽히고설키면서 때론 싸우기도 하고 때론 결혼을 통해 동맹을 맺기도 했던 복잡한 외교와 국제 정세들을 이해하면서 외워야 하는 것이다.

이런 작업들을 쉽고 산뜻하게 하기 위해서 나는 분열왕국 시대를 크게 다섯 시기로 나누어서 설명하고자 한다. 이렇게 나누는 것이 언뜻 복잡해 보이는 분열왕국 시대의 전체적인 윤곽을 한눈에 꿸 수 있고 당시의 국제 정세를 파악하기에 용이하다고 판단되기 때문이다.

1. 남북경쟁 시대

르호보암과 여로보암을 분열왕국의 초대 왕으로 삼은 남유다와 북이스라엘은 그 시작부터 도토리 키 재기 식의 경쟁을 일삼는다. 아무래도 남북이 나뉘게 된 초기에는 '서로 누가 크고 강하냐'를 두고 다툼을 벌이게 마련이다. 실제로 아비야(남)-여로보암(북), 아사(남)-바아사(북) 간에 국지전이 일어나며 남북 왕조의 국경선이 오르락내리락하는 일이 발생했다. 남북경쟁 시대에 해당하는 남북 왕조의 열왕들은 다음과 같다.

- 남유다: 르호보암-아비야-아사
- 북이스라엘: 여로보암-나답-바아사-엘라

2. 남북화해 시대

분열 왕국의 시작과 함께 남북 간에 벌어진 전쟁은 외세인 아람의 개입을 초래했는데 이후 아람은 강대국으로 성장해 이스라엘을 괴롭힌다. 더 이상 도토리 키 재기 식의 경쟁을 일삼다가는 남북 모두 멸망으로 치달을 게 뻔하다고 판단한 남북 왕조는 서로 동맹을 맺고 공동의 적인 아람을 대처하기로 한다. 결국 남북 간에 화해 무드를 연 그 서막은 그들의 의지보다는 외세인 아람의 갑작스런 발흥 때문이었던 것이다.

실제로 남북 왕조는 아합의 딸 아달랴(북)와 여호사밧의 아들 여호람(남)이 결혼하면서 사돈지간이 되는데, 이로써 여호사밧은 아람과의 전쟁에서 아합과 함께 참전했고, 모압과의 전쟁에서는 아합의 아들 여호람과 함께 참전하는 일이 벌어진다. 남북화해 시대에 해당하는 남북 왕조의 열왕들은 다음과 같다.

- 남유다: 여호사밧-여호람-아하시야
- 북이스라엘: 시므리-오므리-아합-아하시야-여호람

3. 남북단절 시대

남북 간에 형성되었던 화해 무드는 남북에서 일어난 독자적인 상황으로 인해 이전의 경쟁 수준을 넘어서 피차 상종도 하지 않는 남북단절 시대로 넘어간다. 북이스라엘에서는 아합 왕조에 대한 피의 숙청을 감행한 예후의 쿠데타가 일어난다. 남유다에서는 아합의 딸인 아달랴가 다윗 가계의 왕자들을 죽이고 남유다 최초의 쿠데타를 일으킨다. 이런 상황에서 예후(북)와 아달랴(남)는 결코 상종도 할 수 없는 철천지원수지간이 된다. 아달랴 입장에서는 예후가 북왕조에 있는 자신의 가족을 몰살한 불구대천의 원수이기 때문이다. 아람이 아니라 아람 할아버지가 등장한다고 해도, 남북 왕조는 이제 서로 간의 핫라인이 완전히 끊어진 남북단절 시대로 접어든 것이다. 남북단절 시대에 해당하는 남북 왕조의 열왕들은 다음과 같다.

- 남유다: 아달랴-요아스-아마샤-웃시야-요담

- 북이스라엘: 예후-여호아하스-요아스-여로보암 2세-스가랴

4. 앗시리아 정복 시대

남북 간의 경쟁, 화해, 단절 시대는 앗시리아 제국이 본격적으로 기지개를 켜고 팽창주의 노선을 걷기 전까지의 이야기다. 하지만 앗시리아가 제국주의 노선을 천명하면서 이스라엘뿐 아니라 그 주변국들의 상황은 전혀 달라진다. 이제 별 볼일 없는 소국들끼리 피 튀기며 경쟁하는 은혜의 시대가 끝났기 때문이다. 질풍노도와 같은 앗시리아의 공세 앞에 지중해변에 인접한 고만고만한 소국들은 하나씩 추풍낙엽처럼 떨어지는데, 이 시대가 바로 앗시리아 정복 시대다. 결국 이 시기에 앗시리아의 공세를 견디지 못한 북이스라엘이 멸망하게 된다. 앗시리아 정복 시대에 해당하는 남북 왕조의 열왕들은 다음과 같다.

- 남유다: 아하스-히스기야
- 북이스라엘: 살룸-므나헴-브가히야-베가-호세아

이스라엘의 분열왕국 역사와 우리나라의 남한과 북한의 역사는 닮은꼴(?)

남북 왕조로 나뉜 뒤 경쟁, 화해, 단절 시대로 넘어가는 이스라엘의 역사를 보고 있노라면 마치 해방 이후 우리나라의 현대사를 보는 듯하다. 우리나라도 일제 식민통치에서 해방된 후 남한과 북한이 독자적으로 정부를 수립해 초기에는 누가 더 잘살고 더 강한가를 놓고 경쟁하다가, 국민의 정부·참여 정부가 들어서면서 한동안 남북 간에 화해 무드가 조성되었다가, 다시 MB 정권이 들어서면서 관계가 험악해지면서 단절 시대로 넘어가는 것을 보게 된다. 이스라엘 남북 왕조의 시대적 흐름은 우리나라의 현대사와 비교해서 이해하면 한결 수월하지 않을까 싶다.

5. 유다 왕국 시대

북이스라엘이라는 완충지가 사라진 상황에서 남유다는 홀로 살아남아 초강대국인 앗시리아와 직접 국경을 마주하게 된다. 이 시대에 앗시리아는 제국의 절정기를 지나 급속히 쇠퇴하게 되는데 그 바통을 바벨론이 잇게 된다. 이 시대에는 이집트도 오랜 겨울잠을 깨고 가나안 땅에 대한 영유권을 주장하며 정복 전쟁의 대열에 가세하게 된다. 결국 남유다는 앗시리아가 쇠퇴하는 틈을 이용해 잠시 독립을 이루는 듯하다가 이집트에 예속된 후 최종적으로는 바벨론에 의해 멸망하게 된다. 유다 왕국 시대에 해당하는 유다 왕조의 열왕들은 다음과 같다.

- 남유다: 므낫세-아몬-요시야-여호아하스-여호야김
-여호야긴-시드기야

자, 그러면 이번 장부터 남북경쟁 시대를 스타트로 해서 복잡한 정글과 미로처럼 여겨지는 분열왕국 시대의 역사 현장 속으로 들어가 보자. 남북경쟁 시대에 이스라엘의 역사는 다윗 제국의 위용과 솔로몬 시대의 영화를 단지 아득한 추억으로 곱씹으면서 한없이 곤두박질쳤다. 남유다와 북이스라엘로 불리는 변변찮은 두 개의 이류 국가들은 이후 반세기에 걸쳐 무모한 경쟁만 일삼다가 국력을 소진시킨다. 이 시기의 남북경쟁은 단지 두 국가 간의 싸움으로만 끝난 것이 아니라 집안싸움에 외세인 아람을 끌어들이며 진흙탕 싸움으로까지 발전한다. 이때의 근동 국가들과 이스라엘 남북 왕조의 상황은 다음과 같이 전개된다.

시대	유다	연도	이스라엘 (왕조)	이스라엘	연도	
남북경쟁 시대	르호보암	931-913		여로보암	931-910	
	아비야	913-911		나답*	910-909	
	아사	911-870		바아사	909-886	▶ 1차 쿠데타
				엘라*	886-885	
남북화해 시대	여호사밧	873-848		시므리 자살	885	▶ 2차 쿠데타
			오므리 왕조	오므리	885-874	▶ 3차 쿠데타
				아합	874-853	
	여호람	853-841		아하시야	853-852	
	아하시야	841		여호람*	852-841	
남북단절 시대	아달랴	841-835	예후 왕조	예후	841-814	▶ 4차 쿠데타
	요아스	835-796				
	아마샤	796-767		여호아하스	814-798	
	웃시야	791-739		요아스	798-782	
	요담	750-731		여로보암 2세	793-753	
				스가랴*	753	
앗시리아 정복 시대	아하스	743-715		살룸*	752	▶ 5차 쿠데타
				므나헴	752-742	▶ 6차 쿠데타
				브가히야*	742-740	
				베가*	752-732	▶ 7차 쿠데타
	히스기야	728-686		호세아	732-722	▶ 8차 쿠데타
유다 왕국 시대	므낫세	697-642				
	아몬	642-640				
	요시야	640-609				
	여호아하스	609				
	여호야김	609-597				
	여호야긴	597				
	시드기야	597-586				

· *는 암살을 의미함

· 숫자는 모두 '주전' 연도임

· 열왕들의 연대기는 레온 우드 박사의 《이스라엘 역사》를 참고했음.

· 이어지는 두 왕의 통치기에서 겹치는 시간은 섭정기를 의미함.

메소포타미아:
아람과 앗시리아의 경쟁

이 시기 메소포타미아 지역은 아람과 앗시리아 간에 벌어진 사활을 건 생존 경쟁 외에는 특별히 언급할 만한 사항이 없다. 아람은 북부 메소포타미아 지역을 중심으로 광범위하게 부족국가들을 세워 나갔고 한때는 바벨론 지역까지 세력을 확장했다. 아람의 팽창기는 자연스럽게 앗시리아의 쇠퇴기로 이어졌다. 하지만 앗시리아는 앗수르단 2세(주전 934~912년)와 아닷니라리 2세(주전 911-891년) 치세 때 잃었던 영토를 수복했고 이후 위대한 신앗시리아 시대를 여는 발판을 마련했다. 페니키아 해안에서는 이 시기에 지중해를 무대로 해상 무역이 절정에 달하면서 지중해 해안 곳곳에 식민지를 개척해 나갔다.

이집트:
과거의 명성을 되찾기 위해 노력하다

22왕조 주전 946~9세기 말,
리비아 출신의 부바스티스 왕조

이집트와 서쪽으로 국경을 마주하던 리비아는 메르넵타(19왕조의 파라오)

• 22왕조의 이집트

와 람세스 3세(20왕조의 파라오)의 통치기에 해양 민족과 연합군을 이뤄 이집트를 세 차례나 침공한 바 있다. 하지만 이후 리비아인들은 작전을 바꿔 이집트에 평화적으로 정착하기 시작했고, 나중에는 용병 그룹이 되어 이집트의 군사 조직 내에서 막강한 계층을 이루었다.

그들 중 출세의 정점인 파라오의 지위까지 올라간 사람이 있었는데, 그가 바로 22왕조를 창건한 쇼셍크 1세(주전 946~913년)다. 22왕조는 부바스티스에 수도를 둔 탓에 부바스티스 왕조로도 불린다. 쇼셍크 1세는 21왕조의 마지막 파라오인 프수센네스 2세 치하에서 총사령관으로 복무하던 인물인데, 파라오가 아들을 남기지 못하고 죽자 이집트의 최고 통치자가 되었다. 쇼셍크 1세가 아몬-레 사제들의 지원을 성공적으로 이끌어냄으로써 왕조는 유혈 사태 없이 평화적으로 교체될 수 있었다.

쇼셍크 1세는 21왕조 기간 내내 분열되어 있던 상부 이집트를 통일시키기 위해 각별한 노력을 기울인 결과 어느 정도 성공을 거두었다. 그는 자신의 아들 중 한 명을 테베의 대제사장으로 임명하고 일부 가문과는 혼인관계를 맺기도 했다. 쇼셍크 1세는 통일된 이집트의 국력을 바탕으로 농업 생산력을 증대시키고 페니키아의 항구 도시들과 무역을 재개하면서 과거 이집트의 명성을 되찾고자 노력했다.

이런 노력의 일환으로 외부 원정도 시도했다. 이집트에 황금과 전사들을 제공해 주던 누비아를 정복하기 위해 원정대를 파견했고, 이스라엘도 침공(주전 925년)한 바 있다. 성경에는 르호보암 왕 재위 5년에 애굽 왕 시삭의 침공이 있었다는 기록이 있는데, 그 시삭이 바로 쇼셍크 1세다(왕상 14:25-28). 무려 34년 동안 통치한 쇼셍크 1세가 죽자 그의 계승자들은 선왕의 업적에 힘입어 근근이 왕권만 유지하다가 왕족 간의 불화와 민중봉기가 끊이지 않자, 주전 9세기 말에 23왕조가 분리되면서 종말을 고하게 된다.

북이스라엘: 하나님의 징계, 여로보암~엘라 왕

여로보암 주전 931~910년, 왕상 12:25-14:20

여로보암은 솔로몬의 통치 기간 중에 요셉 지파를 담당하던 노역 감독이었다. 하지만 실로 출신의 선지자 아히야를 통해 북왕국의 왕이 될 것을 예언받고 이것이 발각되어 당시 22왕조의 쇼셍크 1세가 통치하고 있던 이집트로 망명했다. 하지만 솔로몬이 죽자마자 세겜으로 돌아온 여로보암은 그곳에서 있었던 르호보암의 인준식에서 북지파 장로들을 대표해서 협상을 이끌었다. 르호보암이 어리석게도 세금과 부역을 줄여 달라는 북지파 장로들의 요구를 묵살하는 바람에 여로보암은 고스란히 10개의 북지파를 이끌고 북이스라엘 왕국을 출범시킨다.

새 왕국 건설의 막중한 임무를 부여받은 여로보암이 빠른 시일 내에 국가 체제를 정비한 것을 볼 때 그는 어느 정도 유능한 인물이었던 것 같다. 그는 북지파 장로들의 불만을 받아들여 세금을 최소한으로 유지하고 부역을 줄였을 것이다. 북이스라엘이 출범할 당시 최초의 수도는 세겜이었지만 이집트 시삭의 침공으로 세겜이 쑥대밭이 되자 요단 동편에 있는 브누엘(브니엘)을 거쳐 다시 디르사로 수도 이전을 감행했다.

군사적으로 볼 때 여로보암은 솔로몬의 영토를 제대로 유지하지 못하고 야금야금 상실했는데 이것은 네 부분으로 나누어 볼 수 있다.

첫째, 북쪽의 다메섹 지역이다. 이곳은 솔로몬 통치 말기부터 르손의 격심한 반발로 인해 일찌감치 이상 징후가 포착된 지역이지만, 여로보암의 통치기에 르손은 마침내 다메섹을 수도로 한 독립국가 아람을 그의 후계자에게 물려준 것으로 보인다.

둘째, 남서쪽의 블레셋 지역이다. 블레셋은 이 시기에 다시 왕성해져서 중요한 요새인 깁브돈을 이스라엘로부터 빼앗았다. 여로보암이 죽고 후대의 왕들은 깁브돈을 되찾기 위한 작전을 수차례 감행했다.

셋째, 동쪽의 모압 지역이다. 원래 이스라엘에 조공을 바치던 모압도

이 시기에 독립해 떨어져 나갔는데 후대의 오므리 왕에 의해 모압 땅은 다시 이스라엘에 복속된다.

넷째, 남쪽의 국경 지역이다. 남유다와 국경을 마주하던 여로보암은 아비야의 침공을 받고 벧엘 지역을 포함해 에브라임 산지의 상당 부분을 남유다에 빼앗겼다.

정치적인 역량에서는 수준급, 군사적 역량에서는 평균 이하임을 보여준 여로보암은 종교 정책에서 치명적인 잘못을 범함으로써 하나님의 징계를 받게 된다. 그의 엇나간 종교 정책의 시발점은 자신이 직접 노역 감독으로 참여해 봉헌 드린 바 있는 예루살렘 성전에 대한 백성의 영적인 향수에서 비롯되었다. 여로보암은 자신의 백성이 예배를 드리러 예루살렘 성전으로 갈 경우 자기에게 준 마음도 떠나갈 것을 두려워했다. 이로 인해 여로보암은 다음 세 가지의 새로운 종교 정책을 시행하는데, 이것은 하나같이 하나님의 징계를 사기에 충분했다.

첫째, 벧엘과 단에 금송아지 우상으로 대표되는 북이스라엘만의 새로운 신전을 세웠다. 그것도 한 군데가 아니라 두 군데에 신전을 세웠는데, 남유다에 비해 영토가 광대한 북이스라엘 상황에 맞게 남쪽의 벧엘, 북쪽의 단에 신전을 세움으로써 예배의 편의성을 도모한 것이다.

둘째, 레위인들을 모두 남유다로 추방하고 그들을 대신해 일반인으로 제사장을 삼았다. 당시 전국 각지에 흩어져 있던 레위인들은 다윗이 율법에 따라 재조직한 것으로 이들은 다윗 왕조에 충성을 맹세한데다, 예배는 예루살렘 성전에서 드리는 것만이 정통성 있다고 주장했다. 여로보암은 이런 정치적인 이유로 레위인들을 모두 추방했다.

셋째, 전통적인 일곱 번째 달 절기를 변경해 여덟 번째 달 절기로 바꾸었다. 일곱 번째 달 절기는 3대 명절 중 하나인 초막절인데, 초막절은 유월절과 마찬가지로 추수와 관련된 절기다. 농사 절기를 정치적 목적으로 한두 달 앞당기거나 늦춘다고 해서 추수철이 되지 않기 때문에 이것은 아마도 윤달을 추가함으로써 형식상 일곱 번째 달을 여덟 번째 달로 조정한 것으로 보인다.

하나님은 여로보암의 잘못된 종교 정책을 꾸짖기 위해 남유다에서 무명의 선지자를 보냈지만 그는 오히려 이 선지자를 체포하려 했다. 이후 여로보암은 아들 아비야가 병들자 오래전에 자신이 왕이 될 것을 예언한 선지자 아히야에게 아내를 보낸다. 선지자 아히야는 아들이 죽을 것과 함께 여로보암 가문에 임할 하나님의 무서운 징계를 선포했다.

나답 주전 910~909년, 왕상 15:25-31

나답은 아버지 여로보암을 계승해 디르사에서 2년간 통치했다. 그에 대한 유일한 기록은 블레셋 영토에 속한 깁브돈을 탈취하려 한 것인데, 이 과정에서 바아사에게 암살된다. 이로써 바아사는 북왕국에서 무려 8차례나 이어질 쿠데타의 1차 주역이 된다. 나답의 죽음으로 선지자 아히야가 여로보암 가문에 대해 선포한 징계가 실현된다.

바아사 주전 909~886년, 왕상 15:32-16:7

바아사는 24년이라는 긴 시간 동안 북이스라엘을 통치했다. 그의 통치 기간에 발생한 중요한 사건은 남유다의 아사 왕과 국경 분쟁을 일으킨 것이다. 처음에 그는 승승장구하면서 남쪽으로 밀고 내려가 베냐민 산지의 중앙에 있는 라마를 요새화하기도 했지만, 남유다와 동맹을 맺은 아람 다메섹의 침공으로 인해 서둘러 군대를 철수할 수밖에 없었다. 바아사 역시 두 선임자처럼 우상숭배의 길로 행했기 때문에 하나님은 선지자 예후를 통해 그에게 임할 징계를 선포하셨다.

엘라 **주전 886~885년, 왕상 16:8-14**

엘라는 아버지 바아사를 계승하여 북이스라엘을 다스렸지만 병거의 절반을 통솔한 장군인 시므리에 의해 암살되면서 2년의 짧은 통치를 마감한다. 시므리는 바아사 가문을 멸하고 자신을 왕으로 선포했는데, 이로써 선지자 예후의 예언이 그대로 성취된다.

남유다: 징계와 구원의 역사, 르호보암~아사 왕

르호보암 **주전 931~913년, 왕상 12:1-24; 대하 10-12장**

아버지 솔로몬의 뒤를 이어 왕이 된 르호보암은 세겜에서 북지파 장로들과의 협상이 결렬되면서 유다와 베냐민, 두 개의 지파만을 이끄는 남유다 왕국의 왕으로서 통치를 시작한다. 41세에 왕이 되어 17년간 통치한 르호보암은 솔로몬 통치의 후반기에 만연하던 종교적 타락으로부터 많은 영향을 받았다. 그는 산당과 우상, 아세라 목상을 세웠고 그 땅에 남색하는 자(동성연애자)를 허락했다.

르호보암은 두 개의 주요한 적들과 군사적인 접전을 벌였다.

첫째는 북이스라엘의 여로보암과의 전투였는데 이것은 성공적이었다. 르호보암은 여로보암과 계속 대적하며 베냐민 지역을 둘러싼 국경선에서 국지전 성격의 잦은 충돌을 가졌다(왕상 14:30). 르호보암은 수도 예루살렘을 지키기 위해 완충지인 베냐민 지파의 땅이 필요했고, 여로보암은 역사적으로 북지파의 일부로 인식되던 베냐민 땅에 대한 영유권을 주장하며 전투에 임했을 것이다. 이후에 베냐민 지파의 땅이 계속해서 남유다에 속한 것을 보면 르호보암은 이 전투에서 승리를 거둔 것으로 보인다.

둘째는 이집트의 파라오인 시삭의 침공이었는데, 여기서는 비극적인 참패를 맛보았다. 이 전투의 패배는 하나님이 내리신 징계의 성격이 짙었다. 하나님은 선지자 스마야를 통해 르호보암의 우상숭배를 책망하셨고, 이에 르호보암이 회개하자 얼마간의 구원을 약속하셨다. 시삭의 침공으로부터 남유다는 심각한 파멸만은 면할 수 있었는데, 이것은 징계와 함께 하나님이 약속하신 얼마간의 구원이 이루어진 것이다. 시삭의 침공 이후 르호보암은 수도 예루살렘을 방어하기 위해 주변 지역에 요새를 만들었다.

아비야 주전 913~911년, 왕상 15:1-8; 대하 13:1-22

르호보암의 아들 아비야(아비얌)는 3년간 남유다를 통치했다. 그는 여로보암과 계속 전쟁했고 대단한 성공을 거두었다. 특히 에브라임 지역의 스마라임 산에서 맞붙은 전투에서는 수적 열세에도 불구하고 큰 승리를 거두어 국경선을 북왕국의 성소가 있는 벧엘 지역까지 확장할 수 있었다.

아사 **주전 911~870년, 왕상 15:9-24; 대하 14-16장**

아사는 남유다에서 처음으로 등장한 선한 왕으로서 41년을 통치하였다. 남유다의 19명 왕 중에서 8명이 '하나님의 눈에 선했다'고 기록되어 있는데, 이것은 북이스라엘의 19명 왕이 모두 악했다는 기록과 확실한 대조를 보인다. 아사가 통치 기간 동안 이룬 행적은 크게 세 가지로 요약할 수 있다.

첫째, 이집트 군대와 싸워 승리를 거두었다. 아사는 두 번의 전투를 치렀는데 첫 번째 전투는 이집트 군대와 맞붙었다. 에티오피아 용병 세라가 이끄는 군대와 맞선 아사는 마레사와 그랄 지역에서 이들을 격퇴하고 많은 전리품을 얻었다.

둘째, 하나님을 기쁘시게 한 종교개혁을 감행했다. 아사는 유다 땅에서 남색하는 자와 우상을 모두 쫓아냈고, 그의 모친이 아세라 우상을 만들자 황태후의 자리에서 폐위시켰다. 이집트 군대를 무찌른 후인 재위 15년 3월에(아마도 칠칠절 절기에) 선지자 아사랴로부터 권면을 받고 하나님과의 언약을 새롭게 하는 의식을 거행했다. 그는 이집트와의 전투에서 노략해 온 소 700마리와 양 7,000마리를 번제로 드리고 하나님의 제단을 새롭게 했다.

셋째, 북이스라엘 바아사와의 국경 분쟁에서 패했다. 바아사는 여로보암 때 잃었던 땅을 회복하고자 남유다를 침공했는데, 이때 아사는 여호와를 의지하지 않고 아람 다메섹의 벤하닷에게 구원 요청을 하며 간신히 국난을 극복했다. 이 일에 대해 선지자 하나니가 꾸짖자 아사는 도리어 노를 발하며 그를 감옥에 가두었다. 결국 아사는 하나님의 징계로 발에 병이 들어 죽게 된다.

왕국이 분열되다

왕상 12:1-24; 대하 10:1-11:4

솔로몬이 죽자 이스라엘은 남북으로 갈라지는데 이것은 '아닌 밤중에 홍두깨처럼' 어느 날 갑자기 이루어진 사건이 아니었다. 왕조의 분열은 남북 왕조의 수장인 에브라임 지파와 유다 지파 간의 뿌리 깊은 갈등을 모태로 하는데, 두 지파가 벌여 온 경쟁의 역사를 추적해 보면 다음과 같다.

첫째, 열두 지파 내에서 유다 지파와 에브라임 지파의 우월한 지위는 아버지 야곱의 축복에서부터 시작된다.

둘째, 이집트에서 나와 광야 생활을 할 때부터 두 지파는 갈등의 소지를 안고 있었다. 유다 지파는 가장 큰 지파로서 광야 여행을 할 때 지도적인 위치를 인정받았다. 이와 대조적으로 에브라임 지파는 작은 지파 중 하나였지만 모세를 잇는 이스라엘 백성의 지도자로 자기 지파 출신인 여호수아가 지명되면서 전세가 역전되기 시작한다. 여호수아와 함께 가나안 땅에 들어간 1세대 인물 중 하나인 갈렙 역시 유다 지파였지만, 최고 지도자에 여호수아가 선출되면서 상황은 복잡 미묘하게 흘러가기 시작한 것이다.

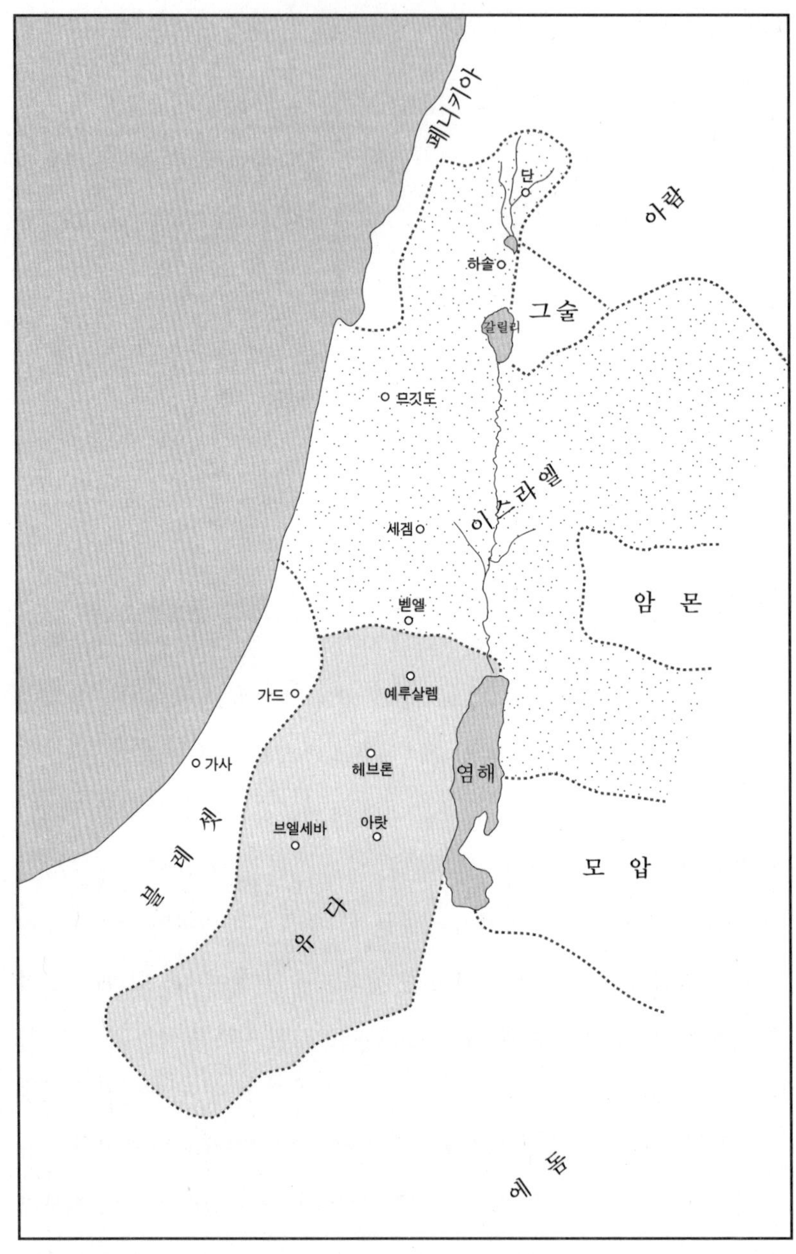
페니키아
단
아람
하솔
그술
갈릴리
므깃도
이스라엘
세겜
벧엘
암 몬
예루살렘
가드
가사
헤브론
염해
브엘세바
아랏
블레셋
모 압
유 다
에 돔

• 왕국의 분열

광야 시절 에브라임 지파의 숫자는 40,500명에서 32,500명으로 줄었는데, 이것은 시므온 지파 다음으로 적은 숫자였다. 반면 유다 지파는 74,600명에서 오히려 76,500명으로 증가했다.

셋째, 에브라임 지파는 가나안 땅에 정착하면서 시작되는 사사 시대에 두 번(기드온 전쟁과 입다 전쟁)이나 열두 지파의 수장으로서 자신의 우월한 지위를 주장했다.

넷째, 하나님은 두 지파의 막후 경쟁과 헤게모니를 고려하셨는데, 이것은 사사 시대에서 왕국 시대로 넘어가는 과도기에 초대 왕인 사울이 두 지파 사이의 완충지에 위치한 베냐민 지파에서 선출된 것에서 알 수 있다.

다섯째, 사울이 죽은 후 두 지파의 갈등은 극대화되어 유다 지파만이 다윗을 왕으로 인정하고 에브라임 지파를 중심으로 한 나머지 지파는 사울의 아들인 이스보셋을 왕으로 옹립했다.

여섯째, 다윗 때 두 왕국은 평화적으로 통일되지만 통치 말기에 세바의 반역을 계기로 에브라임을 중심으로 한 북지파는 베냐민 지파 출신의 세바를 추종하며 또다시 제 갈 길을 가려고 했다.

르호보암이 유다 지파와 에브라임 지파 간에 일어난 해묵은 경쟁 상황을 어느 정도 인식하고 있었다는 것은 솔로몬이 죽고 예루살렘에서 왕이 된 후 다시금 북지파 장로들의 인준을 받기 위해 세겜을 찾아간 데서 엿볼 수 있다. 정상적인 상황이라면 북지파 장로들이 르호보암 왕의 취임식에 참여하기 위해 수도 예루살렘을 찾아오는 게 마땅했지만 오히려 르호보암이 북지파, 그중에서도 에브라임 지파의 중심 도시인 세겜을 직접 찾아가는 상황이 벌어진 것이다.

이때 북지파 장로들은 이집트에서 망명생활을 하다 돌아온 여로보암을 협상 대표로 내세워 솔로몬 왕 때부터 시행해 온 가혹한 세금과 부역을 줄여 달라고 요구했다. 하지만 3일간의 심사숙고 끝에 르호보암은 노장파의 현명한 조언을 거부하고 소장파의 강경한 조언을 받아들였다. 르호보암의 어리석은 결정으로 마침내 왕국은 두 동강 나고, 북지파는 여로보암을 초대 왕으로 옹립해 독자적인 북이스라엘 왕국을 출범시켰다.

여기서 주목할 것은 여로보암이 바로 에브라임 지파 출신이라는 것인데, 이로써 유다 지파와 경쟁하던 에브라임 지파는 그동안 베냐민 지파 출신의 사울을 얼굴 마담으로 내세우다가(에브라임의 아버지 요셉과 베냐민은 어머니가 라헬로 같다) 드디어 자파 출신의 지도자를 왕으로 갖게 된 것이다.

르호보암은 급박하게 돌아가는 상황 속에서도 현실 파악을 제대로 하지 못했던 것이 분명하다. 그는 역군 감독 아도니람을 보냄으로써 북지파에서 자신의 영향력을 행사해 보려 했지만 아도니람이 성난 북지파 사람들에 의해 돌에 맞아 죽자 그제야 사태의 심각성을 파악하고 재빨리 예루살렘으로 피신했다. 이곳에서 르호보암은 유다와 베냐민 지파로 구성된 18만의 군대를 소집해 반역을 제압하려 했지만, 이 일이 하나님으로부터 말미암았다는 말을 선지자 스마야에게서 듣고 출정을 중지했다. 이로써 르호보암은 북쪽의 열 지파를 여로보암에게 떼어 주고 남쪽의 유다와 베냐민, 고작 두 지파의 왕으로 통치하게 된 것이다.

베냐민이 유다에 남은 이유는?

베냐민 지파는 역사적으로 북지파의 일부로 여겨졌는데, 왕국이 분열된 후에 베냐민 지파가 유다 지파와 함께 남유다에 속하게 된 것은 참으로 아이러니하다. 베냐민 지파와 요셉 지파(에브라임과 므낫세)는 모두 라헬의 자식이라는 공통점이 있기 때문이다. 게다가 이스라엘 초대 왕인 사울이 베냐민 지파 출신이었고 그의 뒤를 이은 다윗이 유다 지파 출신이었기 때문에 어떻게 보면 두 지파는 도저히 섞일 수 없는 물과 기름의 관계였다고 볼 수 있다. 이런 불협화음을 극복하고 베냐민 지파와 유다 지파가 한 배를 타게 된 것은 베냐민 지파의 의중보다는 유다 지파의 의중이 강하게 작용한 것으로 보아야 한다. 에브라임과 유다 지파의 중간에 위치해서 완충지 역할을 한 베냐민 지파는 유다 지파 입장에서 볼 때 결코 포기할 수 없는 땅이었다. 베냐민 지파의 완충지가 없을 경우 수도 예루살렘을 지켜 내기가 힘들 것으로 보았기 때문이다. 르호보암은 왕국이 나뉜 후 여로보암과 끊임없는 국경 분쟁을 했지만 베냐민 지파의 땅을 남유다의 영토로 끝까지 사수할 수 있었다.

"르호보암과 여로보암 사이에 항상 전쟁이 있으니라"(왕상 14:30).

시삭의 출정 왕상 14:25-28; 대하 12:1-12

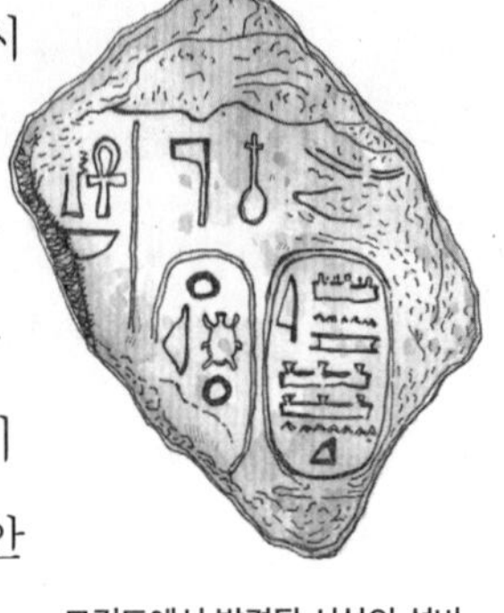

• 므깃도에서 발견된 시삭의 석비

르호보암에게 패배를 안겨 준 이집트 왕 시삭은 리비아 출신으로 22왕조를 창건한 쇼셍크 1세(주전 946~913년)로 추정된다. 그는 이전에 여로보암이 솔로몬을 피해 이집트로 망명해 왔을 때 피난처를 제공해 준 전력이 있다(왕상 11:40). 이제 르호보암 재위 5년(주전 925년)에 시삭은 가나안 땅에서 자신들의 우월성과 영유권을 확인하기 위한 출정을 감행했다. 솔로몬 통치하에서는 자신의 딸을 볼모 격으로 바치면서까지 숨죽이고 있던 이집트가 솔로몬이 죽고 왕국이 분열되자마자 본격적으로 움직이기 시작한 것이다. 이로써 왕국 분열로 인한 첫 열매는 이집트의 차지가 되었다.

르호보암은 시삭의 침공이 있자 서둘러 성전과 왕궁의 보물을 갖다 바침으로써 국토의 치명적인 파괴를 피할 수 있었다. 성경의 기록은 시삭의 침공이 예루살렘만 목표로 삼은 듯한 인상을 주는데, 카르나크에서 발견된 시삭의 비문에는 그가 점령했다고 주장하는 150개 이상의 도시들이 열거되어 있다. 이 비문과 그밖의 고고학적 증거들은 당시 공격의 실제 범위를 짐작할 수 있게 해준다. 이집트 군대는 이스라엘의 한쪽 끝에서 다른 쪽 끝까지를 모두 황폐하게 했다. 그들은 네게브 지역을 석권했고 이 지역에 있는 솔로몬의 요새들을 접수했는데, 아랏과 에시온게벨도 이 시기에 파괴된 것으로 보인다.

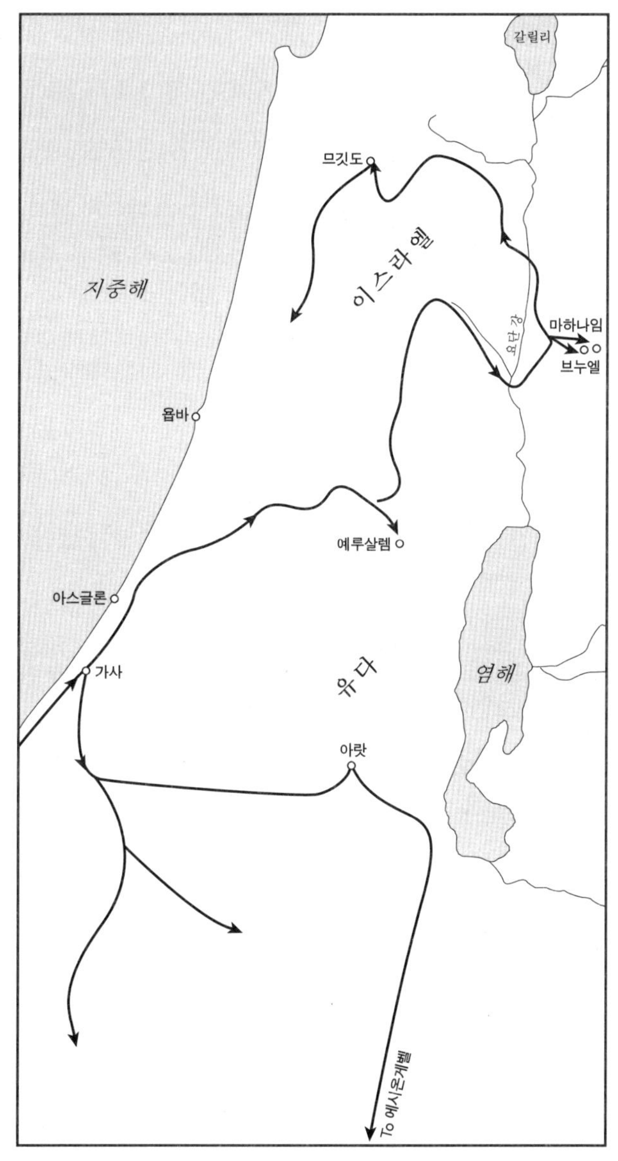
갈릴리
므깃도
이스라엘
지중해
요단강
마하나임
브누엘
욥바
예루살렘
아스글론
가사
유다
염해
아랏
To 에시온게벨

• 시삭의 출정

이후 시삭은 유다의 쉐펠라 지역을 공격하면서 예루살렘으로 진격했고, 그 도성으로부터 막대한 조공과 함께 조건부 항복을 받았다. 시삭은 내친김에 북이스라엘로 밀고 올라가 가는 곳마다 마구 파괴해 버렸다. 시삭은 승승장구하며 동쪽으로는 요단 동편의 브누엘(브니엘)과 마하나임까지, 북쪽으로는 이스르엘 평야까지 이르렀다. 솔로몬이 쌓은 요새 도시인 므깃도는 이 시기에 파괴되었는데, 이곳에서 시삭의 승전을 기념하는 석비의 한 단편이 발견된 바 있다.

남북 왕조를 휩쓴 시삭의 강타는 남유다와 북이스라엘 모두를 무너뜨렸기 때문에 두 나라는 사적인 싸움을 잠시 연기하지 않을 수 없었다. 하지만 이스라엘에게 다행스럽게도 시삭은 이집트 내부의 취약한 사정으로 인해 눈부신 전과를 뒤로한 채 군대를 철수할 수밖에 없었다.

르호보암이 쌓은 요새들 대하 11:5-12

르호보암은 아마도 시삭의 침공을 받은 직후에 수도 예루살렘을 중심으로 한 방어를 견고히 하기 위해 곳곳에 성벽과 요새를 만든 것 같다. 이 요새 도시들은 북쪽을 제외한 동남서쪽에만 집중되었는데, 르호보암이 북쪽에만 성벽을 쌓지 않은 것은 그때까지도 반역적인 북이스라엘이 다윗의 집에 통합되리라는 소망의 끈을 놓지 않은 것으로 판단된다.

아비야의 정복 전쟁 대하 13장

아비야는 아버지 르호보암이 그랬던 것처럼 북이스라엘과 국경 분쟁

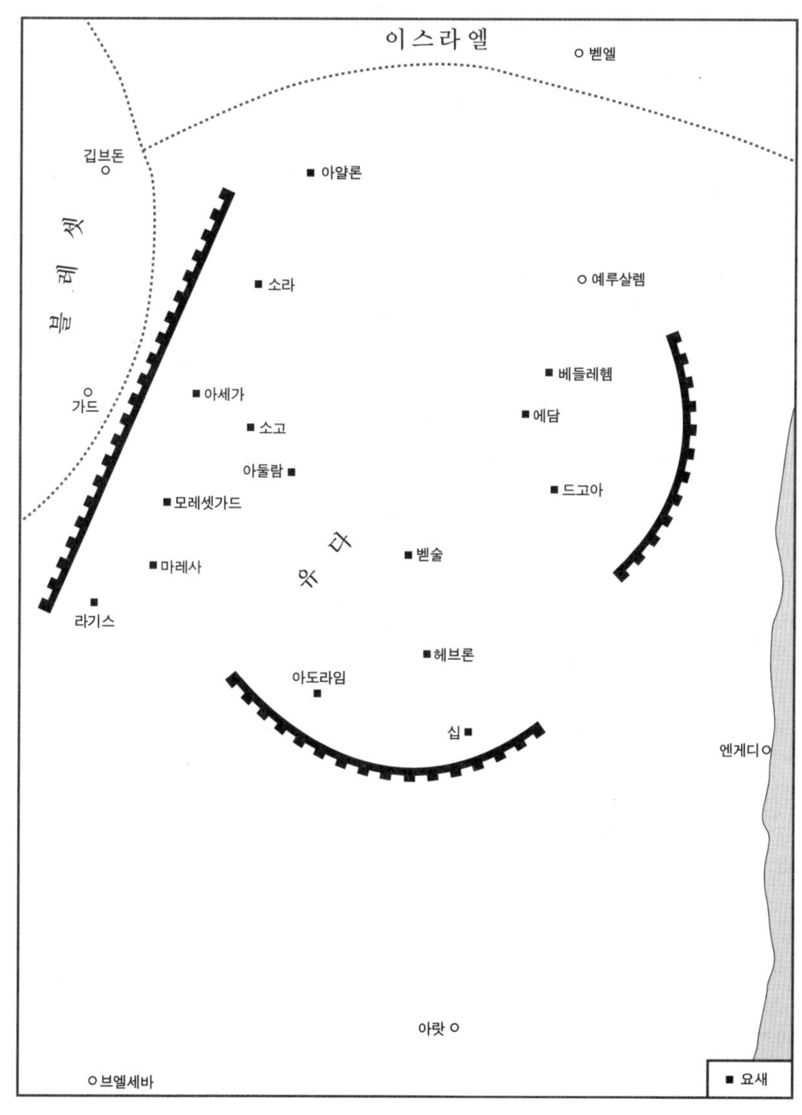

• 르호보암이 쌓은 성벽과 요새화한 도시들

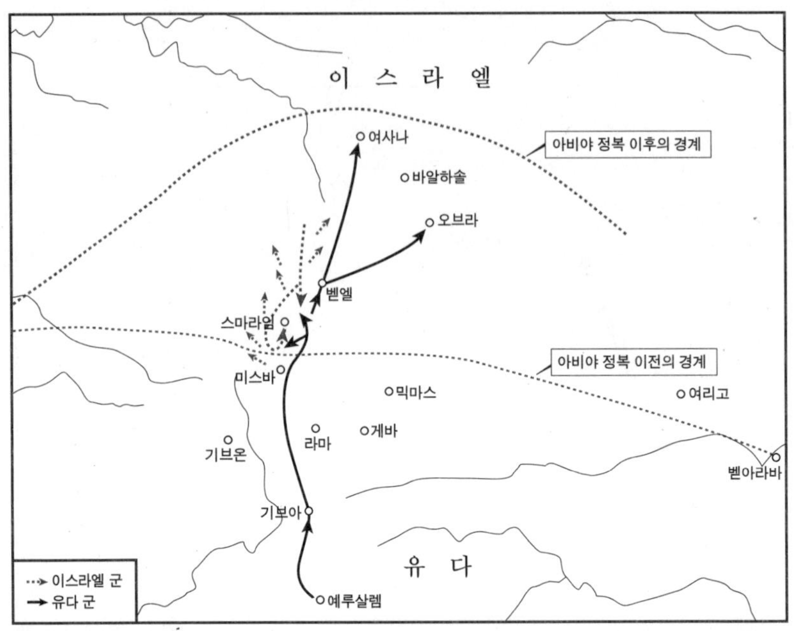

• 아비야의 정복 전쟁

을 계속했다. 아비야는 스마라임 산에서 여로보암 왕에게 이렇게 외쳤다.

"여호와께서 소금 언약으로 이스라엘 나라를 다윗과 그 자손에게 영원히 주신 것을 모르느냐?"

아비야는 이 외침으로 북왕조가 정통성이 없는 괴뢰정부임을 비꼬았지만, 막상 전투에서는 자신이 거느린 40만 군대보다 두 배가 많은 여로보암의 80만 군대와 싸워야 했다. 이런 상황에서도 아비야는 열조의 하나님을 의지했고 하나님은 그에게 승리를 주셔서 벧엘, 여사나 지역을 점령하게 된다. 이로써 남북 왕조의 국경선(우리로 말하면 38선)은 북이스라엘의 성소가 있는 벧엘을 지나 한참 북쪽으로 치고 올라가게 된다.

에티오피아 용병 세라의 침공 대하 14:9-15

남유다의 아사 왕 때 이집트는 다시 한 번 가나안 땅을 침공해 실력 발휘를 했다. 성경에는 에티오피아 용병 세라가 침공했다고 기록하고 있는데, 그는 아마도 이집트 왕 오소르콘 1세(주전 914~874년)가 고용한 에티오피아 출신의 용병 대장이었을 것이다. 이전에 시삭은 가나안 땅을 침공하고 사루헨에 이집트의 전초기지를 세웠는데 세라는 아마도 이곳에서 복무했을 것이다. 세라의 원정은 아사 왕 재위 15년에 있었는데 이것은 시삭의 원정이 있은 지 30년이 경과한 후였다.

아사 왕은 백만 군사와 병거 300승을 앞세운 세라의 군대를 보고도 전혀 기죽지 않고 오히려 여호와 하나님께 이렇게 간구했다.

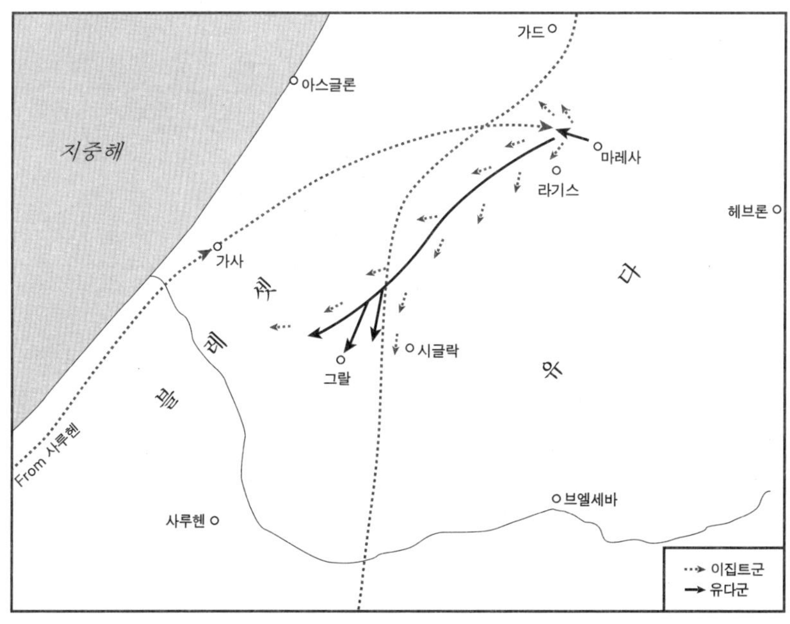

• 에티오피아 용병 세라의 침공

> "여호와여 힘이 강한 자와 약한 자 사이에는 주밖에 도와 줄 이가 없사오니 우리 하나님 여호와여 우리를 도우소서"(대하 14:11).

하나님은 자신을 의지한 아사 왕에게 큰 승리를 주셨고 아사는 그랄 땅까지 이집트 군대를 추격할 수 있었다.

아사와 바아사의 전쟁 왕상 15:16-22; 대하 16:1-6

아사 왕 재위 36년에 북이스라엘 왕 바아사가 남유다를 침공했다. 바아사는 과거 여로보암-아비야 전쟁 때 빼앗긴 벧엘을 포함한 북이스라엘의 도시를 수복하기 위해 대규모 출정을 감행했을 것이다. 바아사의 맹렬한 공세 앞에 국경선은 한참 내려와 수도 예루살렘에서 불과 9km밖에 떨어지지 않은 라마까지 북이스라엘의 수중에 떨어졌다. 이전에 여호와를 의지해 이집트 군대를 무찌르던 아사 왕은 수도가 함락될 수도 있는 위험천만한 순간에 믿음을 완전히 잃어버리고 각종 보물을 챙겨 아람 다메섹의 벤하닷에게 구조 요청을 했다.

> "나와 당신 사이에 약조가 있고 내 아버지와 당신의 아버지 사이에도 있었느니라 내가 당신에게 은금 예물을 보냈으니 와서 이스라엘의 왕 바아사와 세운 약조를 깨뜨려서 그가 나를 떠나게 하라"(왕상 15:19).

아사의 요청을 볼 때 그의 아버지인 아비야 때부터 남유다는 아람 다

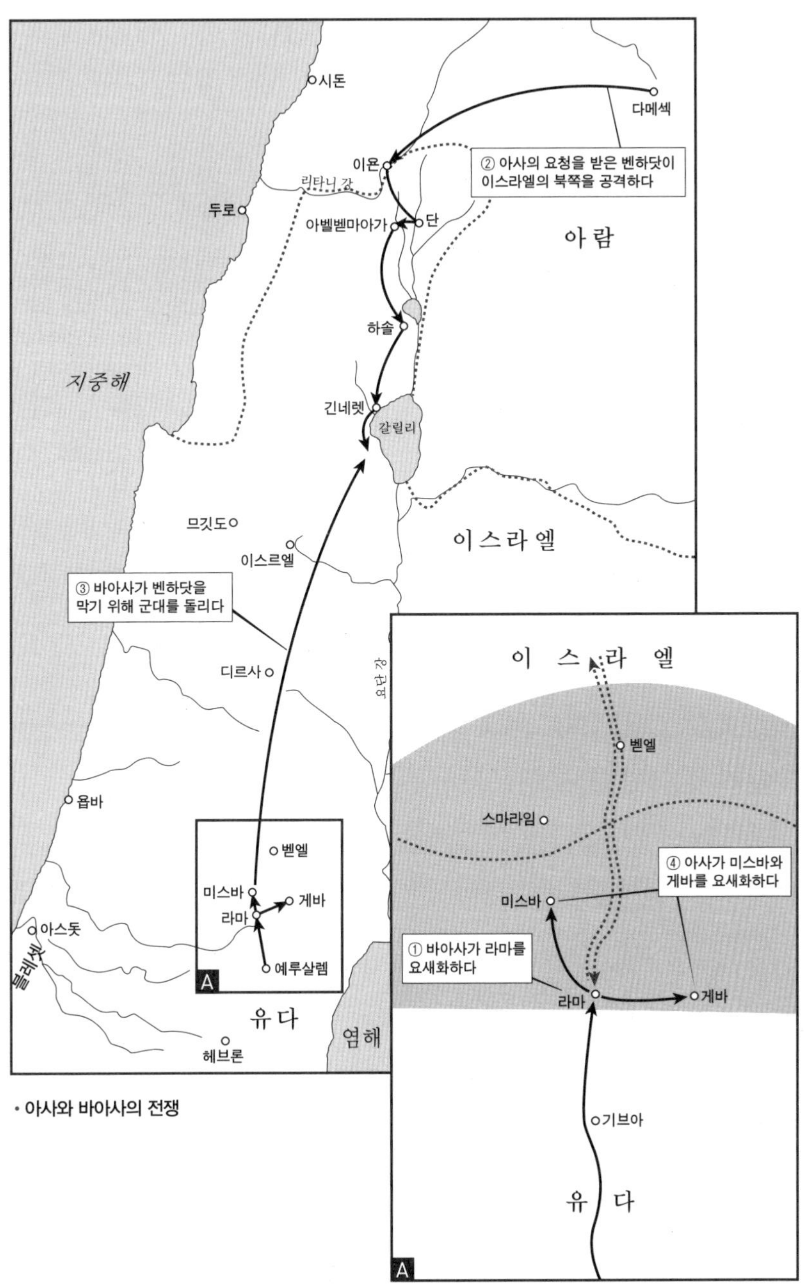

시돈
다메섹
이욘
② 아사의 요청을 받은 벤하닷이 이스라엘의 북쪽을 공격하다
두로
아벨벧마아가
단
아 람
하솔
지중해
긴네렛
갈릴리
므깃도
이스르엘
이 스 라 엘
③ 바아사가 벤하닷을 막기 위해 군대를 돌리다
디르사
요단 강
욥바
벧엘
미스바
게바
라마
아스돗
예루살렘
블레셋
A
유 다
염해
헤브론
이 스 라 엘
벧엘
스마라임
④ 아사가 미스바와 게바를 요새화하다
미스바
① 바아사가 라마를 요새화하다
라마
게바
기브아
유 다
A

• 아사와 바아사의 전쟁

메섹과 동맹을 맺어 왔음을 알 수 있다. 남유다는 동족인 북이스라엘과의 국경 분쟁에서 우위를 선점하기 위해 외세인 아람의 힘을 의지한 것이다. 하지만 바아사는 아사 왕과 전쟁을 앞두고 사전에 남유다-아람 다메섹의 동맹을 깨뜨리고 아람 다메섹을 자신의 동맹자로 끌어들인 후에 남유다 출정을 감행한 것 같다.

아사 왕의 요청으로 벤하닷은 북이스라엘의 북쪽 지방을 공격해 쑥대밭으로 만드는데 이때 이욘, 단, 아벨벧마아가, 하솔 등이 파괴된다. 군사적으로는 압도적 우세를 보였지만 외교전에서 완전히 허를 찔린 바아사는 서둘러 군사를 돌려 벤하닷을 막으러 돌아갔다. 아사 왕은 바아사가 라마 요새를 건축하던 돌을 취해 미스바와 게바를 건축했다. 이로써 르호보암 때부터 있었던 남북 왕조의 피 튀는 국경 분쟁은 피차간에 국력만 소진한 채 원 상태로 복구되었다.

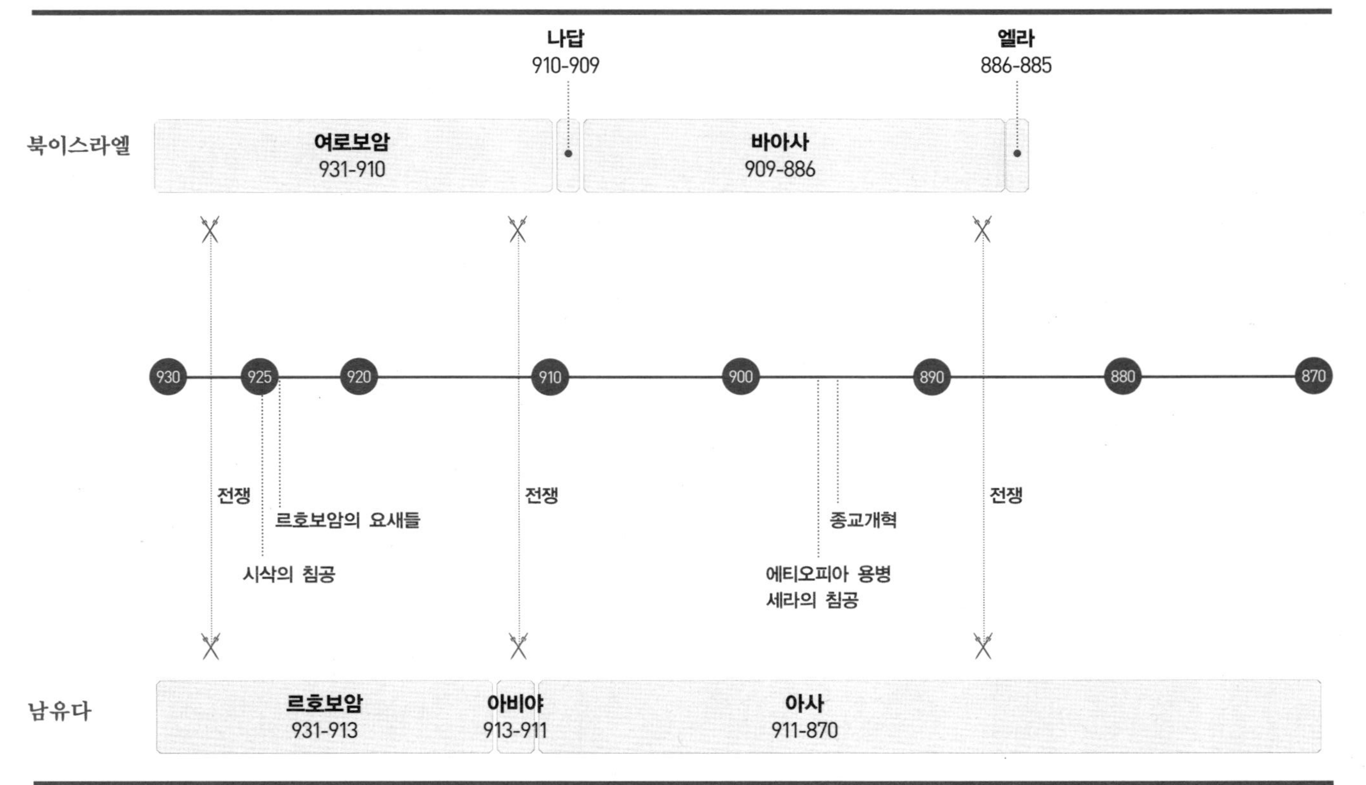

나답
910-909
엘라
886-885
북이스라엘
여로보암
931-910
바아사
909-886
930
925
920
910
900
890
880
870
전쟁
르호보암의 요새들
시삭의 침공
전쟁
종교개혁
에티오피아 용병
세라의 침공
전쟁
남유다
르호보암
931-913
아비야
913-911
아사
911-870

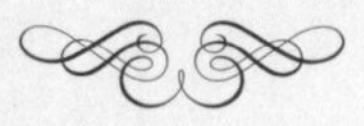

단원 평가 문제

01. 다음 중 르호보암 때 이스라엘을 공격한 이집트의 통치자는?
(1) 시삭 (2) 느고
(3) 호브라 (4) 소

02. 다음 중 북이스라엘의 수도가 거쳐 간 곳이 아닌 곳은?
(1) 세겜 (2) 사마리아
(3) 디르사 (4) 벧엘

03. 다음 중 북왕국 바아사 가문의 몰락을 예언한 선지자는?
(1) 아히야 (2) 예후
(3) 스마야 (4) 나단

04. 다음 중 왕국 분열 당시에 르호보암이 북왕국에 대해 전쟁을 일으키려고 할 때 이를 저지한 선지자는?
(1) 아히야 (2) 예후
(3) 스마야 (4) 나단

05. 다음 중 여로보암이 금송아지 제단을 둔 도시는?
(1) 세겜 (2) 단
(3) 길르앗 야베스 (4) 사마리아

06. 다음 중 여로보암이 북왕국의 왕이 될 것으로 예언한 선지자는?
(1) 아히야 (2) 예후
(3) 스마야 (4) 나단

07. 다음 중 외세인 아람을 끌어들여 국난을 극복한 왕은?
(1) 여호사밧 (2) 아사
(3) 르호보암 (4) 여로보암

08. 다음 중 에티오피아 용병 세라의 백만 군대를 무찌른 왕은?
(1) 르호보암 (2) 여로보암
(3) 아사 (4) 여호사밧

09. 다음 중 시삭의 침공 이후 르호보암이 요새를 쌓을 때 성벽이 세워지지 않은 방향은?
(1) 남쪽 (2) 동쪽
(3) 북쪽 (4) 서쪽

10. 다음 중 여로보암을 무찔러 국경선을 벧엘 이북으로 끌어올린 유다의 왕은?
(1) 아비야 (2) 아사
(3) 여호사밧 (4) 르호보암

정답

01. 1, 02. 4, 03. 2, 04. 3, 05. 2, 06. 1, 07. 2, 08. 3, 09. 3, 10. 1,

11. 다음 중 리비아 출신으로 이집트에 세워진 최초의 왕조는?
(1) 20왕조 (2) 21왕조
(3) 22왕조 (4) 23왕조

12. 다음 중 북왕국의 엘라 왕을 암살한 사람은?
(1) 바아사 (2) 시므리
(3) 아달랴 (4) 예후

13. 다음 중 남북간에 전쟁이 일어난 시기가 아닌 것은?
(1) 바아사 (2) 여로보암
(3) 나답 (4) 아사

14. 바아사-아사 전쟁 당시 바아사는 남쪽의 어느 도시까지 밀고 내려왔는가?
(1) 라마 (2) 기브아
(3) 미스바 (4) 예루살렘

15. 아사 왕 때 에티오피아 용병 세라가 이끈 군대와 전투가 벌어진 곳은?
(1) 헤브론 (2) 라기스
(3) 마레사 (4) 베들레헴

11. 3, 12. 2, 13. 3, 14. 1, 15. 3

ASIA

Part
14

강대국에 맞서 남북 대동단결

분열왕국 시대 2기: 남북화해 시대

주전 870~841년

피 튀기듯 경쟁하던 갈등과 반목의 반세기를 지나 남북 왕조에는 갑자기 서로 혼인관계를 통한 동맹을 맺으며 화해 무드가 조성된다. 이것은 남북 왕조의 의지라기보다는 당시의 국제 정세에 떠밀려서 이루어진 것이었다.

이스라엘의 남북 왕조가 아무런 실익도 없는 국경 분쟁을 일삼는 틈을 이용해 이집트는 두 차례나 이스라엘 땅을 침공했고, 솔로몬이 죽은 후 간신히 독립국의 지위를 획득한 아람 다메섹 역시 급격히 발흥해 강대국으로 부상했다. 아람 다메섹은 후대에 북이스라엘뿐 아니라 남유다까지도 괴롭히는 이스라엘의 대적자가 된다. 이 시기에 남북 왕조를 외교적 동맹으로 몰아간 국제적 변수는 바로 강대국으로 부상한 아람 다메섹의 통치자인 벤하닷의 등장이었다. 이 시기에 근동 국가들과 이스라엘 남북 왕조의 상황은 다음과 같이 전개된다.

메소포타미아: 신앗시리아의 부상

앗시리아

이 시기 이스라엘에는 이전 역사를 통하여 한 번도 본 적이 없는 먹구름이 몰려오기 시작했다. 그 구름은 아마도 처음에는 사람의 손바닥만큼 작아서 이를 보고 깜짝 놀라는 사람은 거의 없었을 것이다. 이 먹구름의 발원지는 다름 아닌 앗시리아다. 이사야 선지자는 앗시리아를 '하나님의 진노의 막대기'로 묘사한 바 있다(사 10:5). 이것은 죄로 가득 찬 북이스라엘과 남유다에게 임박한 심판에 대한 경고일 뿐만 아니라 앗시리아의 본격적인 발흥으로 근동 국가들의 권력 구조가 극적으로 재편될 것임을 알리는 신호탄이기도 했다.

3세기가 넘도록(주전 1200~900년) 지중해 해안에 위치한 고만고만한 소국(小國)들은 열강이라고 불릴 만한 어떤 강대국의 침략도 받지 않았다. 이 시기는 해양 민족이 밀려온 주전 1200년경부터 신앗시리아 제국이 본격적으로 기지개를 펴는 주전 900년경까지를 말한다. 이 3세기는 작은 소국들에게 주어진 '은혜의 시간'이었다. 이들 소국들의 명단을 나열하면 다메섹, 하맛, 비트-아디니(벧에덴)와 같은 아람 국가들, 두로, 시돈, 비블로스와 같은 페니키아 도시국가들, 가사, 아스돗, 가드와 같은 블레셋의 도시국가들, 모압, 에돔, 암몬, 그리고 이스라엘의 남북 왕조가 포함된다. 이 은혜의 3세기는 이스라엘 역사에서 사사 시대와 통일왕국 시대, 더 나아가 분열왕국 시대의 초기인 남북경쟁 시대까지의 긴 시간을 포괄한다.

주전 900년경부터 주전 612년까지는 '앗시리아'라고 불리는 한 나라가 근동 세계에서 절대적인 패권을 휘두른 시대였다. 앗시리아는 군사적 힘을 통해 동서로는 서부 이란에서 지중해에 이르고 남북으로는 아나톨리아에서 이집트에 이르는 광대한 영토를 지배했다. 이로써 근동의 전 지역에서 정치적, 경제적으로 엄청난 영향을 끼쳤다. 앗시리아 제국의 발전은 연속으로 등장한 대왕들이 군대를 친히 이끌고 거의 매년 원정을 감행했기 때문에 가능했다. 하지만 그 발전 과정은 결코 평탄대로만은 아니었다.

앗시리아 제국의 발전은 크게 두 단계로 구분되는데, 그 첫째 시기는 주전 9세기에 시작되었고, 훨씬 더 팽창하는 둘째 시기는 주전 8세기 중엽에 시작된다. 앗시리아 역사에서 이 시기는 종종 신앗시리아 시대로 불린다. 여기서는 신앗시리아 시대 전체를 아우르는 몇 가지 특징들을 알아보고 이중 신앗시리아 시대의 제1기에 초점을 맞추어 설명하고자 한다. 주전 8세기 중엽부터 시작되는 신앗시리아 시대의 제2기는 후에 다른 장에서 자세히 다루고자 한다.

3세기 동안 앗시리아의 팽창을 막았던 세 가지 장애물은?

여기서 우리는 투굴티니눌타 1세가 암살되면서(주전 1197년) 중세 앗시리아의 위대한 시기인 주전 12세기가 마감된 역사를 떠올릴 필요가 있다. 주전 2000년대부터 근동에서 주요한 역할을 해 오던 앗시리아는 이후 3세기 동안 기나긴 침묵기에 들어갔는데, 한때는 자기 본국을 방어하기에도 급급한 위기 상황에 몰린 적도 있다. 주전 1200년경부터 주전 900년경까지 3세기의 긴 시간 동안 앗시리아의 팽창을 방해한 세 가지 장애물은 다음과 같다.

첫째, 서쪽에 등장한 강력한 비트-아디니를 비롯한 아람 국가들이 중요한 대상로를 따라 우후죽순 발전하면서 앗시리아가 지중해 해안으로 진출하는 것을 원천봉쇄했다.

둘째, 북쪽 산간지대에 사는 산지 족속들은 아나톨리아에 이르는 중요한 대상로와 앗시리아의 심장지대인 앗시리아 평원을 지속적으로 위협했다. 이후 잡다한 산지 족속들은 반(Van) 호수 근처에 위치한 우라르투 왕국과 연합했는데, 앗시리아는 이들과 싸우기 위해 산지 깊숙이까지 수차례 원정을 떠나야 했다.

셋째, 남쪽의 바벨론이 지속적으로 앗시리아를 괴롭혔다.

앗시리아가 군사적 침략을 통해 얻고자 했던 세 가지 목적은?

앗시리아는 군대 사회였다. 군대가 앗시리아 사회의 기본 골격과 질서를 제공했고 왕은 이런 사회 구조의 정점에 있었다. 앗시리아 왕의 주된 임무는 민족신으로 섬기는 앗수르(도시이자 신 이름이기도 함)의 영광과 명예, 그리고 국가의 이익을 위해 해마다 전쟁을 치르는 것이었다. 학자들은 앗시리아가 군사적 침략을 통해 얻고자 했던 국가적 이익을 다음 세 가지에서 찾는다.

첫째, 앗시리아 본토를 지키기 위한 보안 지대를 확보하는 것.
둘째, 주요한 대상로들을 정복해 경제적 효과를 극대화하는 것.
셋째, 목재, 금속 그리고 말과 같은 필수적인 원자재를 확보하는 것.

원정의 결과 앗시리아인들은 근동 전역에서 엄청난 양의 자원들을 획득했는데, 점차 평민들도 귀족의 전유물이던 물건들을 소유하게 될 정도로 귀중품이 흔하게 돌아다니던 때도 있었다고 한다. 외국 국가를 정복한 후 앗시리아인들은 조공의 수준을 정하고 매년 바치도록 했다.

조공은 보통 그 지방의 특산물로 바쳐야 했다. 페니키아인들은 자주색 천과 백향목 목재를 바쳤고, 자그로스 산맥에 있는 산지 부족들은 말을 바쳤다. 복속된 민족들이 수시로 반란을 일으킨 것을 보면 조공에 대한 부담

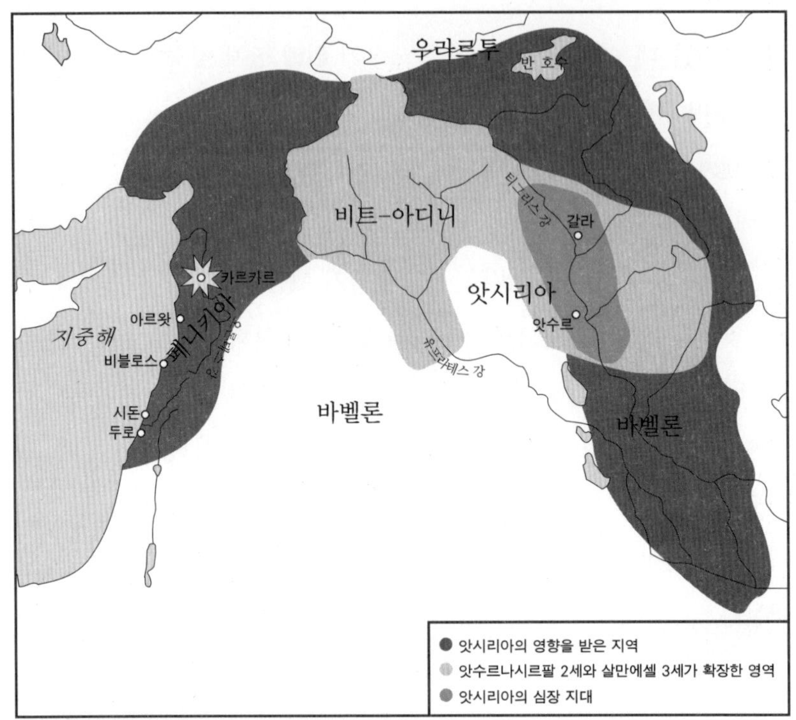

• 신앗시리아 시대의 영토

이 상당했음에 틀림없다. 아무튼 앗시리아 본토에는 근동 세계에서 대규모의 자원들이 유입되어 풍요로운 생활이 보편화되었다. 물론 신앗시리아가 누린 풍요는 흡사 사람의 피를 빨아먹고 살아가는 '흡혈귀'와 비슷한 방식을 통한 것이었지만 말이다.

신앗시리아가 개발한 공포 정치

앗시리아군은 평지에서 대규모 전투를 벌이는 일이 흔치 않았다. 앗시리아 군대는 일단 엄청난 군사의 수로 상대를 위협했고 즉각적인 항복을 권유했다. 항복을 하지 않으면 쉽게 정복할 수 있는 만만한 촌락들부터 차례로 공격했고 정복한 도시의 주민들은 본보기로 잔인하게 처벌당했다. 그들은 고문당하고 강간당하고 참수당하고 때로는 산 채로 가죽이 벗겨지기도 했다. 그런 다음 시체, 머리, 가죽을 사람들 앞에 공개적으로 전시했다. 그래도 항복하지 않으면 수도를 포위하고 사신을 보내 다시금 항복을 권유했다. 하지만 포위 작전은 비용이 많이 드는 전략이었기 때문에 선택적인 상황에서만 불가피하게 사용되었다.

• 포로들에게 고문하는 앗시리아 군인들

공식 문서에서 절대로 패배를 인정하지 않는 앗시리아의 왕들은 포위 상황을 '적이 새장에 갇힌 신세가 되었다'는 말로 표현했다. 포위 공격을 버티며 집요하게 저항하다가 정복된 도시는 완전히 말살시켰다. 이러한 단계적 전략은 신앗시리아 시대를 연 앗수르나시르팔 2세가 고안해 낸 '공포 정치'로 불렸는데, 한마디로 고도의 심리전이라고 할 수 있다. 즉 적들로 하여금 패배의 결과가 너무 두려워서 차라리 즉각 항복하고 조공을 바치는 편이 낫다는 생각을 갖게 만드는 것이었다. 앗시리아가 개발한 공포 정치는 후계자들에게 그대로 전수되어 신앗시리아 시대를 특징짓는 상서롭지 못한 코드가 되었다.

신앗시리아 제국의 왕들

앗시리아의 운명이 가장 침울했던 시기는 앗수르라비 2세(주전 1012~972년)와 그의 후계자들의 시대였는데, 이때는 다윗과 솔로몬이 보좌를 지키며 이스라엘이 역사의 황금기를 누리던 시기였다. 하지만 다윗의 나라가 분열되자 앗시리아는 앗수르단 2세(주전 934~912년)와 그의 후계자들의 통치하에 점차 국력을 회복하기 시작했다. 위대한 신앗시리아 시대를 연 제국의 왕들을 살펴보면 다음과 같다. 이 시기는 편의상 위대한 부흥기, 쇠퇴기, 위대한 팽창기의 세 시기로 나뉜다.

1. 위대한 부흥기(신앗시리아 시대 제1기)

앗수르나시르팔 2세(주전 883~859년)

살만에셀 3세(주전 859~824년)

2. 쇠퇴기

삼시아닷 5세(주전 823~811년)

아닷니라리 3세(주전 810~783년)

살만에셀 4세(주전 782~772년)

앗수르단 3세(주전 771~754년)

앗수르니라리 5세(주전 753~746년)

3. 위대한 팽창기(신앗시리아 시대 제2기)

디글랏빌레셀 3세(주전 745~727년)

살만에셀 5세(주전 727~722년)

사르곤 2세(주전 722~705년)

산헤립(주전 705~681년)

에살핫돈(주전 681~669년)

앗수르바니팔 2세(주전 669~627년)

신앗시리아 시대 제1기의 왕들

신앗시리아 제국은 연이어 60년 동안 통치하며 제국의 기초를 놓은 앗수르나시르팔 2세와 살만에셀 3세의 통치기를 거치며 무섭게 도약했다. 이번 장인 남북화해 시대는 앗수르나시르팔 2세와 살만에셀 3세 통치의 전반기에 해당하기 때문에 두 왕에 대해서만 다루고자 한다.

1. 앗수르나시르팔 2세(주전 883~859년): 무시무시한 공포 정치 시대의 개막

신앗시리아 시대를 연 앗수르나시르팔 2세는 무려 15년에 걸친 대규모 공사를 통해 완공한 갈라(니므롯)로 수도를 이전했다. 전통적으로 수도 역할을 해오던 앗수르는 대제국을 지원하기에는 너무나 작았기 때문이다. 그는 무시무시한 공포 정치로 국가를 통치했고 그의 잔인성은 앗시리아 역사에서 유례가 없는 것이었다.

앗수르나시르팔 2세는 비트-아디니(암 1:5, 성경에서는 '벧에덴'으로 나옴)를 시작으로 상부 메소포타미아의 아람 국가들을 하나씩 굴복시켜 나갔다. 그런 다음 수리아를 가로질러 페니키아까지 이르렀고 지중해에 '그의 무기들을 씻은' 다음 아르왓, 비블로스, 시돈, 두로 등과 같은 페니키아의 도시들로부터 차례로 공물을 받아 냈다.

이 시기에는 조공을 받는 것으로 그쳤기 때문에 영속적인 정복이나 영토 확장과는 거리가 멀었다. 그러나 이것은 앞으로 닥쳐올 파국의 전조에 불과했다. 시리아와 이스라엘의 군소 국가들은 자신들이 사멸할 위험에 처했다는 사실을 조금씩 깨닫기 시작했다.

2. 살만에셀 3세(주전 859~824년)의 전반기: 카르카르 전투에서 서부 연합군과 충돌

살만에셀 3세는 아버지의 확장 정책을 이어 나갔고 무려 6차례나 서부 원정을 감행했다. 성경에는 나오지 않지만 살만에셀 3세는 주전 853년에 오론테스 강변의 주요 도시인 카르카르에서 북이스라엘의 아합 왕이 주도적으로 참여한 서부 연합군의 저지를 당했다.

앗시리아의 기록에 따르면 서부 연합군은 4만 명의 보병, 2,000명의 기병, 4,000승의 전차로 구성되었다고 한다. 비석에는 자신이 대승을 거두었다고 기록되어 있지만 살만에셀 3세는 곧장 남서쪽으로 정복 전쟁을 나갈 수 없을 정도로 이 전투에서 전력의 태반을 상실했다.

이집트: 무력한 22왕조

이집트는 이 시기에 무력한 22왕조가 계속 이어지며 그로기(groggy) 상태였기 때문에 그다지 언급할 만한 내용이 없다.

북이스라엘: 오므리 왕조의 시작, 시므리~여호람 왕

시므리 **주전 885년, 왕상 16:15-22**

엘라를 암살한 시므리는 디르사 왕궁에서 왕이 되지만 이 소식을 들은 오므리가 블레셋과 대치 중이던 깁브돈의 전쟁터를 뒤로하고 군사를 돌려 자신에게로 향하자 왕궁에 불을 지르고 자살했다. 이로써 시므리의 통치는 불과 7일 만에 막을 내린다.

오므리 **주전 885~874년, 왕상 16:21-28**

시므리가 자살로 죽고 북왕국의 세 번째 쿠데타에 성공한 오므리의 집권은 그리 순탄치만은 않았다. 아람 다메섹을 막아내던 북방 군대의 총사령관인 디브니도 왕이 되겠다고 나섰기 때문이다. 하지만 오므리와 디브니 사이에 벌어진 4년간의 내전은 오므리의 한판승으로 끝났고, 그를 통해 북이스라엘은 다시 강대국의 면모를 회복하게 되었다. 이러한 회복은 쿠데타가 이어지며 불안정한 왕조를 특징으로 하던 북이스라엘에서 3대에 걸쳐 4명의 왕이 즉위하면서 안정적인 왕조가 세워졌기에 가능했던 것이다.

성경에는 오므리에 대한 기록이 적고 그나마 부정적인 묘사가 주를 이루지만, 동시대 앗시리아의 통치자들이 이스라엘을 '오므리의 땅'이라고 부른 것을 볼 때 그는 상당히 유능하고 공격적인 왕이었음에 틀림없다. 오므리의 통치 기간에는 주목할 만한 사건이 세 가지 일어났다.

첫째, 수도를 사마리아로 이전했다. 시므리가 디르사 왕궁에 불을 질렀고 이후에 4년간 벌어진 오므리-디브니의 내전으로 인해 수도 이전이 불가피했다. 오므리는 사마리아를 새로운 수도로 삼았는데, 수도 이전은 군사적 공격이 있을 때 방어를 요긴하게 하려는 데 목적이 있었다. 역사적으로 사마리아는 거의 난공불락의 요새로 알려졌는데 이는 이곳을 수도로 선택한 오므리의 현명함을 잘 보여 준다.

둘째, 모압 땅을 정복했다. 이 사건은 성경에 직접적인 언급이 없지만 1898년 독일 선교사에 의해 발견된 모압 왕 메사의 석비에 기록되어 있다.

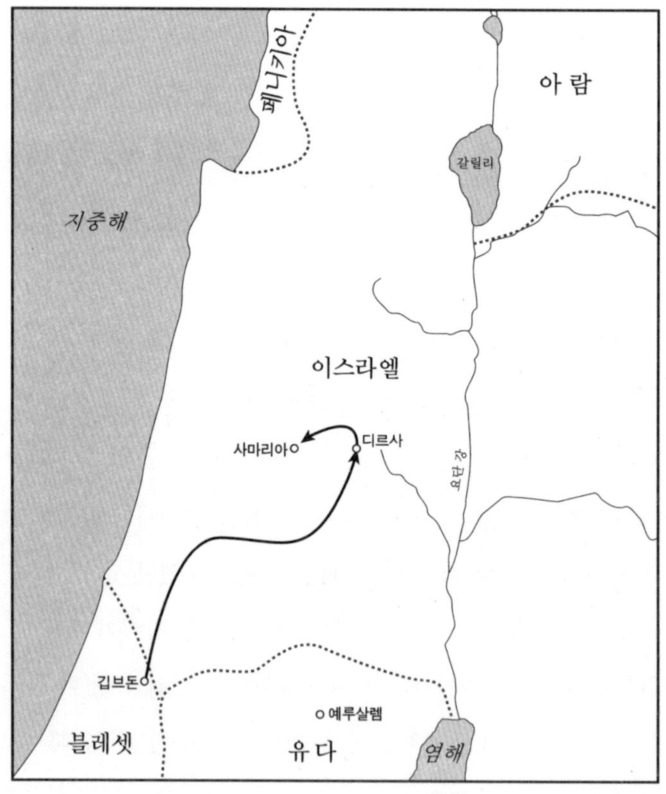

• 오므리의 집권과 통치

모압 왕 메사는 자신의 부친이 왕으로 있을 때 이스라엘의 왕 오므리가 모압을 정복했다고 말하고 있다.

셋째, 페니키아와 동맹을 맺었다. 이것은 페니키아 공주 이세벨과 오므리의 아들인 아합 간의 결혼으로 구체화되었다. 이세벨은 시돈의 왕(왕상 16:31, 실제로는 두로의 왕)인 엣바알의 딸이다. 두 국가 간의 동맹은 가까운 아람 세력에 공동 대응하기 위한 군사적 목적과 함께 경제적인 목적도 있었다. 이스라엘은 주요 산물인 곡식과 올리브기름을 페니키아 상선들이 장악한 지중해 상권을 통해 고부가가치로 포장해서 팔 수 있었던 것이다. 하지만 이들의 동맹은 결혼 당시에는 유익을 안겨 주었을지 모르지만 북왕국에 바알 숭배의 물꼬를 트는 부정적인 단초가 되고 말았다.

아합 주전 874~853년, 왕상 16:29-22:40

북이스라엘 역사에서 가장 낯익은(엄밀히 말하면 악명 높은) 두 이름은 아마도 아합 왕과 그의 부인 이세벨일 것이다. 이세벨은 페니키아의 종교인 바알-멜카르트의 제단을 이스라엘에 광범위하게 도입했고 아합은 이를 용인했다. 이세벨은 바알 종교와 여호와 신앙의 공존에 만족하지 않고 더 나아가 여호와의 선지자들을 살해하는 강수를 두었다. 일찍이 시작된 여로보암의 금송아지 숭배도 심각한 죄였지만 이세벨의 바알 제단 도입은 더 사악한 것이었다. 신앙적 결함에도 불구하고 아합은 상당히 능력 있는 왕이었는데, 그의 통치 기간 중 일어난 기억할 만한 사건으로는 다음 세 가지가 있다.

첫째, 대대적인 건축 사업을 벌였다. 당시의 수도인 사마리아 주변을 발

• 사마리아 궁에서 나온 상아 조각

굴한 결과 왕궁 둘레의 내부와 외부에는 보호벽이 세워졌고 궁전 근처의 많은 건축물들이 아합이 세운 상아궁(왕상 22:39; 암 3:15; 6:4)으로 판명되었다.

둘째, 아람과 세 차례 전투를 벌였다. 두 번의 전투에서 승리를 거둔 아합은 마지막 세 번째 전투에서 전사하게 된다. 이외에도 성경에는 나오지 않지만 아합 왕은 당시 거세게 밀려오던 앗시리아 살만에셀 3세의 출정을 막아 낸 서부 연합군의 주축 세력으로 활약했다(주전 853년 카르카르 전투).

셋째, 남유다와 동맹을 맺었다. 남유다와 북이스라엘은 오랜 갈등 관계를 청산하고 동맹을 맺었는데, 그에 대한 증표로 아합의 딸 아달랴와 여호사밧의 아들 여호람이 결혼했다.

아하시야 주전 853~852, 왕상 22:51-52; 왕하 1:1-2:25

아합이 죽고 두 아들 중 장남인 아히시야가 즉위했는데 그는 2년간 왕국을 통치했다. 아하시야는 통치 기간 중 난간의 창문에서 떨어져 부상을 당했는데, 그는 병의 회복 여부를 묻기 위해 에그론의 신 바알세붑에게 사자를 보냈다가 선지자 엘리야로부터 호된 책망을 듣게 된다. 그의 짧은 통치 기간에도 두 가지 중요한 사건이 일어났다.

첫째, 모압 왕 메사가 아하시야의 할아버지인 오므리가 부과한 과도한 공물에 불만을 품고 반란을 일으켰다. 이 반란은 그의 동생 여호람이 즉위하여 진압했다.

둘째, 남유다의 여호사밧과 함께 에시온게벨에서 출발하는 상선을 띄웠다. 하지만 이 배는 처녀 여행에서 파선했는데, 이것은 선지자 엘리에셀의 경고(대하 20:37)가 이루어진 것이다.

여호람 주전 852~841년, 왕하 3:1-8:24

형 아하시야가 2년의 짧은 통치를 마감하고 죽자 동생 여호람이 즉위해 12년 동안 왕국을 통치했다. 여호람의 통치를 끝으로 오므리 왕조는 막을 내리는데, 이것은 바알 숭배를 한 오므리 왕조에 대한 하나님의 심판과 징계로 이루어진 것이다. 여호람의 통치 기간에 이루어진 사건은 다음과 같다.

첫째, 종교적인 관점에서는 갈팡질팡했다. 여호람은 아버지가 만든 바알 제단을 헐었다고 하지만 이후에 등장한 예후가 그 땅의 바알 선지자들을 죽여야 했던 것을 보면 그리 철저한 개혁은 아니었음이 분명하다. 어머니인 이세벨이 여호람의 통치 기간 동안 살아 있었다는 사실만 보아도 그가 개혁을 단행하기에는 어려움이 많았을 것으로 추정된다.

둘째, 모압의 반란을 진압하기 위해 출정했다. 여호람은 형 아하시야 통치 기간에 일어난 모압의 반란을 진압하기 위해 출정했는데, 이 출정에는 남유다의 여호사밧 왕이 함께 참전한다.

남유다:
신앙과 불신앙 사이, 여호사밧~아하시야 왕

여호사밧 **주전 873~848년, 왕상 22:41-50; 대하 17-20장**

여호사밧은 35세에 왕이 되어 25년간 왕국을 다스렸는데 초기 3년은 아버지 아사 왕과의 섭정 기간이었다. 아사 왕은 발병에 걸려 통치에 어려움을 겪자 아들을 공동 섭정으로 세웠던 것 같다. 여호사밧은 아사 왕에 이어 하나님께 선한 왕으로 인정받은 왕이다. 그의 통치 기간에 이루어진 사건은 다음과 같다.

첫째, 종교개혁을 단행함으로 하나님의 인정을 받았다. 여호사밧은 그 땅에서 바알 제단을 헐고 산당도 어느 정도 제거했다. 여호사밧의 믿음은 모압, 암몬, 에돔 연합군이 공격해 왔을 때 여실히 드러났다. 여호사밧은 국가의 위기 상황에서 절망하지 않고 예루살렘에 금식과 기도의 시간을 선포하고 레위인 찬양대를 보내 기적적인 승리를 거두었다.

둘째, 군사적 승리를 거두었다. 여호사밧은 5대대의 강력한 군대를 소유했는데, 이중 3대대는 유다 지파 사람들로, 2대대는 베냐민 지파 사람들로 구성했다. 여호사밧의 강력한 군대로 인해 블레셋과 아라비아인들은 귀중한 예물을 가져옴으로써 남유다와 좋은 관계를 유지하려고 했다.

셋째, 재판 절차를 개선했다. 여호사밧은 중요한 성읍에 재판관을 임명하고 공정한 재판을 하도록 촉구했다. 특히 종교 영역에서는 대제사장 아마랴가 의장이 되어 다스리고, 민사 영역에서는 스바댜를 세워 재판의 이원화를 이루었다.

넷째, 북이스라엘과 결혼 동맹을 맺었다. 여호사밧은 오므리 가문과 동맹을 맺고 이에 대한 증표로 아들 여호람의 아내로 아합 왕의 딸인 아달랴를 맞이했다. 아달랴는 어머니 이세벨처럼 남유다 왕국에 바알 숭배를 전파하는 데 열심이었다. 이 결혼 동맹으로 여호사밧은 세 차례나 북왕국을 도왔는데, 첫 번째는 길르앗 라못 전투에서 아합을 도운 것이고, 두 번째는 아하시야와 연합해 에시온게벨에서 출항하는 상선을 띄운 것이며, 세 번째는 여호람을 도와 모압 원정에 참전한 것이다.

여호람 주전 853~841년, 왕하 8:16-24; 대하 21장

여호사밧은 임기 마지막 4년을 아들 여호람과 섭정했다. 여호사밧은 아합 왕이 주도하는 길르앗 라못 전투에 참전하면서 아마도 불의의 사고를 당할 경우를 대비해 아들 여호람을 섭정으로 임명한 듯하다. 이후 여호람은 8년간 홀로 통치했는데 그의 통치는 아버지와 달리 여호와 앞에서 악한 것으로 기록되어 있다. 이는 분명 사악한 아달랴와의 결혼이 영향을 미친 탓일 것이다. 그의 통치 기간 중 다섯 가지의 불행한 사건이 일어났다.

첫째, 그의 여섯 형제, 곧 여호사밧의 모든 아들을 죽인 것이다. 이 범죄에는 분명 사악한 아달랴가 주도적으로 관여했을 것이다.

둘째와 셋째는 두 번의 연속적인 반란이 일어난 것인데, 하나는 에돔의 반란이고 다른 하나는 립나 성읍의 반란이었다.

넷째, 블레셋과 아라비아인들의 침략인데, 이 전투에서 여호람은 패했고 아내들과 자식들을 빼앗겼다. 막내아들 아하시야(대하 21:17에는 '여호아하스'로 나옴)만 간신히 생존할 수 있었다.

다섯째는 여호람 자신의 끔찍한 죽음이었다. 여호람은 자신의 죄로 인해 엘리야의 경고를 받았고 그 예언대로 창자에 큰 병이 걸려 죽었다.

이를 볼 때 여호람의 통치 기간은 한마디로 재난과 실패로 점철되었다고 평가할 수 있다.

오바댜: 악을 기억하시는 하나님

선지서의 연대는 그들이 섬긴 왕의 통치 시대에 의해 정해지는데 오바댜의 경우는 구체적으로 언급이 없기 때문에 그가 언급한 여러 가지 사건들로 추정할 수밖에 없다. 특히 예루살렘에 임한 군사적 침략이 중요한데 이것은 남쪽의 에돔인들이 예루살렘에 대해 조롱하던 시기였다(옵1:11). 이런 상황은 유다 역사에서 세 번 발생했다.

첫째, 여호람 시대(주전 853~841년)다. 이 기간 중 에돔은 남유다를 반역했고 아라비아인들과 블레셋인들이 침입해 극심한 파멸을 가져왔다.

둘째, 아하스 시대(주전 743~715년)다. 이때도 에돔은 유다를 공격했고 역시 블레셋의 침공도 받았다.

셋째, 주전 586년 느부갓네살에 의해 예루살렘이 함락된 시기다. 이때 에돔은 유다를 직접 공격하지는 않았지만 바벨론에 의해 유다가 파멸하는 것을 기뻐했다(시 137:7).

이 세 시기 가운데 오바댜서의 배경으로 가장 적합한 때는 첫 번째 여호람 시대로 추정된다. 여호람은 자신의 왕위를 보호하기 위해 형제들을 모두 죽였는데, 그는 남북 왕조에서 이처럼 무서운 범죄를 저지른 유일한 왕이었다. 그리고 아내인 아달랴를 통해 바알 숭배가 퍼지면서 유다 왕국은 배교의 시대로 접어들고 있었다.

하나님은 여호람을 징계하시기 위해 복을 거두어 가시고 주위의 대적들이 유다 왕국을 침략하도록 하셨다. 에돔은 여호사밧 때 유다의 속국이 되었는데, 여호람 때는 반역하여 독립국가가 되었다. 이외에도 아라비아인들과 블레셋인들이 침략했고 이들 동맹군은 왕궁까지 쳐들어와서 재물을 빼앗고 여호람의 아내와 아하시야를 제외한 모든 아들을 포로로 잡아갔다. 오바댜는 아라비아와 블레셋인들에 의해 자행된 파멸 직후에 자신의 선지서를 기록한 것으로 보인다.

오바댜서의 주제는 하나님께서 에돔 땅에 내릴 징벌인데, 이 징벌의 이유는 하나님의 선민이요 그의 형제인 야곱을 침략했기 때문이라고 명백하게 밝히고 있다. 하나님은 자신의 백성이 공격받음으로 인해 손상된 명예를 회복시키실 것이다.

Ⅰ. 에돔의 파멸이 예언됨(1-9절)

Ⅱ. 에돔이 멸망당하게 되는 이유(10-14절)

Ⅲ. 여호와의 날(15-21절)

아하시야 주전 841년, 왕하 8:25-29; 9:27-29; 대하 22:1-9

여호람이 죽고 블레셋과 아라비아 전투에서 살아남은 아하시야가 즉위했다. 아하시야의 통치도 여호와 앞에 악한 것이었는데, 이는 어머니 아달랴의 영향 탓일 것이다. 아하시야는 길르앗 라못 전투에 북왕국 여호람과 함께 참전했는데 이 전투에서 여호람이 부상을 당해 이스르엘 별궁에서 요양을 했다. 아하시야는 전장을 떠나 이스르엘 별궁으로 여호람의 병문안을 갔는데, 이때 예후의 반역으로 인해 여호람과 함께 죽는다.

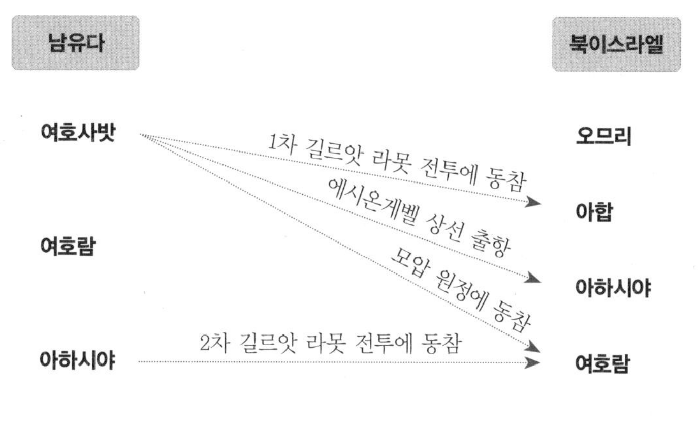

• 남북화해 시대에 남유다와 북이스라엘이 수행한 공동 작전들

주변 국가들의 위협

아합과 아람 간의 전쟁 왕상 20장

오므리 왕조의 대외 정책은 아람 다메섹과는 적대관계를 유지하고 페니키아, 남유다와는 결혼으로 동맹을 맺는 것이었다. 아람 다메섹은 오므리 왕조가 통치하는 이스라엘에게는 주적(主敵)이었는데, '주적'이란 말이 무색하지 않을 만큼 수많은 전투가 두 국가 간에 치러졌다. 아합은 아람과 세 차례 전투를 치렀는데 이 전투가 모두 성경에 기록되어 있다.

첫 번째 전투는 수도인 사마리아에서 일어났다. 아람의 32개 도시국가 왕들은 다메섹 왕 벤하닷을 총사령관으로 해서 북이스라엘의 수도인 사마리아를 포위하며 공성했다. 갑작스런 아람의 공세와 엄청난 수적 우세에도 북이스라엘 장로들은 아합 왕을 권면하고 일전을 각오했다.

"왕은 듣지도 말고 허락하지도 마옵소서"(왕상 20:8).

이에 아합도 굳은 결의를 가지고 화답했다.

"이스라엘 왕이 대답하여 이르되 갑옷 입는 자가 갑옷 벗는 자같이 자랑하지 못할 것이라 하라 하니라"(왕상 20:11).

이때 무명의 선지자가 아합 왕을 권면하며 이 전투에서 여호와께서 친히 싸우실 것을 선포한다.

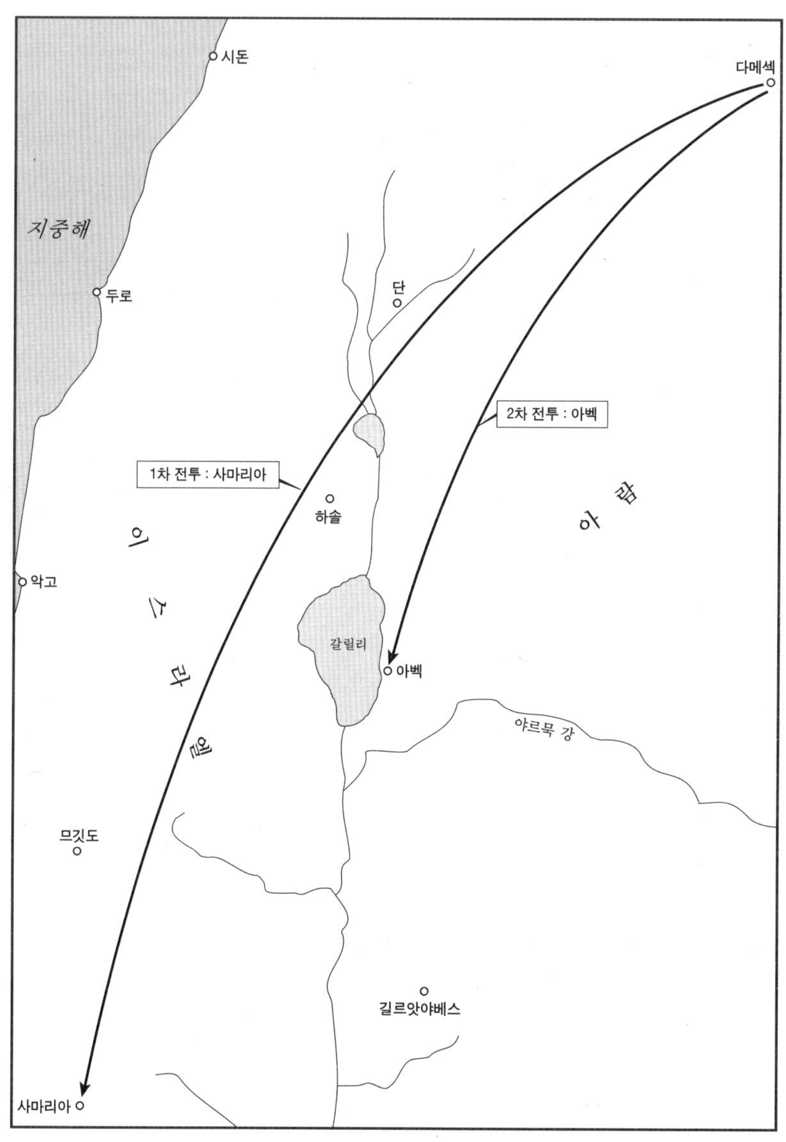
시돈
다메섹
지중해
두로
단
2차 전투 : 아벡
1차 전투 : 사마리아
하솔
아람
이스라엘
악고
갈릴리
아벡
야르묵 강
므깃도
길르앗야베스
사마리아

• 아합과 아람의 전쟁

"네가 이 큰 무리를 보느냐 내가 오늘 그들을 네 손에 넘기리니 너는 내가 여호와인 줄을 알리라"(왕상 20:13).

하나님은 아합에게 작전 명령도 하달해 주셨는데, 각 지역에서 날랜 소년 232명과 군사 7,000명을 소집해 아람의 진지를 기습 공격하라는 것이었다. 벤하닷과 32명의 아람 왕들은 잔치를 벌이고 대취해 있다가 기습 공격을 받았고 결국 첫 번째 전투는 북이스라엘의 대승으로 끝났다.

두 번째 전투는 갈릴리 지역에 있는 아벡에서 치러졌다. 벤하닷은 이스라엘의 신은 산의 신이어서 졌지만 평지에서 싸우면 자신들이 강할 것이라 여기고 2차 침공을 감행했다. 하지만 아벡 전투에서 벤하닷 자신이 생포되는 치욕적인 패배를 맛보게 된다. 아합은 벤하닷을 죽여야 했지만 벤하닷과 약조를 맺고 그를 풀어 준다. 벤하닷은 아람이 빼앗은 이스라엘의 성읍을 돌려주고 자신의 부친이 사마리아에 그랬던 것처럼 다메섹에 아합의 이름을 딴 시장을 만들겠다고 약속했다. 하지만 하나님은 선지자를 보내 이 조약을 기뻐하지 않음을 말씀하셨다.

"내가 멸하기로 작정한 사람을 네 손으로 놓았은즉 네 목숨은 그의 목숨을 대신하고 네 백성은 그의 백성을 대신하리라 하셨나이다" (왕상 20:42).

카르카르 전투

아람과 아합이 치른 세 번째 전투는 길르앗 라못에서 치러졌는데, 이

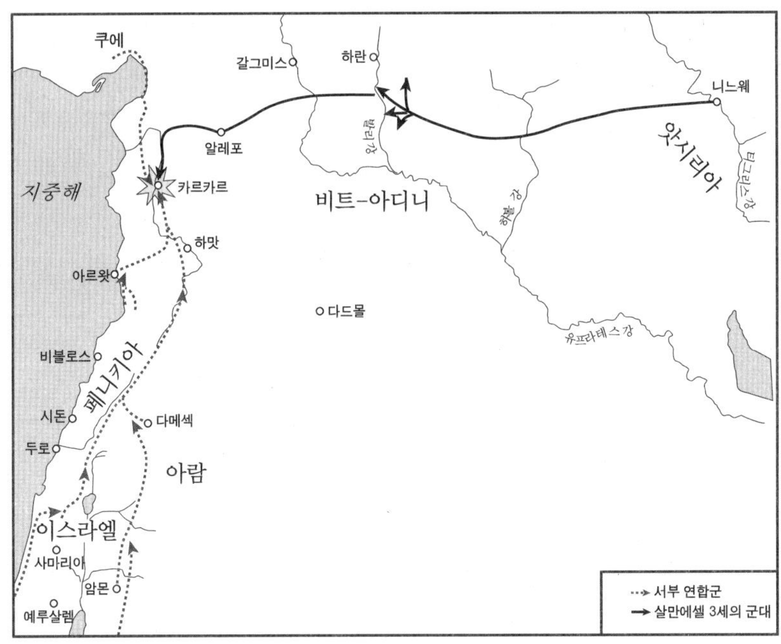

• 카르카르 전투

전투 전에 성경에는 나오지 않지만 고대 근동 문헌에 기록된 유명한 전투가 있다. 바로 주전 853년에 일어난 카르카르 전투다. 카르카르 전투는 앗시리아의 살만에셀 3세(주전 859~824년)가 본격적인 서부 원정을 감행하자 지중해변에 위치한 국가들이 서부 연합군을 조직해 살만에셀 3세를 막아낸 전투였다. 이 전투는 오론테스 강 유역에 있는 카르카르에서 치러졌는데, 서부 연합군에는 하맛, 아람, 북이스라엘이 주도적인 국가로 참전했다. 이들이 파견한 군대는 각각 다음과 같았다.

- 아람 왕 벤하닷: 병거 1,200승, 보병 20만 명
- 하맛 왕 이르훌레니: 병거 700승, 보병 1만 명

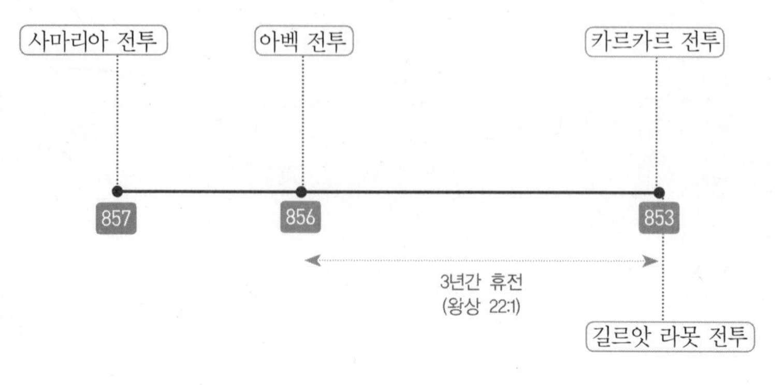

• 북이스라엘 왕 아합: 병거 2,000승, 보병 1만 명

카르카르 전투는 양쪽이 승부를 결정짓지 못하고 끝났지만 서부 연합군 쪽에서 보면 힘을 합쳐 강력한 앗시리아의 진군을 막아 낸 쾌거였다고 할 수 있다. 이 서부 연합군에서 주도적으로 한 축을 감당한 아합의 군대는 결코 그 수에서 모자라지 않았다. 이를 볼 때 성경에는 부정적인 묘사가 태반인 아합 왕이 실제 근동의 역사에서는 상당히 강력한 군주였음을 알 수 있다.

길르앗 라못 전투 왕상 22:1-40; 대하 18:1-34

아합과 아람 사이에 벌어진 세 번째 전투는 길르앗 라못에서 치러졌다. 세 번째 전투를 다룬 왕상 22장은 이렇게 시작하고 있다.

"아람과 이스라엘 사이에 전쟁이 없이 삼 년을 지냈더라"(왕상 22:1).

이 표현은 아람과 아합이 당시 공동의 적으로 부상한 앗시리아의 살만에셀 3세를 막기 위해 양국 간의 군사적 충돌을 최대한 미룰 수밖에 없었던 상황을 암시한다. 하지만 아합과 아람의 3차 전투는 길르앗 라못에서 치러졌는데 이것은 카르카르 전투 이후 앗시리아의 세력이 눈에 띄게 약화된 탓이었다.

아합은 벤하닷이 지난 아벡 전투에서 포로로 잡혔다가 풀려나면서 한 약조를 하나도 지키지 않은 것을 빌미로 전쟁을 벌였다. 길르앗 라못은 원래 벤하닷이 아합에게 돌려주기로 약속된 도시였다. 아합은 이 전투에 남유다 여호사밧 왕이 함께 출정해 줄 것을 요청했고 여호사밧은 아합의 요청에 순순히 응했다. 전투에 참전하기에 앞서 여호사밧은 전쟁의 승패에 대해 여호와께 묻자고 아합 왕에게 제안했다. 이 제안이 받아들여져 수도인 사마리아 성문 광장에는 시드기야를 중심으로 한 400명의 선지자들이 모여 이구동성으로 전투에서의 승리를 예언했다.

"올라가소서 주께서 그 성읍을 왕의 손에 넘기시리이다"(왕상 22:6).

하지만 하나님의 영에 민감한 여호사밧은 이들이 마치 '짜고 치는 고스톱처럼' 한 목소리로 말하는 것에 석연찮음을 느끼고 다른 선지자를 찾았다. 결국 미가야 선지자가 불려 오고 그는 시드기야를 중심으로 400명의 선지자들이 거짓을 말하고 있음을 빗대어 이렇게 말했다.

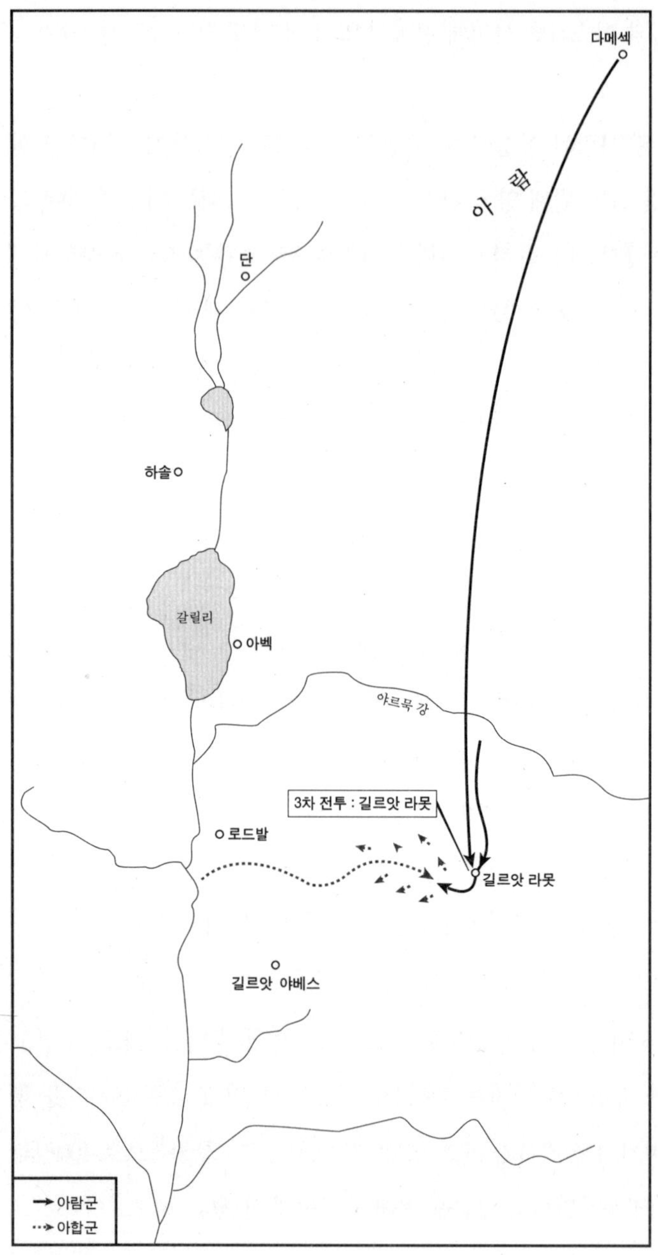

• 길르앗 라못 전투

"여호와께서 그에게 이르시되 어떻게 하겠느냐 이르되 내가 나가서 거짓말하는 영이 되어 그의 모든 선지자들의 입에 있겠나이다 여호와께서 이르시되 너는 꾀겠고 또 이루리라 나가서 그리하라 하셨은즉 이제 여호와께서 거짓말하는 영을 왕의 이 모든 선지자의 입에 넣으셨고 또 여호와께서 왕에 대하여 화를 말씀하셨나이다"(왕상 22:22-23).

이에 거짓 선지자의 우두머리인 시드기야는 얼굴이 빨개져서 미가야의 빰을 때리며 말했다.

"여호와의 영이 나를 떠나 어디로 가서 네게 말씀하시더냐"(왕상 22:24).

아합은 미가야 선지자를 감옥에 가두고 자신이 평안히 돌아올 때까지 그 안에서 고생의 떡과 물을 먹도록 했다. 하지만 미가야 선지자도 물러서지 않고 출정하는 아합의 뒤통수에 대고 이렇게 응수했다.

"왕이 참으로 평안히 돌아오시게 될진대 여호와께서 나를 통하여 말씀하지 아니하셨으리이다"(왕상 22:28).

아합은 무려 400명의 선지자들로부터 전쟁 승리에 대한 낙관적인 예언을 들었음에도 미가야 한 사람의 불길한 예언이 영 신경에 거슬렸다. 결국 아합은 여호사밧과 갑옷을 바꿔 입고 전쟁터로 향하는데, 이로 인해 여호사밧은 적군들에게 아합 왕으로 오인되어 죽을 뻔했다.

여호사밧은 미가야 선지자의 예언을 듣고도 출정을 감행했고 아합과 갑옷을 바꿔 입기까지 하며 어리석음의 극치를 보여 주었다. 하지만 미가야 선지자의 예언대로 아합 왕은 변장을 하고 출정했음에도 적군이 쏜 화살에 맞아 전사하게 된다. 인류가 치른 전쟁사에서 최초로 화살에 인공지능 센서가 달려서(?) 목표물을 정확히 맞춘 특이한 사건이었다.

모압 왕 메사의 반란과 이스라엘의 출정 왕하 3:4-27

모압 왕 메사는 매년 십만 새끼 양과 십만 수양의 털을 북이스라엘에 조공으로 바치다가 아합 왕이 길르앗 라못 전투에서 전사하자 곧 배반하고 조공을 거부했다. 아합의 둘째 아들 여호람은 왕이 된 후 모압의 반란에 대해 응징했는데 남유다의 여호사밧 왕은 이 전투에도 참전하면서 다시 한 번 '호구' 짓을 한다.

• 메사의 석비

이전에 아합 왕과 갑옷을 바꿔 입고 출정했다가 간신히 죽을 고비를 넘긴 여호사밧은 이번에도 어이없는 짓을 했는데 그것은 남유다의

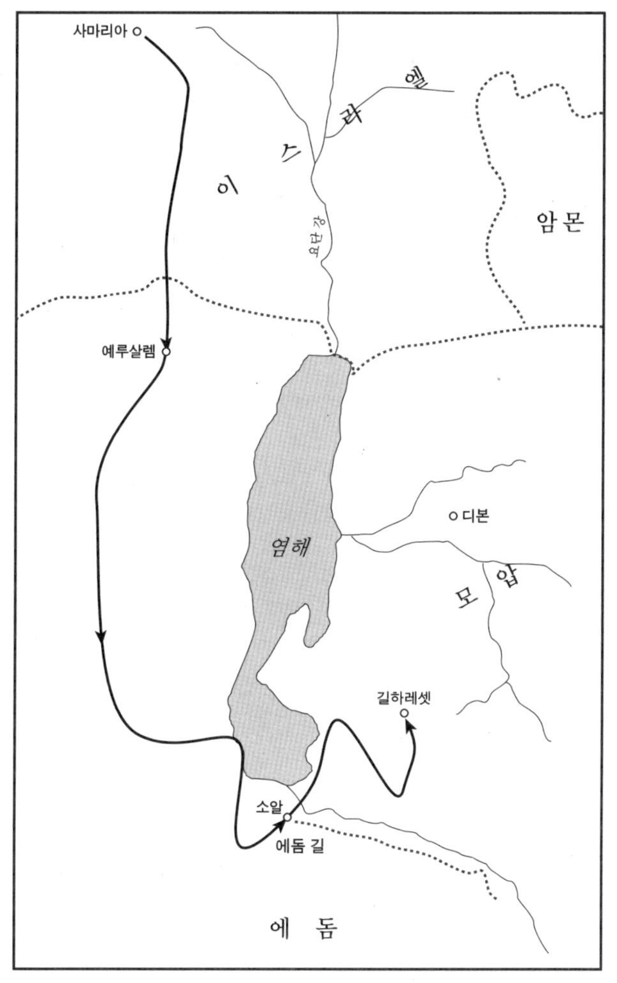

• 모압을 공격하는 이스라엘 연합군

영토를 통과해 모압 땅으로 가도록 허락해 준 것이다. 북이스라엘이 모압의 북서쪽에 위치하므로 모압 왕 메사는 분명히 북쪽에서 공격해 올 것으로 예상했고, 여호람은 메사의 허를 찌르기 위해 남유다 영토를 통과해 남쪽 통로를 통해 메사를 기습하려 한 것이다.

이 전투에서 여호람-여호사밧 연합군은 모압을 공격하러 가는 도중에 광야 길을 지나야 했는데 물이 없어 죽을 고비에 처했다. 하지만 선지자 엘리사의 개입으로 간신히 물을 얻고 행군을 계속할 수 있었다. 엘리사는 선한 왕 여호사밧이 이 전투에 참전한 탓에 마지못해 연합군을 도운 것이다. 여호람-여호사밧 연합군의 예기치 않은 기습에 메사는 당황했지만 자신의 장자를 잃음으로써 간신히 적군을 쫓아낼 수 있었다.

장자의 희생과 적군의 퇴진이 어떤 상관 관계를 갖는지는 정확히 알 수 없지만, 그 당시 이스라엘의 지배로부터 벗어났다고 자랑하는 메사의 석비 내용은 성경의 내용을 뒷받침해 주고 있다. 성경과 관련된 중요한 고고학적 유물인 모압 왕 메사의 석비는 1898년 독일 선교사에 의해 당시 모압의 수도였던 디본에서 발견되었다. 이 석비에는 메사의 부친이 왕으로 있을 때 이스라엘의 왕 오므리가 모압을 정복했고 자신이 그 속박에서 모압을 구해 냈다고 자랑하고 있다.

모압 동맹군의 유다 침공 대하 20:1-30

여호사밧 때 요단 동편의 모압, 암몬, 마온(아마도 에돔) 연합군이 염해를 건너 남유다의 여호사밧을 공격해 왔다. 이 전투는 아마도 북이스라엘의 모압 정벌에 함께 나선 여호사밧에 대한 응징의 성격으로 모압의 주도하에 이루어진 듯하다.

모압은 북이스라엘에게 조공을 바치다가 배반했는데, 북이스라엘이 이를 응징하러 출정할 때 남유다가 함께한 것을 괘씸하게 여겼을 것이다. 우리말에도 "혼내는 시어미보다 말리는 시누이가 더 얄밉다"는 말이 있는

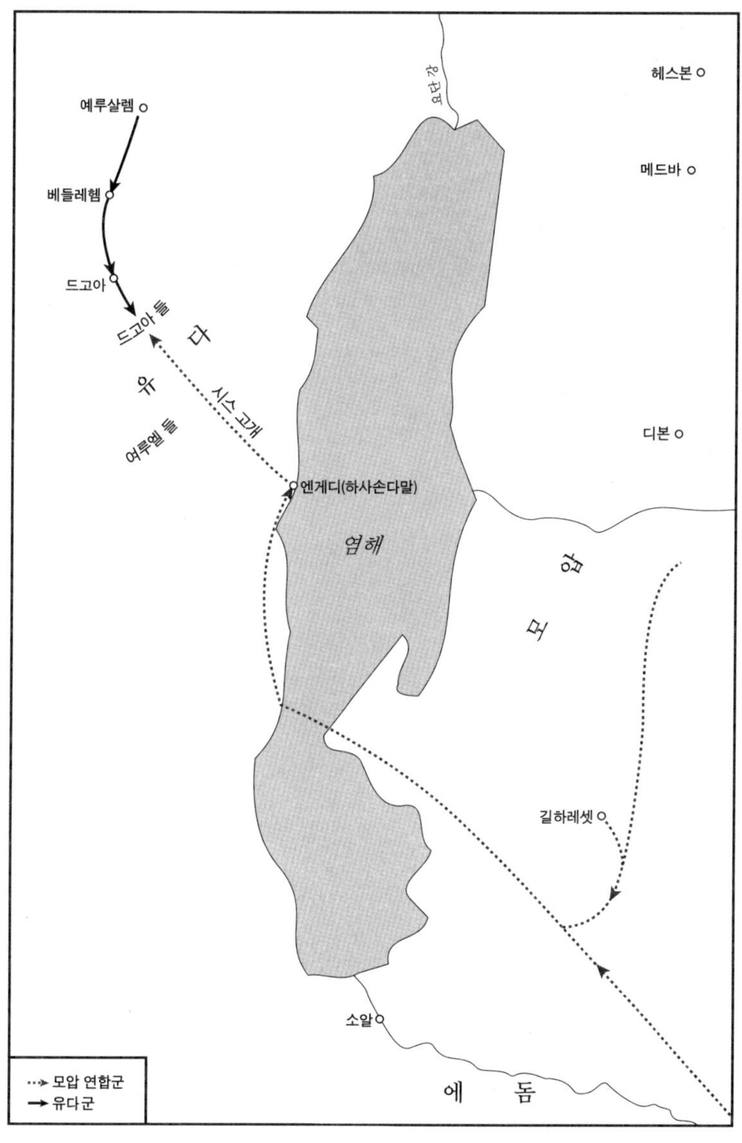

• 유다를 침공하는 모압 연합군

데, 당시의 상황이 그랬던 것 같다. 모압 연합군은 염해를 건너 곧바로 하사손다말(엔게디)로 왔는데 여기서 시스 고개를 넘으면 곧바로 드고아를 거쳐 수도 예루살렘에 이르게 된다. 여기서 놀라운 것은 북이스라엘의 여호람이 여호사밧을 도우러 왔다는 기록이 없다는 것이다.

여호사밧은 오므리 왕조의 왕들과의 동맹 관계를 지키기 위해 두 번이나 출정했는데, 여호람은 위기에 처한 여호사밧을 도우러 오지 않은 것이다. 여호사밧은 엄청난 대군 앞에서 자칫 수도가 함락될 수도 있는 위기에도 전혀 위축되지 않고 믿음으로 대처했다. 그는 금식을 선포하고 기도하면서 백성을 성전 새 뜰에 모아 놓고 부르짖었다.

> "우리 하나님이여 그들을 징벌하지 아니하시나이까 우리를 치러 오는 이 큰 무리를 우리가 대적할 능력이 없고 어떻게 할 줄도 알지 못하옵고 오직 주만 바라보나이다"(대하 20:12).

기도가 끝나자 하나님의 영이 레위인 야하시엘에게 임하고 놀라운 예언이 선포된다.

> "여호와께서 이같이 너희에게 말씀하시기를 너희는 이 큰 무리로 말미암아 두려워하거나 놀라지 말라 이 전쟁은 너희에게 속한 것이 아니요 하나님께 속한 것이니라 내일 너희는 그들에게로 내려가라 그들이 시스 고개로 올라올 때에 너희가 골짜기 어귀 여루엘 들 앞에서 그들을 만나려니와"(대하 20:15-16).

여호사밧은 이 예언을 듣고 레위인 찬양대 중에서 사람들을 선발해 예복을 입히고 전쟁터로 보냈다. 군사를 보내도 모자랄 판에 비전투병인 레위인 찬양대를 전쟁터에 보낸 것은 실로 영적 전쟁의 원리와 핵심을 깨달은 여호사밧의 믿음이 돋보이는 부분이다. 적들을 대면한 레위인 찬양대는 곧 하나님을 찬양하기 시작했는데 그 찬양의 내용은 이러했다.

"여호와께 감사하세 그의 인자하심이 영원하도다"(대하 20:21).

그런데 찬양과 함께 놀라운 기적이 일어났다. 암몬과 모압 군대가 세일 산 거민(아마도 에돔 군대)을 쳐서 진멸하더니 후에는 자기들끼리 싸우기 시작한 것이다. 유다 사람들은 이 광경을 망대 위에서 지켜보았는데 종국에는 한 사람도 남지 않고 시체들만 즐비했다. 여호사밧과 백성은 적진에 들어가 무려 사흘 동안 취할 정도로 엄청난 전리품을 거두었다. 이들은 브라가 골짜기에 이르러 승리를 주신 여호와 하나님을 송축한 후 예루살렘으로 돌아왔다.

엘리야의 사역 왕상 17-21장; 왕하 1:1-2:11

선지자 엘리야의 사역은 오므리 왕조의 통치기와 상당 부분 일치하는데 그의 사역을 연대기순으로 정리하면 다음과 같다.

그릿 시냇가: 길르앗 지방의 디셉 출신인 엘리야는 아합 왕 통치기에 3년간 이스라엘 땅에 기근이 임할 것을 선포하고 그릿 시냇가로 사라진다. 그곳에서 엘리야는 숨어서 까마귀가 물어다 주는 빵과 고기를 먹는다.

시돈 땅 사르밧: 시냇물이 말라 더 이상 그곳에서 살기 어려워지자 엘리야는 시돈 땅의 사르밧 과부에게로 향한다. 엘리야는 사르밧 과부에게 빵과 물을 달라고 요청하지만 이 과부 역시 굉장한 극빈자였다. 과부는 마지막 남은 밀가루 한 줌과 약간의 기름으로 아들과 함께 빵을 구워 먹고 죽으려 했다며 자신의 처지를 하소연한다.

엘리야는 이스라엘에 다시 비가 내릴 때까지 사르밧 과부의 집에서 밀가루와 기름이 떨어지지 않는 기적을 베푼다. 그리고 사르밧 과부의 죽은 아들을 다시 살려 내는 기적을 행한다.

갈멜 산: 기근이 심해지자 아합 왕은 자신의 경호대장인 오바댜와 함께 물을 찾으러 다닌다. 오바댜는 하나님을 경외하는 자로서 예언자 100명을 몰래 동굴에 숨겨 그들에게 빵과 물을 주던 사람이다. 엘리야는 오바댜를 만나 갈멜 산에서 바알과 아세라 선지자와 함께 참 신을 가리자는 결투를 제안한다. 불로써 응답하는 신으로 참 신을 가리는 결투에서 하나님은 자신이 능력의 여호와이심을 극적으로 드러내신다.

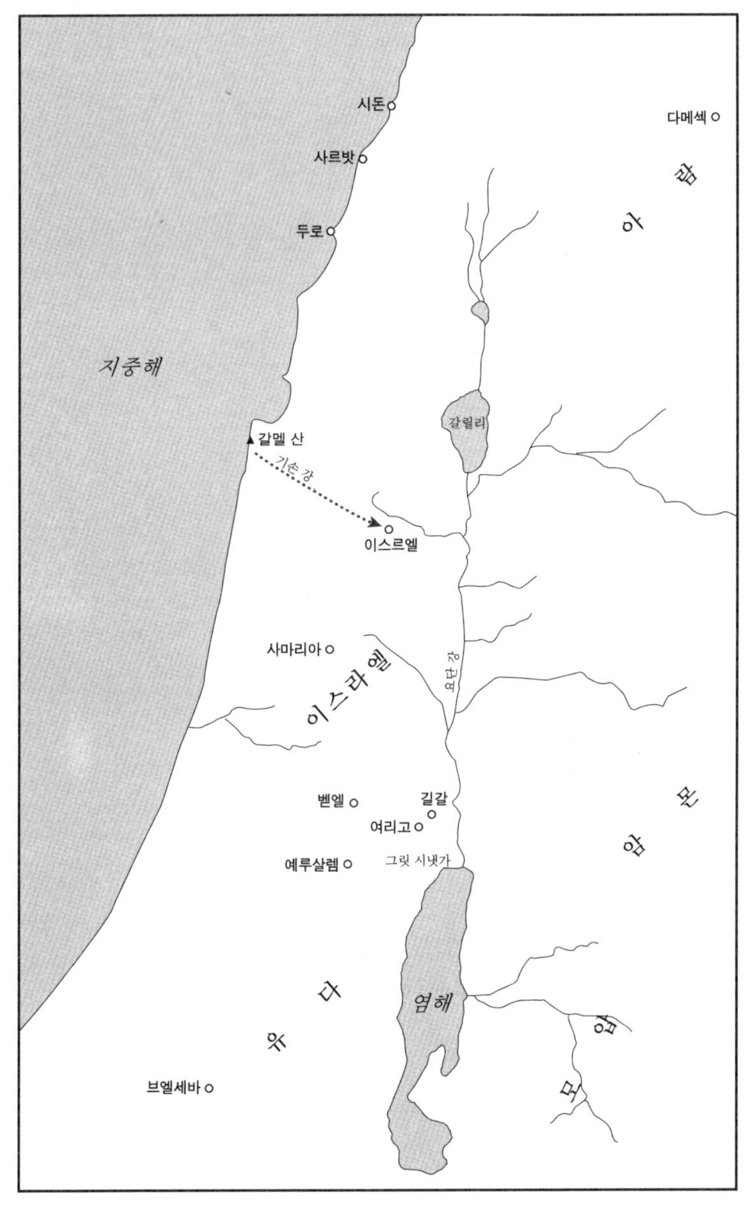
시돈
다메섹
사르밧
아람
두로
지중해
갈릴리
갈멜 산
기손 강
이스르엘
사마리아
이스라엘
요단 강
벧엘
길갈
여리고
암몬
예루살렘
그릿 시냇가
유다
염해
모압
브엘세바

• 엘리야의 사역지들

바알과 여호와 사이에서 머뭇거리던 이스라엘 백성은 여호와의 불이 제단에 떨어지자 기손 시내에서 바알 선지자들을 모두 죽인다. 엘리야는 갈멜 산 전투에서 승리한 후 이스라엘 땅에 기근이 멈추고 비가 올 것을 선포했고 그 선포대로 비가 내린다.

브엘세바: 이세벨은 바알 선지자를 죽게 한 엘리야를 죽이기 위해 혈안이 된다. 엘리야는 이런 이세벨을 피해 브엘세바로 도망가고 엘리야는 그곳에 자신의 사환을 두고 혼자서 광야 길로 들어가 죽기로 결심한다. 로뎀나무 밑에서 죽기를 간구하는 엘리야를 하나님은 고요하고 세미한 음성으로 치유하시고 하사엘, 예후, 엘리사에게 기름을 붓도록 방향을 주신다.

이스르엘 별궁: 이스르엘 평야에 있는 아합 왕의 별궁 근처에는 나봇의 포도원이 있었는데, 이세벨은 건달 두 명을 고용해 거짓 증언을 하게 함으로써 나봇을 죽이고 그 포도원을 아합 왕에게 준다. 이 일로 엘리야는 "개들이 나봇의 피를 핥은 곳에서 개들이 네 피 곧 네 몸의 피도 핥으리라"(왕상 21:19)고 예언한다.

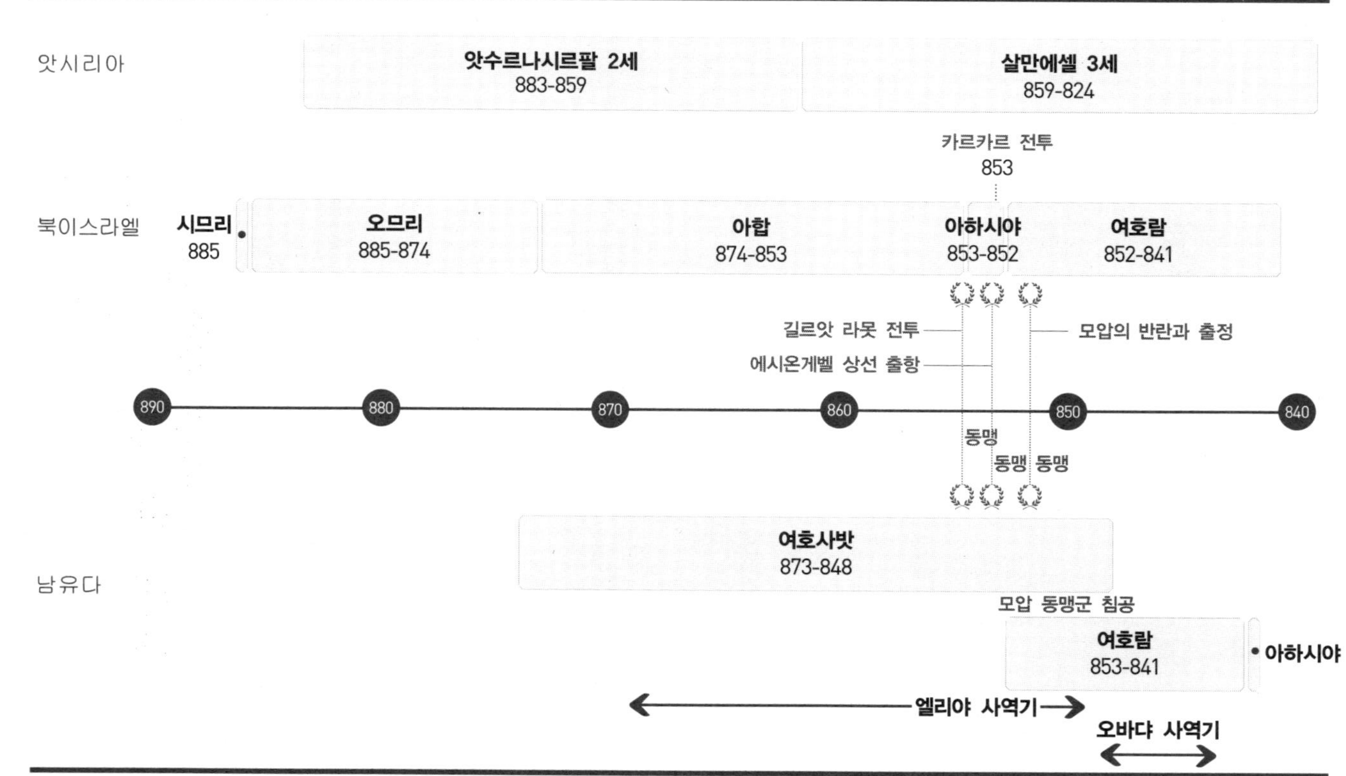
앗시리아
앗수르나시르팔 2세
883-859
살만에셀 3세
859-824
카르카르 전투
853
북이스라엘
시므리
885
오므리
885-874
아합
874-853
아하시야
853-852
여호람
852-841
길르앗 라못 전투
에시온게벨 상선 출항
모압의 반란과 출정
890
880
870
860
850
840
동맹
동맹 동맹
남유다
여호사밧
873-848
모압 동맹군 침공
여호람
853-841
아하시야
엘리야 사역기
오바댜 사역기

단원 평가 문제

01. 다음 중 신앗시리아 시대의 특징인 공포 정치를 창안한 인물은?
   (1) 앗수르나시르팔 2세
   (2) 살만에셀 3세
   (3) 디글랏빌레셀 3세
   (4) 아닷니라리 3세

02. 다음 중 앗시리아의 서부 원정 당시 아합 왕이 이끄는 서부 연합군의 저지를 받은 앗시리아의 왕은?
   (1) 앗수르나시르팔 2세
   (2) 살만에셀 3세
   (3) 디글랏빌레셀 3세
   (4) 아닷니라리 3세

03. 다음 중 북왕국의 시므리 왕이 통치한 기간은?
   (1) 3일 (2) 7일
   (3) 한 달 (4) 1년

04. 다음 중 여호사밧 왕의 모압 원정은 누구를 돕기 위해 이루어진 것인가?
   (1) 여호람 (2) 아합
   (3) 오므리 (4) 아하시야

05. 다음 중 여호사밧 왕의 길르앗 라못 원정은 누구를 돕기 위해 이루어진 것인가?
   (1) 여호람 (2) 아합
   (3) 오므리 (4) 아하시야

06. 다음 중 길르앗 라못에서 죽은 북이스라엘의 왕은?
   (1) 오므리 (2) 여호람
   (3) 아합 (4) 아하시야

07. 다음 중 아합 왕과 싸운 아람의 왕은?
   (1) 아기스 (2) 야빈
   (3) 하사엘 (4) 벤하닷

08. 다음 중 시므리 왕이 죽은 곳은?
   (1) 디르사 (2) 사마리아
   (3) 세겜 (4) 길르앗 라못

09. 다음 중 오므리 왕조는 몇 대에 걸쳐 통치를 했을까?
   (1) 2대 (2) 3대
   (3) 4대 (4) 5대

정답

01. 1, 02. 2, 03. 2, 04. 1, 05. 2, 06. 3, 07. 4, 08. 1, 09. 2(아하시야와 여호람은

10. 다음 중 모압-암몬-마온 연합군이 침공해 올 때 레위인 찬양대를 전쟁터에 보낸 왕은?
(1) 여호사밧 (2) 아사
(3) 아합 (4) 오므리

11. 다음 중 남유다의 여호람 왕과 아달랴 사이에서 태어나 왕이 된 인물은?
(1) 아사 (2) 여호사밧
(3) 아하시야 (4) 시므리

12. 다음 중 병의 회복 여부를 묻기 위해 에그론의 신 바알세붑에게 사람을 보냈다가 엘리야 선지자로부터 책망을 들은 북이스라엘의 왕은?
(1) 아합 (2) 여호람
(3) 오므리 (4) 아하시야

13. 다음 중 이스르엘 별궁에서 죽은 북이스라엘의 왕은?
(1) 여호람 (2) 아합
(3) 오므리 (4) 아하시야

14. 다음 중 아람-북이스라엘 전투에서 아합이 아람 왕 벤하닷을 생포한 전투는?
(1) 사마리아 전투
(2) 아벡 전투
(3) 길르앗 라못 전투
(4) 므깃도 전투

15. 다음 중 모압 왕 메사의 석비가 발견된 곳으로 모압 왕국의 수도가 있던 곳은?
(1) 미스베 (2) 길르앗 라못
(3) 길르앗 야베스 (4) 디본

형제이므로 오므리 왕조는 3대에 걸쳐 4명이 통치한 것임) 10. 1, 11. 3, 12. 4, 13. 1, 14. 2, 15. 4

Part 15

분열왕국 시대 3기: 남북단절 시대

주전 841~753년

남북화해 시대는 오므리 왕조의 바알 숭배를 척결하기 위해 하나님으로부터 세움받은 예후의 쿠데타로 종말을 고하게 된다. 예후의 쿠데타는 단순히 북이스라엘의 왕조 교체를 넘어 주변 국가와의 외교 관계와 국제 질서에 커다란 변화와 긴장을 초래했다.

다윗 때부터 페니키아와 우호관계를 유지해 오던 이스라엘은 예후의 쿠데타로 인해 페니키아와의 오랜 동맹 관계가 단절되었다. 예후가 페니키아의 공주인 이세벨을 죽였기 때문이다. 또한 북이스라엘과 남유다의 평화무드와 밀월관계도 파탄에 이르렀다. 예후가 아합의 아들들을 모두 죽였는데, 이 당시에 남유다에서도 아달랴의 쿠데타가 일어났고 아달랴 입장에서는 북쪽에 들어선 예후 왕조가 그녀의 친정을 몰살시킨 철천지원수가 되기 때문이다.

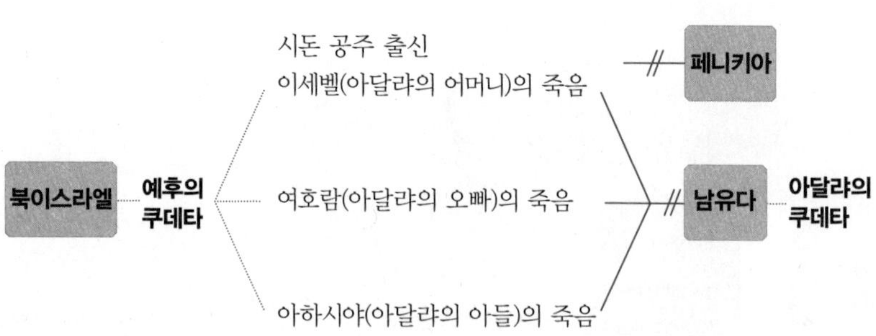

• 남북단절 시대의 외교관계 단절 상황

이로써 남북의 왕조는 더 이상 대화조차 할 수 없는 남북단절 시대로 접어든다. 페니키아, 북이스라엘, 남유다의 관계 단절로 특징지어지는 이 시기에는 본격적으로 아람 다메섹이 강국으로 등장하며 세력을 떨쳤다. 또한 멀리 앗시리아가 제국 시대로 향하는 용트림을 하고 있었다. 이처럼 이 시기 근동의 정세는 가장 변화무쌍하게 돌아갔다고 할 수 있다. 남북단절 시대에 근동 국가들과 이스라엘 남북 왕조의 상황은 다음과 같이 전개된다.

▌메소포타미아: 우라르투 왕국의 위협

앗시리아: 80년간 이어진 쇠퇴기

살만에셀 3세가 죽으면서 앗시리아는 80년간의 쇠퇴기로 접어든다. 이 시기에 잠시 아닷니라리 3세가 등장해 이전의 명성을 회복하는 듯 보였지만 그마저 죽으면서 앗시리아는 신앗시리아가 낳은 가장 위대한 왕인 디글랏빌레셀 3세(주전 745~727년)가 등장할 때까지 기나긴 쇠퇴기가 이어진다. 이 시기에 앗시리아가 갑자기 쇠퇴기로 들어간 이유는 크게 세 가지로 분석된다.

첫째, 북쪽에서 발흥한 우라르투 왕국의 침략
둘째, 잦은 내분과 반란
셋째, 중앙정부의 권력 약화

1. **위대한 부흥기**(신앗시리아 시대 제1기)

앗수르나시르팔 2세(주전 883~859년)
살만에셀 3세(주전 859~824년)

남북화해 시대

2. **쇠퇴기**

삼시아닷 5세(주전 823~811년)
아닷니라리 3세(주전 810~783년)
살만에셀 4세(주전 782~772년)
앗수르단 3세(주전 771~754년)
앗수르니라리 5세(주전 753~746년)

남북단절 시대

3. **위대한 팽창기**(신앗시리아 시대 제2기)

디글랏빌레셀 3세(주전 745~727년)
살만에셀 5세(주전 727~722년)
사르곤 2세(주전 722~705년)
산헤립(주전 705~681년)
에살핫돈(주전 681~669년)
앗수르바니팔 2세(주전 669~627년)

살만에셀 3세 주전 859~824년 후반기: 살만에셀 앞에 굴복한 북이스라엘의 왕 예후

살만에셀 3세는 카르카르 전투에서의 좌절을 최종적인 것으로 받아들이지 않았기 때문에 이후에도 여러 차례 다메섹과 하맛이 주도한 아람 연합군을 향해 군사 작전을 감행했다. 이중 가장 중요한 전투가 주전 841년에 있었다. 사나운 기세로 서진을 계속한 살만에셀 3세는 아람의 군대를 격파하고 수도인 다메섹을 포위한 뒤 주변의 전원과 숲들을 황폐하게 만들었다. 그러나 살만에셀 3세는 다메섹을 지키던 하사엘의 최종 항복을 받지 못하자 남쪽으로 내려가 페니키아 해변의 두로, 시돈, 그리고 북이스라엘의 왕 예후로부터 공물을 받았다.

하지만 앗시리아는 그대로 눌러앉으려고 온 게 아니기 때문에 곧 군대를 철수했고, 그 후로 주전 837년에 있었던 한 차례의 하찮은 침공을 제외하면 한 세대 동안 서부 지방을 괴롭히지 않았다. 그 이유는 이 시기의 앗시리아 문헌에 처음으로 등장한 북방의 강자 우라르투 왕국의 발흥 때문이었다.

살만에셀 3세는 주전 832년부터 827년까지 우라르투 왕국을 다섯 차례 공격했는데, 한번은 이들의 본거지인 자그로스 산맥 깊숙이까지 들어갔다가 그곳에 사는 다른 산지 족속인 메대인들과 운명적인 접촉을 갖게 된다. 이때 뜻하지 않게 조우한 메대인들은 훗날 바벨론과 연합해 앗시리아를 무너뜨리는 주적이 된다. 살만에셀 3세는 말년에 아들들 중 하나가 일으킨 반란을 수습하느라 여념이 없었는데, 이 반란은 그가 죽고 아들 삼시아닷 5세가 바벨론의 도움으로 왕위에 오른 후에도 3년 동안 계속됐다.

삼시아닷 5세 주전 823~811년

앗시리아는 매우 중앙집권적인 국가 구조를 가졌기 때문에 살만에셀 3세 말기의 반란은 전체 국가 시스템에 재앙적인 영향을 끼쳤다. 삼시아닷 5세는 13년 동안 통치하면서 자신을 승리의 전사로 묘사했지만 그의 통치기에는 시리아 지역에 대한 지배권을 잃었고 그곳의 국가들은 더 이상 조공을 바치지 않았다. 또한 바벨론의 도움으로 왕위에 오른 탓에 초기에는 바벨론이 강요한 불리한 조약에 사인해야 했다. 물론 통치 말에는 바벨론을 침공해 상황을 역전시키긴 했지만 말이다.

왕위에 오르자마자 그는 반란을 수습해야 했고 북쪽에서 난동하는 우라르투 왕국의 침입을 막아 내느라 고군분투했다. 그의 통치기에는 내부에서도 왕권이 약해지기 시작했다. 앗시리아 내의 지방 총독들과 관리들이 거의 독립군주를 자처했기 때문이다. 특히 왕궁 내에서 권력 투쟁도 잦았는데, 여기서 우리는 삼시아닷 5세의 아내인 삼무라맛 여왕의 중요성을 알아야 한다. 그녀의 존재감은 아들 아닷니라리 3세의 통치기에 나타났다.

아닷니라리 3세 주전 810~783년:
아람의 속박에서 이스라엘을 구한 구원자

삼시아닷 5세가 죽었을 때 그의 합법적인 상속자인 아닷니라리 3세는 당시 미성년자였기 때문에 대비인 삼무라맛이 4년 동안 섭정을 했다. 삼무라맛 여왕은 아들의 재위 기간 내내 매우 큰 영향력을 발휘했고, 앗시리아 공식 문서에는 왕과 그의 어머니가 동시에 언급될 정도였다.

성인이 된 아닷니라리 3세는 할아버지인 살만에셀 3세의 침략 정책을 재개해 서부 원정을 감행했다. 주전 802년의 군사 작전을 통해 아람 다메섹은 철저히 분쇄되어 그 세력이 꺾였고 하사엘의 후계자인 벤하닷 2세는 파탄을 초래할 정도로 엄청난 조공 의무를 지게 되었다. 하지만 그의 통치 말년은 강력한 우라르투 왕국과의 전쟁으로 더 이상 서부 원정을 감행할 처지가 못 되었다.

그의 후계자들인 살만에셀 4세(주전 782~772년), 앗수르단 3세(주전 771~754년), 앗수르니라리 5세(주전 753~746년)는 하나같이 무능한 통치자였기 때문에 거듭된 원정에도 불구하고 서부 지역에서 영유권을 모두 잃고 말았다. 이 시기에는 내부 분쟁이 끊이지 않았고 특히 강력한 우라르투 왕국의 위협으로 인해 앗시리아는 붕괴 위기에까지 직면했다.

이런 내외부의 문제에 직면하면서 주전 9세기 근동의 강대국으로 부상하려던 앗시리아는 그 날개가 한층 꺾이게 된다. 앗시리아의 초기 성공에 비해 행정력은 미처 따라가지 못했고 그나마도 강력한 왕권이 없으면 제대로 기능하지 못하던 것이 당시의 행정력이었다.

이 시기의 왕들은 왕위를 유지하기 위해 관료들의 환심을 사야 했다. 주변국에서 받은 조공을 통해 필요한 자원을 제공받던 신앗시리아의 시스템은 주전 9세기에만 작동했고 그 후에는 중앙권력이 약화되면서 곧 기능을 멈추었다. 앗시리아는 이제 다른 시스템을 개발해야 했는데, 그래서 나온 것이 바로 '체계적인 영토 확장 정책'이었다. 이것이 신앗시리아 제국 제2기의 코드가 되었고, 그 화려한 스타트는 앗시리아가 낳은 최고의 왕 디글랏빌레셀 3세가 끊게 된다.

▌이집트: 허약하고 나약한 23~24왕조

23, 24왕조 주전 9세기 말~720년

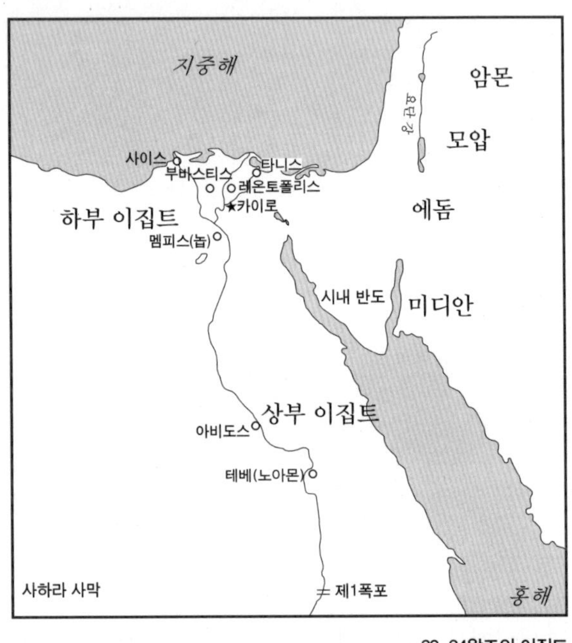

• 23, 24왕조의 이집트

쇼셍크 1세에 의해 시작된 22왕조는 말기로 넘어가면서 하부 이집트의 타니스와 부바스티스에 있던 군주들과 상부 이집트의 테베를 지배하던 친척들 간에 분쟁이 이어지면서 종말을 고했다. 이후 이집트의 역사는 폭력과 강포, 무법천지를 특징으로 하는 23왕조와 24왕조가 이어지지만, 사실 이 두 왕조는 '왕조'란 이름을 붙이기에도 민망할 정도였다. 두 왕조는 이집트 역사상 가장 허약하고 별 볼일 없는 왕조로 유명했다.

23왕조는 22왕조와 마찬가지로 리비아 출신의 파라오들이 다스렸지만, 주전 9세기 말부터 사실상 독립해 레온토폴리스를 비롯한 나일 강 하류 삼각지의 중부에서 테베를 비롯한 상부 이집트 지역을 100년가량 통치했다. 24왕조는 사이스를 중심으로 다스린 실로 단명한 왕조였다.

북이스라엘:
예후 왕조의 시작, 예후~스가랴 왕

북이스라엘에는 이 시기에 오므리 왕조에 이어 다시금 예후 왕조로 불리는 강력한 왕조가 들어섰다. 예후 왕조는 89년간 지속되었는데, 이것은 44년간 지속된 오므리 왕조보다 훨씬 오랜 시간의 집권이었다. 오므리 왕조가 3대간(왕은 4명, 마지막 두 왕인 아하시야와 여호람은 형제임)에 걸쳐 지속되었다면 예후 왕조는 5대까지 이어졌다.

예후 주전 841~814년, 왕하 9, 10장

오므리 왕조를 척살하고 새롭게 등장한 예후는 북이스라엘의 다섯 번째 왕조를 열게 된다. 하나님은 20년 전 엘리야를 통해 오므리 왕조의 바알 숭배를 경고하셨고 회개하지 않을 때 임할 징계에 대해 선포하셨는데 예후를 통해 마침내 그 징계가 실현된 것이다. 하나님은 엘리야와 엘리사를 통해 거듭 경고하셨지만 이들은 바알 숭배와 무모한 살인(나봇을 살해)을 범하며 극단으로 치닫다가 결국 왕조의 종말을 보게 된다.

예후는 오므리 왕조에 대해 열정적인 숙청을 단행했지만 통치 능력 면에서는 이전 왕조에 미치지 못했다. 그가 다스린 28년은 불안과 소동으로 점철되었고, 백성들 사이에는 심각한 사회적, 경제적 악습이 만연했다. 종교적으로는 바알 숭배를 확실히 척결함으로써 하나님의 칭찬을 받고 왕조가 이후에 4대에 걸쳐 지속될 것이라는 복을 받았지만, 하나님이 미워하시는 벧엘과 단의 금송아지 숭배는 여전히 지속되었다. 아울러 예후는 아람 다메섹과 앗시리아의 공격으로부터 국가를 제대로 방어하지 못했고 결국 심한 모욕과 수치를 당하게 된다. 아람과 앗시리아의 거친 공세를 막아 내며 근동의 군사 강국으로서의 면모를 과시한 오므리 왕조와 달리 예후 왕조가 쇠약할 수밖에 없었던 요인은 다음에서 찾아볼 수 있다.

첫째, 오므리 가문을 숙청하면서 유능한 관리들까지 모조리 살해했다. 특히 사마리아 궁전과 이스르엘 별궁에서 섬기던 궁정 관리들까지 필요 이상으로 죽인 것은 예후에게 부메랑이 되어 돌아왔다. 예나 지금이나 유능하고 경험 있는 관료들은 마음만 먹는다고 쉽게 대체할 수 있는 것이 아니기 때문이다.

둘째, 남유다, 페니키아와 맺은 동맹이 숙청의 결과로 완전히 끊어졌다. 남유다는 얼떨결에 아하시야 왕과 그의 친족마저 서슬 퍼런 예후의 숙청의 칼날에 운명을 달리했고, 페니키아 역시 페니키아 공주로서 북이스라엘의 왕비가 된 이세벨의 죽음으로 북이스라엘과의 관계는 파국을 맞을 수밖에 없었다.

셋째, 이것이 가장 중요한 이유일 텐데 바로 통치자로서 예후 자신의 능력이 부족했다. 그는 여호람의 군대장관이었으므로 군사적인 면에서는 유능했을지 몰라도 무모한 살인극에서도 드러나듯이 외교술과 판단력에서는 확실히 수준 미달의 인물이었다.

여호아하스 주전 814~798년, 왕하 13:1-9

예후를 이어 즉위한 여호아하스는 17년간 왕국을 통치했다. 그는 통치

기간 동안 아람 다메섹의 하사엘로부터 심한 굴욕을 당했다는 기록 외에는 별다른 기록이 없다. 하나님은 그의 통치 기간에 북이스라엘이 아람의 속박에서 벗어나도록 구원자를 보내셨는데(왕하 13:5) 그는 다름 아닌 앗시리아의 아닷니라리 3세였다. 아닷니라리 3세는 하사엘이 통치하는 아람 다메섹을 공격했고 이로 인해 아람이 더 이상 북이스라엘을 괴롭힐 수 없었기 때문이다.

요아스 주전 798~782년, 왕하 13:10-25; 14:15-16

여호아하스가 죽고 그의 아들 요아스가 즉위하면서 이스라엘은 빠른 속도로 회복의 길에 올라섰다. 왕위에 오른 요아스는 엘리사로부터 북이스라엘이 예전처럼 군사 강국의 지위를 회복하리라는 약속을 받았다. 나이가 많이 든 엘리사는 요아스에게 활로 땅을 치라고 했는데 요아스는 고작 세 번만 치고 멈추었다. 그러자 엘리사는 요아스가 땅을 친 숫자만큼 아람 다메섹을 이길 것이라고 설명했고, 이것은 요아스가 아람 다메섹으로부터 요단 동편의 땅을 회복함으로써 성취되었다.

이후 요아스는 남유다의 아마샤 왕과의 전투에서도 승리를 거두었다. 16년간 통치한 요아스는 즉위 5년째부터 아들 여로보암 2세를 섭정으로 세웠다. 그 이유는 아마도 남유다의 아마샤와의 전투가 영향을 주었을 것이다. 요아스는 이 전투가 자칫 길어지고 혹여 자신이 전사할 것을 염려해 자기가 없는 동안 아들이 섭정을 하도록 했을 것이다.

여로보암 2세 주전 793~753년, 왕하 14:23-29

여로보암 2세는 분열왕국 이후 북이스라엘에 등장한 유능한 통치자 중 하나였다. 그의 통치 기간에 북이스라엘은 놀라운 위치로 부상했고 실제로 지중해 연안에 있는 국가들 가운데 우두머리가 되었다. 여로보암 2세는 다윗과 솔로몬 제국 시대의 동쪽과 북쪽 국경을 대부분 회복했다. 이스라엘의 지위가 이토록 놀랍게 변화된 데는 요아스와 여로보암 2세가 실제로 유능한 통치자였다는 사실 외에도 당시 급박하게 돌아가던 국제 정세가 중요하게 작용했다.

첫째, 강력한 경쟁자였던 아람 다메섹이 앗시리아의 아닷니라리 3세의 공격으로 인해 초토화되었고 이후에는 이웃 국가인 하맛과의 무한경쟁 시대로 들어간 것이다.

둘째, 아닷니라리 3세 이후 앗시리아 역시 북방의 우라르투 왕국과의 숨가쁜 대결, 자체 내의 권력 다툼, 연약하고 무능한 통치자의 연속적인 계승 등으로 인해 아람 다메섹과 같이 본격적인 쇠퇴기로 접어든 것이다.

스가랴 주전 753년, 왕하 15:8-12

예후 왕조의 마지막 왕인 스가랴는 살룸에 의해 암살당함으로써 불과 6개월의 통치로 생을 마감한다. 이로써 쿠데타가 끊이지 않던 북이스라엘에서 가장 오랜 기간 이어진 예후 왕조도 그 막을 내리게 된다.

남유다: 우상숭배의 최고봉, 아달랴~요담 왕

아달랴 주전 841~835년, 왕하 11:1-16; 대하 22:10-23:15

아달랴는 예후의 숙청 때 죽은 아하시야의 어머니이며 북이스라엘 아합 왕과 이세벨 왕비 사이에서 태어난 딸이다. 그녀는 강인하고 보복적인 성격의 소유자로서 어머니 이세벨처럼 유다에 시집온 후 남유다에 바알 신앙을 퍼뜨렸다. 아달랴는 북왕국에서 일어난 예후의 숙청으로 인해 어머니(이세벨)의 시체를 개들이 핥고, 오빠(여호람)가 죽고, 심지어 아들(아하시야) 마저 죽는 상황에서도 뻔뻔스러움과 잔인함의 극치를 보여준다. 아달랴는 아들 아하시야가 예후의 숙청의 칼날에 죽자 아하시야의 아이들(그녀에게는 손자들)을 살해하고 스스로 왕이 되었다. 남유다 최초의 여왕이자 다윗 왕조가 계속 이어지던 남유다에서 일어난 최초의 쿠데타였다. 이때 아하시야의 누나인 여호세바에 의해 간신히 목숨을 구한 어린 아기가 요아스였다.

아달랴는 비열한 방법으로 잡은 정권을 6년밖에 지속하지 못했고, 여호세바의 남편이자 대제사장이던 여호야다가 당시 7세가 된 요아스를 왕으로 세우면서 죽임을 당하게 된다.

요아스 주전 835~796년, 왕하 11:17-12:21; 대하 23:16-24:17

요아스부터 이어지는 아마샤, 웃시야, 요담까지 4명의 왕은 하나님의 눈에 선하다고 인정받은 왕들이다. 이들 외에도 남유다는 이전에 등장한 아사, 여호사밧과 이후에 등장한 히스기야, 요시야와 함께 총 8명의 왕들이 하나님의 인정을 받았다. 이것은 하나님의 인정을 받은 왕이 한 명도 등장하지 않은 북이스라엘과 좋은 대조를 보인다.

7세의 어린 나이에 왕이 되어 40년을 통치한 요아스에게는 선한 조언자가 필요했는데, 그 역할은 요아스를 왕으로 옹립한 대제사장 여호야다(요아스에게는 고모부)가 맡았다.

아달랴의 변절 이후에 등장해 과감한 종교개혁을 감행한 요아스는 바알 제사장 맛단을 죽이고 성전을 수리함으로써 남유다가 여호와 신앙으로 돌아오는 데 일조했다. 특히 아달랴가 손상시킨 성전을 수리하는 과정에서 그는 놀라운 추진력을 보여 주었다. 요아스는 성전 수리를 위한 자금을 모으는 데 제사장들이 미적거리자 제단 옆에 헌금함을 두어 백성의 자발적인 참여를 유도했다. 백성은 새 왕의 종교개혁에 열정적인 지지를 보냈고 넘치는 헌금으로 보답했다.

하지만 대제사장 여호야다가 죽자 요아스는 갑자기 변절하더니 자신이 쫓아낸 바알 숭배에 관심을 가졌다. 이 일로 여호야다의 아들 스가랴가 왕을 책망하자 성전 뜰에서 그를 죽이는 패역을 저질렀다. 이 일 후에 아람 다메섹의 하사엘이 침공하자 요아스는 많은 공물을 바침으로써 간신히 예루살렘의 파멸을 면할 수 있었다. 계속되는 징벌로 요아스는 결국 모반자들의 손에 암살당함으로써 비참한 최후를 맞았다.

요엘의 사역 : 여호와의 날은 온다

요엘서 역시 연대에 대한 논란이 있는데 유다 왕 요아스 시대(주전 835~796년)로 보는 것과 포로기 이후로 보는 주장이 그것이다. 하지만 여기서는 요아스 시대로 추정하여 기술하고자 한다. 이렇게 보는 중요한 근거는 요엘서에 열거된 유다의 원수들에 관한 기록 때문이다. 북쪽에 두로와 시돈(욜 3:4), 서쪽에 블레셋(욜 3:4), 남동쪽에 애굽(욜 3:19)과 에돔(욜 3:19)의 적들이 등장하는데, 우리가 여기서 주목해야 할 것은 앗시리아, 바벨론, 페르시아가 유다의 원수들로 등장하지 않는다는 점이다. 또한 아람 다메섹도 원수로 언급되지 않음에 주목해야 한다. 요엘서에 언급된 원수들의 목록은 요엘서의 시대적 배경이 초기임을 간접적으로 증명하는 것이다.

요엘서는 대제사장 여호야다가 섭정하던 요아스 시대를 배경으로 하는데, 아달랴의 악한 통치로 인한 영향력이 어느 정도 사라질 만큼 충분한 세월이 흐른 후에 기록되었을 것이다. 특히 아람 다메섹이 쳐들어온 것은 요아스 시대 말기이므로 요엘서의 시대적 배경은 대략 주전 830~825년경으로 사료된다.

요엘서의 주제는 소위 '여호와의 날'로 불리는 미래에 임할 심판이다. 하나님은 그날에 유다의 죄에 대해 심판하실 것이며 그 후에 구원의 역사를 이루실 것이다. 요엘은 이 놀라운 사건을 강조하기 위해 메뚜기 재앙을 도입하고 있다.

I. 상징적인 메뚜기 재앙 1:1-20

A. 묘사된 재앙(1:1-7)

B. 회개와 기도의 촉구(1:8-20)

II. 상징화된 여호와의 날 2:1-32

A. 큰 군대의 침입(2:1-10)

B. 하나님의 군대(2:11)

C. 결과적인 회개(2:12-17)

D. 하나님의 응답(2:18-29)

E. 여호와의 날에 앞서는 표적들(2:30-32)

III. 나라들에 대한 심판 3:1-16

A. 이스라엘의 회복(3:1-16)

B. 심판받은 나라들(3:2-3)

C. 페니키아와 블레셋에 대한 심판의 예고(3:4-8)

D. 큰 군대의 모임과 파멸(3:9-16)

IV. 천년왕국 시대의 복들 3:17-21

아마샤 **주전 796~767년, 왕하 14:1-20; 대하 25장**

요아스의 뒤를 이어 즉위한 아마샤는 29년을 통치했는데 통치 24년간은 아들 웃시야와 섭정했다. 왕이 된 아마샤는 즉위하자마자 아버지를 살해한 모반자들을 징벌하여 죽였다. 아마샤의 통치 기간에는 다음 두 가지 중요한 사건이 일어났다.

첫째, 에돔을 격파해 승리했다. 하지만 이 승리 이후 아마샤는 에돔의 거짓 신들을 유다에 가져와 숭배함으로써 하나님의 진노를 샀다.

둘째, 북이스라엘과 결투를 신청했다가 패배했다. 에돔을 이긴 아마샤는 기고만장해졌고, 곧 북이스라엘의 요아스 왕에게 진검승부를 청하며 결투를 벌였다. 하지만 이 전투에서 패배한 아마샤는 요아스에게 포로로 잡혔다가 간신히 풀려났으며 종국에는 아버지의 전철을 밟아 모반자들의 손에 암살당하고 만다.

웃시야 **주전 791~739년, 왕하 14:21-22; 15:1-7; 대하 26장**

아마샤의 아들이자 후계자인 웃시야는 분열왕국 이후 유대 역사상 가장 유능한 통치자 중 한 사람이었다. 그는 능력을 발휘해 남유다를 세계적인 지위로 끌어올렸는데, 동시대 북이스라엘에서도 위대한 왕인 여로보암 2세가 등장한 것은 참으로 흥미롭다. 두 왕이 남북 왕조를 다스릴 당시 이스라엘의 영토는 그야말로 솔로몬 당시와 거의 맞먹을 정도로 회복되었다. 그런 점에서 웃시야(남)와 여로보암 2세(북)는 이스라엘의 마지막 부흥기를 이끈 쌍두마차라 불릴 만하다.

웃시야는 이전의 어느 왕보다 긴 52년 동안 왕국을 통치했는데, 초기의 24년은 아버지 아마샤와의 섭정 기간이었고 마지막 12년 역시 아들 요담과 같이 다스렸으므로 단독 통치 기간은 16년이다. 마지막 12년 동안 아들 요담을 섭정으로 세운 것은 웃시야가 문둥병에 걸린 사건과 관계가 있을 것이다. 문둥병은 제사장의 고유 권한인 성소에서 분향하는 일을 하려다가 하나님의 징계로 생긴 것이다.

웃시야의 파워는 여로보암 2세가 죽은 뒤 절정에 달했는데, 주전 743년 앗시리아의 디글랏빌레셀 3세가 첫 번째 서부 원정을 감행할 때 웃시야는 지중해 연안 국가들 가운데 가장 강력한 통치자로 군림했다. 디글랏빌레셀 3세도 야우디(아마도 유다)의 아즈리야후(아마도 웃시야)가 자신을 막는 서부 연합군을 이끌었다는 기록을 남겼다. 웃시야는 이 당시 재위 48년째로 64세였으므로 젊은 나이가 아니었지만, 당시 세계적인 제국으로 발돋움하던 앗시리아의 왕으로부터 이런 영광스런 평가를 받았다는 것은 웃시야 자신에게 기억할 만한 사건이었을 것이다.

요담 주전 750~731년, 왕하 15:32-38; 대하 27장

요담은 아버지 웃시야를 이어서 20년간 다스렸는데, 앞서 언급한 대로 초기 12년은 아버지와 섭정했다. 그의 통치 기간에는 암몬과의 전쟁이 유일하게 언급되어 있는데 전쟁에서 승리한 남유다는 3년간 암몬으로부터 조공을 받았다.

예후의 반역 왕하 9, 10장

오므리 왕조의 바알 숭배를 징계하기 위해 하나님이 세우신 사람은 예후였다. 엘리사는 자신의 생도 중 한 사람을 예후에게 보내 그를 왕으로 기름 부었다. 예후는 아람 다메섹의 하사엘을 저지하기 위해 길르앗 라못을 지키고 있었는데, 예후를 기름 붓기 직전에 엘리사는 아람 국가를 방문하던 중 병에 걸려 누워 있는 벤하닷을 보았고, 그의 뒤를 이을 왕으로 하사엘을 기름 부은 바 있다. 결국 피 튀는 적대국이던 아람과 북이스라엘에는 비슷한 시기에 쿠데타가 일어났는데, 양쪽의 쿠데타 모두에서 선지자 엘리사가 직접적으로 관여하고 있다.

당시 여호람 왕은 길르앗 라못 전투에서 부상을 입고 이스르엘 별궁에서 요양 중이었다. 왕으로 기름 부음 받은 예후는 곧장 병거를 타고 이스르엘 별궁에 있는 여호람에게로 향했다. 길르앗 라못 전선에 있어야 할 예후가 자신에게 향하는 것을 불길하게 여긴 여호람은 나봇의 토지에서 예후를 만나 이렇게 물었다.

"예후야, 평안이냐?"

이 질문에 예후는 이렇게 응수했다.

"네 어미 이세벨의 음행과 술수가 이렇게 많으니 어찌 평안이 있으랴?"

여호람은 병문안을 온 남유다의 아하시야 왕에게 반역이 일어났음을 알렸다.

"아하시야여, 반역이로다!"

하지만 이 말을 마침과 동시에 예후가 쏜 화살이 여호람의 심장을 관

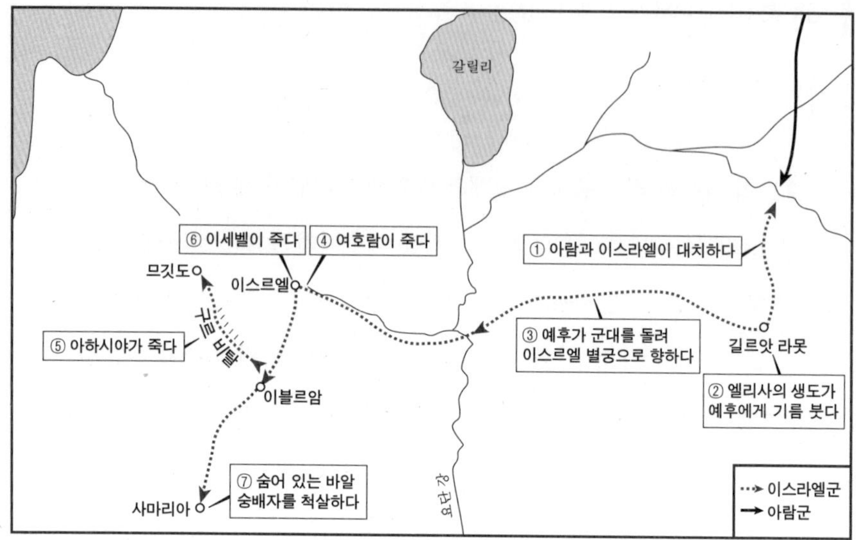
갈릴리
⑥ 이세벨이 죽다
④ 여호람이 죽다
① 아람과 이스라엘이 대치하다
므깃도
이스르엘
구르 비탈
⑤ 아하시야가 죽다
③ 예후가 군대를 돌려
이스르엘 별궁으로 향하다
길르앗 라못
이블르암
② 엘리사의 생도가
예후에게 기름 붓다
⑦ 숨어 있는 바알
숭배자를 척살하다
사마리아
요단 강
이스라엘군
아람군

통했고 그 시체는 나봇의 밭에 버려졌다. 아하시야는 즉시 도망가지만 므깃도로 올라가는 구르 비탈에서 죽임을 당했다. 예후는 이제 이스르엘 별궁에 남아서 눈 화장을 하고 머리를 꾸미고 있는 이세벨에게로 향했는데, 별궁의 내시들은 급박하게 돌아가는 상황에 순응해서 이세벨을 창밖으로 던져 죽게 했다. 그녀의 시체는 엘리야가 예언한 대로 굶주린 개들이 와서 먹었다. 예후는 사마리아 왕궁에 있는 관리들에게도 편지를 띄워 아합의 아들 칠십 명의 머리를 잘라 이스르엘로 보내도록 했다.

이 일이 있은 후 예후는 사마리아로 가다가 여호람의 병문안을 가는 아하시야의 친척 42명을 만났고 이들을 모두 죽였다. 이 일 직후 예후는 레갑의 아들 여호나답을 만났는데 여호나답은 혁명을 돕기 위해 예후의 병거에 올라탔다. 수도 사마리아에 도착한 예후는 그곳의 관리들과 숨어 있는 바알 선지자들을 속임수로 찾아내 모두 죽였는데, 이로써 서슬 퍼런 예후의 숙청이 마무리된다.

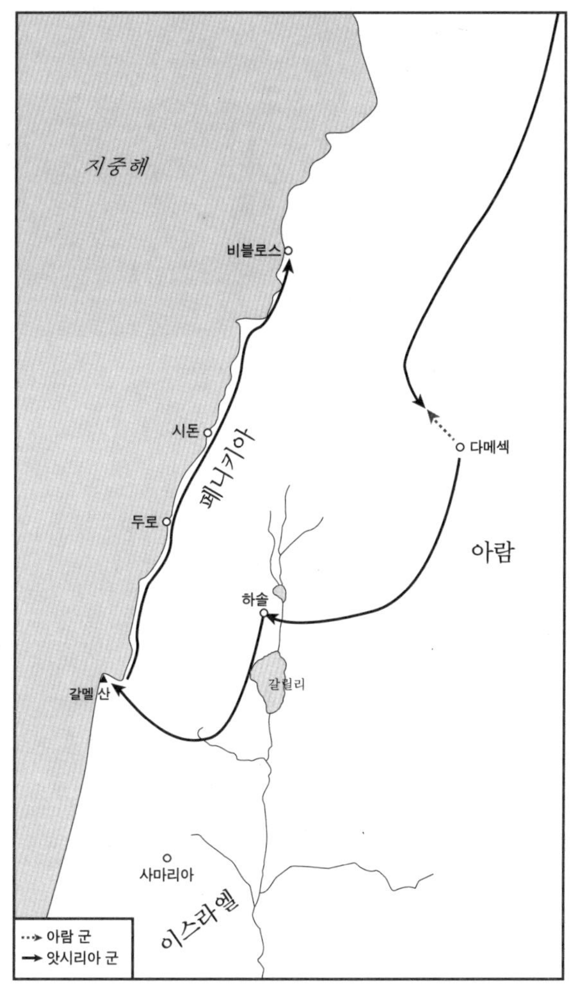

• 살만에셀 3세의 출정

살만에셀 3세의 출정

북이스라엘에서 예후의 쿠데타가, 아람 다메섹에서는 하사엘의 쿠데타

• 살만에셀 3세에게 공물을 바치는 이스라엘 왕 예후

가 일어날 즈음 앗시리아에서는 살만에셀 3세가 재차 서부 원정을 감행하고 있었다. 앗시리아의 위대한 통치자 살만에셀 3세는 12년 전 오론테스 강변에 있는 카르카르에서 아합과 벤하닷이 이끄는 서부 연합군과 싸운 인물이다.

주전 841년 살만에셀 3세는 다시 서부 원정을 감행해 하사엘을 격파하지만 수도 다메섹은 끝까지 항전하면서 버텼다. 살만에셀 3세는 남쪽으로 군대를 돌려 아람의 여러 성들을 초토화하고 하솔, 갈멜 산, 두로, 시돈을 공격해 조공을 받고 돌아갔다. 이때 예후는 굴욕을 당했는데, 이 사건이 성경에는 기록되어 있지 않지만 1846년 니므롯에서 발견된 유명한 검은 오벨리스크(Black Obelisk)에는 이스라엘 왕(아마도 예후)이 굴복의 자세로 고개를 숙이고 살만에셀 3세에게 공물을 바치는 모습이 양각으로 새겨져 있다.

하사엘의 출정 왕하 10:32-33; 12:17-18; 13:3, 7

살만에셀 3세의 출정 이후 앗시리아가 한 세대 동안 다시 서부 원정을 감행하지 못하자 이스라엘을 괴롭히는 바통을 아람 다메섹의 하사엘이 넘

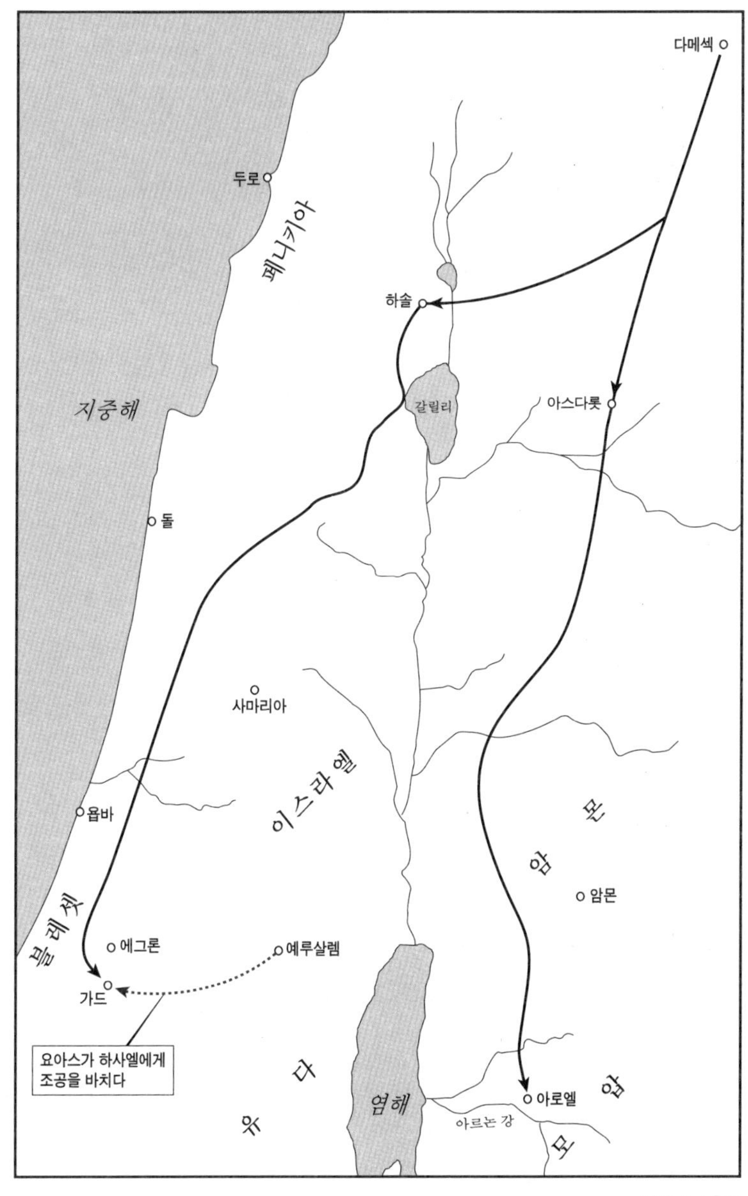
다메섹
두로
페니키아
하솔
지중해
갈릴리
아스다롯
돌
사마리아
이스라엘
욥바
암몬
암몬
블레셋
에그론
예루살렘
가드
요아스가 하사엘에게
조공을 바치다
유다
염해
아로엘
아르논 강
모압

• 하사엘의 출정

겨받았다. 하사엘의 이스라엘 침공은 성경에 자세하게 언급되어 있지 않지만, 그 정황은 여러 곳에서 입증된다. 하사엘은 요단 동편에 있는 북이스라엘 땅을 정복했고(암 1:3) 요단 강 서편으로도 이스라엘을 침공했을 것이다. 왜냐하면 예후의 아들 여호아하스 시대의 기록에 의하면 하사엘은 이스라엘 왕이 소유할 수 있는 마병, 병거, 보병의 숫자를 일정 수준 이하로 제한했다고 기록되어 있기 때문이다(왕하 13:7).

하사엘은 멀리 남쪽 블레셋 도시인 가드까지 침공했는데, 이때 남유다의 요아스 왕은 침공을 막기 위해 자진해서 공물을 갖다 바쳤다(왕하 12:17-18). 하사엘이 남쪽의 가드와 예루살렘까지 진출했다면 그는 분명 북이스라엘을 극도의 수준까지 모욕했을 것이며 이런 상황은 예후의 재임기부터 일어났음이 분명하다.

아닷니라리 3세의 출정 왕하 13:5

아람의 속박에서 북이스라엘을 구원한 백기사는 멀리 앗시리아에서 왔는데 그가 바로 아닷니라리 3세다. 주전 802년경 다메섹에 도착한 그는 다메섹의 항복을 받아 내고(이때 다메섹에는 하사엘의 아들 벤하닷 2세가 통치했음) 막중한 조공을 받았는데 아이러니하게도 하나님은 이를 통해 아람의 속박으로부터 북이스라엘을 구원하셨다. 이 사건을 성경에서는 단편적으로 이렇게 기록하고 있다.

> "여호와께서 이에 구원자를 이스라엘에게 주시매 이스라엘 자손이 아람 사람의 손에서 벗어나 전과 같이 자기 장막에 거하였으나"(왕하 13:5).

아닷니라리 3세의 통치 말기와 그의 후계자들의 통치기에 앗시리아는 새롭게 등장한 북방의 주적인 우라르투 왕국과의 전쟁으로 인해 기나긴 쇠퇴기로 접어든다. 이로 인해 지중해변의 국가들이 앗시리아의 압력에서 벗어난 최후의 휴지기를 맞이했는데, 이후 앗시리아에서 가장 위대한 왕인 디글랏빌레셀 3세가 등장할 때까지 50여 년간 지속되었다. 이 시기에 아람 다메섹 역시 인접국인 하맛과 장기적으로 충돌했기 때문에 남유다와 북이스라엘에게는 정치적, 경제적 발전의 시대가 열렸다. 때마침 남북 왕조는 요아스-여로보암 2세(북)와 아마샤-웃시야(남)로 이어지는 영민한 군주들이 출현하며 이스라엘의 마지막 번영의 시대를 이끌었다.

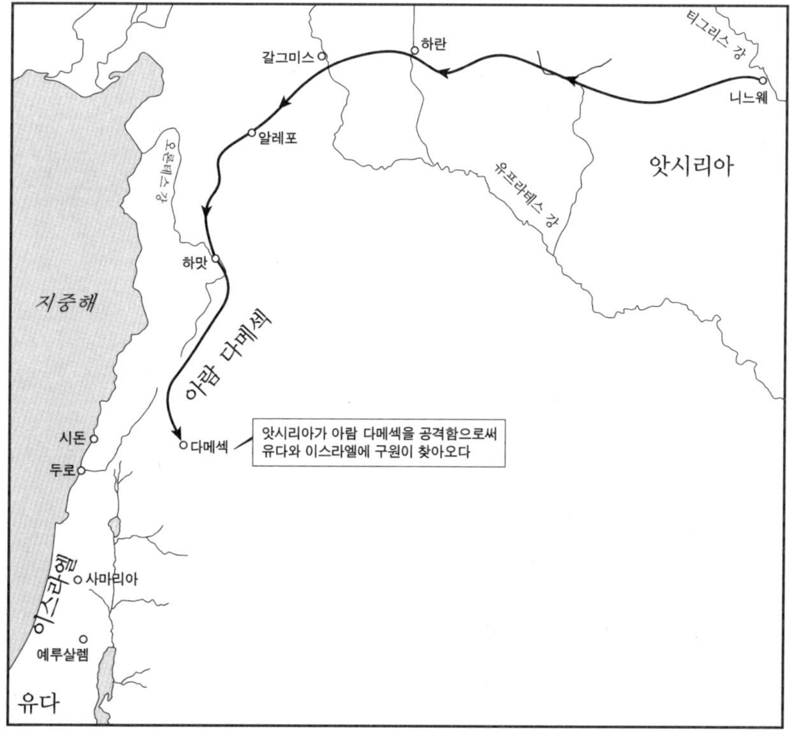

• 아닷니라리 3세의 출정

근동의 역사적 배경을 모르고
구약성경을 이해한다는 것은 한마디로 어불성설!

"여호와께서 이에 구원자를 이스라엘에게 주시매 이스라엘 자손이 아람 사람의 손에서 벗어나 전과 같이 자기 장막에 거하였으나"(왕하 13:5).

이런 본문을 읽을 때 깨닫는 것은 성경, 특히 구약성경을 읽을 때 근동의 역사적 배경을 모르고 이해한다는 게 한마디로 어불성설이라는 사실이다. 예를 들면, 열왕기하 13장 5절을 읽으면서 하나님께서 이 시기에 보내신 '구원자'에 대해 혼자서 곰곰이 묵상만 하다가는 자칫 삼천포로 빠지기 쉽다.

"아하, 하나님이 이때도 구원자를 허락하셨다면? 성경에서 구원자는 예수님밖에 없으니까… 아, 그럼 하나님이 구약 시대에도 잠깐 예수님을 보내셨다가 신약 시대에 다시 보내셨구나!?"

구약성경에서 가장 난해하게 느껴지는 부분이 바로 열왕기서다. 이 중에서도 르호보암, 여로보암으로 시작되는 남북 분열왕국의 시대일 것이다. 남북에서 각각 이어지는 왕들의 이름은 일단 외우기도 벅찰 뿐더러 때로 같은 시기에 같은 이름의 왕들이 통치하며(예, 여호람과 요아스) 우리를 더욱 혼란스럽게 한다. 여기에 주변 국가인 이집트, 아람, 앗시리아의 역사가 개입되면서 거의 우리를 녹다운시킬 지경이다. 하지만 열왕기서는 기존의 신앙적(영적)인 관점에서 역사적 관점으로 발상을 전환하기만 하면 오히려 성경에서 가장 흥미진진한 책이다. 분열왕국 시대는 남북 왕조뿐 아니라 주변의 이집트, 아람, 앗시리아와의 관계를 종합적으로 이해하며 읽어야 그 진수를 맛볼 수 있다.

아마샤와 요아스의 결투

왕하 14:7-14; 대하 25:5-28

아람 다메섹의 속박에서 벗어나면서 시작된 본격적인 부흥의 시대는 아마샤(남)와 요아스(북) 왕이 이끌었다. 그 신호탄은 남쪽의 아마샤 왕이 먼저 울렸다. 아마샤는 여호람 당시 반란으로 떨어져 나간 에돔을 재정복하기 위해 계획에 착수했다. 에돔 땅은 남방으로 가는 무역로를 제공하기 때문에 남유다에게는 상당히 매력적인 장소였다.

아마샤는 이 지역을 다시 지배할 야망을 품고 은 100달란트를 지불해 북이스라엘 출신 용병 십만 명을 고용했다. 하지만 이 고용에 대해 하나님의 사람으로부터 책망을 들은 아마샤는 그들이 싫어함에도 불구하고 억지로 다시 고국으로 돌려보냈다. 이에 북이스라엘 용병들은 분노했고 돌아가면서 유다 주민 3,000명을 죽이고 약탈했다.

한편 자신만의 군대로 출정한 아마샤는 소금 골짜기(염곡)에서 맞붙은 전투에서 에돔을 격파해 만 명을 죽이는 쾌거를 이루었다. 그리고 포로로

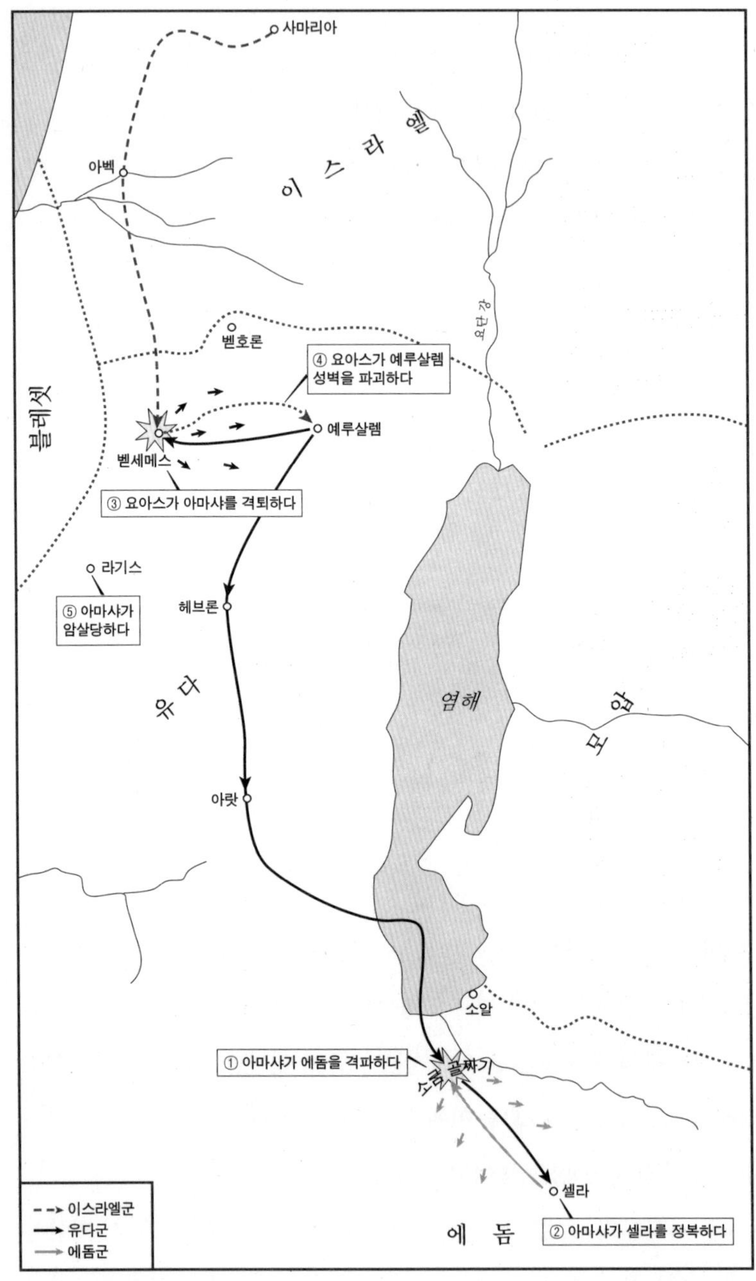
사마리아
이스라엘
아벡
요단강
벧호론
④ 요아스가 예루살렘 성벽을 파괴하다
블레셋
예루살렘
벧세메스
③ 요아스가 아마샤를 격퇴하다
라기스
⑤ 아마샤가 암살당하다
헤브론
유다
염해
모압
아랏
소알
① 아마샤가 에돔을 격파하다
소금 골짜기
셀라
에돔
② 아마샤가 셀라를 정복하다
이스라엘군
유다군
에돔군

• 아마샤와 요아스의 결투

붙잡은 만 명은 높은 바위 꼭대기에서 떨어뜨려 죽였다. 이 전투에서 아마샤는 세일 산 근처에 있는 에돔의 중심 도시인 셀라(오늘날 페트라 근처)를 정복해 그 이름을 욕드엘로 바꾸었다. 하지만 이 승리 이후 아마샤는 에돔의 거짓 신들을 남유다에 가져와 숭배함으로써 하나님의 진노를 샀다. 이에 한 선지자가 아마샤를 책망하고 나섰다.

> "저 백성의 신들이 그들의 백성을 왕의 손에서 능히 구원하지 못하였거늘 왕은 어찌하여 그 신들에게 구하나이까"(대하 25:15).

아마샤는 오히려 하나님이 보내신 선지자의 말을 중간에 막고 위협적인 말로 응수했다.

> "우리가 너를 왕의 모사로 삼았느냐 그치라 어찌하여 맞으려 하느냐"(대하 25:16).

에돔으로 출정하기 전에는 겸손하게 선지자의 말을 경청하던 아마샤는 소금 골짜기 전투에서 대승을 거두고 돌아오자 마음이 한껏 자고해진 것이다. 이걸 볼 때 "화장실 들어갈 때 다르고 나올 때 다르다"는 말은 사람의 본성을 정확히 통찰한 경구인 것 같다.

한편 에돔 전투의 승리로 우쭐해진 아마샤는 내친김에 승리의 기세를 몰아 북이스라엘의 요아스 왕에게 '누가 더 강한가'를 가리는 진검승부를 요청했다. 이에 요아스 왕은 재미난 비유로 그에게 결투를 신청한 아마샤 왕을 조롱했다.

"레바논 가시나무가 레바논 백향목에게 전갈을 보내어 이르기를 네 딸을 내 아들에게 주어 아내로 삼게 하라 하였더니 레바논 들짐승이 지나가다가 그 가시나무를 짓밟았느니라 네가 에돔 사람들을 쳤다고 네 마음이 교만하여 자긍하는도다 네 궁에나 있으라 어찌하여 화를 자초하여 너와 유다가 함께 망하고자 하느냐"(대하 25:18-19).

요아스는 자신을 '레바논 백향목'에, 아마샤를 '레바논 가시나무'에 비유했는데, 이 말을 우리 식으로 표현하면 "하룻강아지 범 무서운 줄 모른다"는 말에 해당할 것이다. 아마샤의 고집으로 결국 남유다의 벧세메스에서 결투가 치러졌다.

벧세메스 전투에서 아마샤는 대패했고 요아스는 여세를 몰아 소렉 골짜기를 따라 올라가 수도 예루살렘의 성벽을 에브라임 문에서 모퉁이 문까지 400규빗을 헐고 성전 보물을 탈취해 갔다.

요아스는 이때 아마샤 왕을 비롯해 전쟁 포로들을 북이스라엘로 잡아

갔는데, 왕이 포로로 잡혀간 사건은 남유다로서는 대단한 수치가 아닐 수 없다. 역대기 저자는 이 수치를 아마샤가 에돔의 신들에게 경배했기 때문에 임한 징벌이라 말하고 있다. 아마샤는 후에 고국으로 돌아왔지만 남유다에서는 전무후무한 국난을 초래한 아마샤를 응징하기 위해 암살단이 조직되었다. 결국 아마샤는 라기스로 도망을 갔지만 그곳에서 암살되어 최후를 맞게 된다.

역사를 통해 배우는 교훈

아람의 속박에서 고통당하다가 앗시리아를 통해 잠시 해방이 주어졌다면 남북 왕조는 당연히 그 시기를 잘 활용해 서로 화해하고 통일로 가는 길을 모색해야 옳았을 것이다. 하지만 아마샤(남)와 요아스(북)는 아람의 속박에서 벗어나자마자 서로 누가 강한가를 두고 내전을 벌인다. 참으로 안타까운 일이 아닐 수 없다.

이때의 해방기는 앗시리아가 본격적으로 발흥하여 북왕국을 시작으로 주변 국가들이 추풍낙엽처럼 무너지기 직전에 잠시 잠깐 주어진 은혜의 시기였다. 후대의 사람들이 역사를 공부하는 이유는 동일한 전철을 밟지 않기 위함인데, 문제는 후대에 속한 제3자의 눈에는 너무나 명확해 보이는 것도 당시를 살아가는 사람들 눈에는 혼란스럽게만 보인다는 것이다.

요아스와 여로보암 2세의 정복

왕하 13:15-19, 25; 14:25

북이스라엘은 요아스-여로보암 2세로 이어지는 중흥기를 맞이하는데, 이것은 요아스가 아람을 세 번 공격해서 격퇴하고 요단 동편의 땅을 회복하면서 시작되었다. 엘리야 선지자의 예언대로 요아스가 아람을 세 번 격퇴한 것이다.

> "동쪽 창을 여소서 하여 곧 열매 엘리사가 이르되 쏘소서 하는지라 곧 쏘매 엘리사가 이르되 이는 여호와를 위한 구원의 화살 곧 아람에 대한 구원의 화살이니 왕이 아람 사람을 멸절하도록 아벡에서 치리이다"(왕하 13:17).

1차 전투는 이전에 아합 왕 때처럼 갈릴리 근교에 있는 아벡에서 치러졌고, 여기서 요아스는 하사엘의 뒤를 이어 왕이 된 벤하닷 2세를 격퇴했다. 두 번째 전투는 로드발에서, 그리고 세 번째 전투는 가르나임에서 치러졌을 것이다. 이로써 요아스는 요단 동편의 땅을 완전히 회복한 후에 아들 여로보암 2세에게 왕위를 물려주었다. 여로보암 2세의 통치 기록(왕하 14:28)을 보면 아람 다메섹 전 지역이 북이스라엘의 영향권에 들어왔고(암 1:2-5), 이스라엘의 북쪽 국경을 레바논 골짜기에 있는 하맛 어귀까지 넓혔음(왕하 14:25)을 알 수 있다. 북이스라엘과 국경을 접한 하맛 왕국 역시 여로보암 2세의 주권을 인정했을 가능성이 높다.

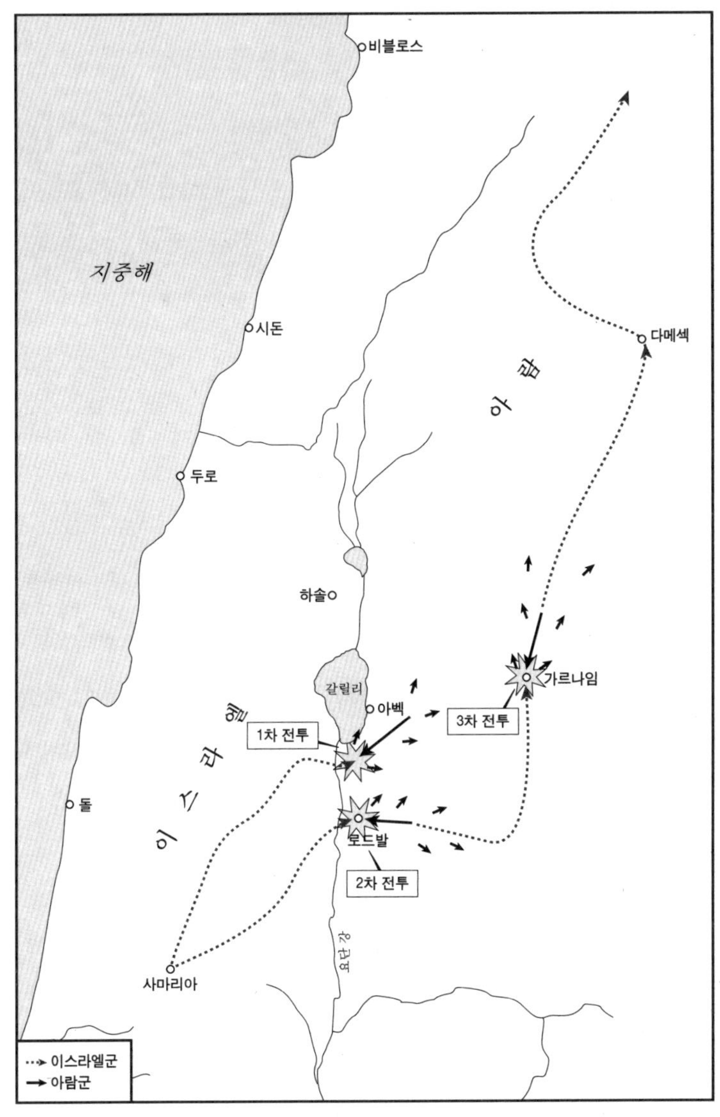

비블로스
지중해
시돈
다메섹
아람
두로
하솔
갈릴리
아벡
가르나임
3차 전투
1차 전투
이스라엘
돌
로드발
2차 전투
요단 강
사마리아
이스라엘군
아람군

• 아람을 공격한 요아스

웃시야의 정복 왕하 14:22; 대하 26:2-15

북이스라엘이 여로보암 2세의 통치기에 부흥기를 맞았던 것처럼 동시대의 남유다에서도 웃시야가 등장해 남유다를 절대 강국으로 이끌었다. 웃시야는 블레셋을 향한 출정에서 가드와 야브네 성을 정복하고 이후 블레셋의 수도가 된 아스돗에 도착했다. 웃시야는 아스돗의 경계를 축소시키고 주변 지역에 요새를 건축함으로써 정복을 확고히 했다.

이후 웃시야는 에돔 정복을 완결 짓기 위해 마온 사람과 아랍 사람들과 전쟁을 해 남부 사막 지대를 계속 정복해 나갔다. 웃시야는 경제를 발전시켜 새로운 정착지를 확보했고 개인적으로 농사를 좋아했던 탓에 외곽 지대와 사막 지대에서 농사를 장려했다. 에돔 정복은 엘랏(에시온게벨) 정복으로 완성되었는데, 이로써 웃시야는 수익성이 높은 남방 무역로 전체를 관장하는 주인이 되었다. 웃시야는 남방 무역로의 중심이 되는 여러 지역에 요새를 건축했는데, 고고학적 연구도 웃시야 시대에 네게브(남방)와 광야 지역에서 이스라엘의 정착이 절정에 달했던 사실을 증거하고 있다. 이외에도 암몬(암 1:13-15), 모압(암 2:1-3) 지역이 웃시야의 세력권으로 편입되었다.

여로보암 2세북와 웃시야남 당시의 이스라엘과 유다 왕하 14:25

여로보암 2세(북)와 웃시야(남)가 통치하던 주전 8세기 중엽에 이르러서 북이스라엘과 남유다는 중요한 국제 무역로를 계속 지배했고, 수도 사마리아와 예루살렘은 다시 한 번 근동 지역에서 가장 중요한 정치적 중심지가 되었다. 이 시대는 정치와 군사력 및 경제적 측면에서 주전 10세기경

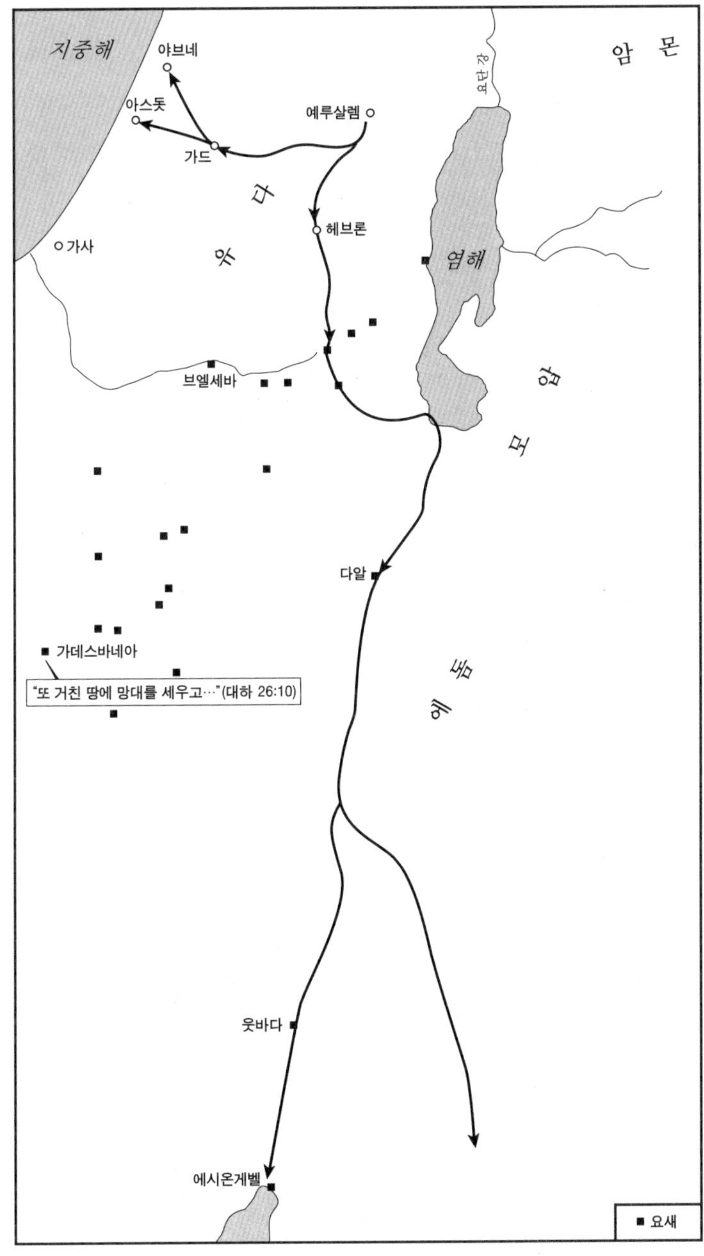
지중해
야브네
아스돗
가드
예루살렘
요단강
암 몬
유 다
헤브론
가사
염해
브엘세바
모 압
다알
가데스바네아
"또 거친 땅에 망대를 세우고…"(대하 26:10)
에 돔
웃바다
에시온게벨
요새

• 웃시야의 정복 전쟁

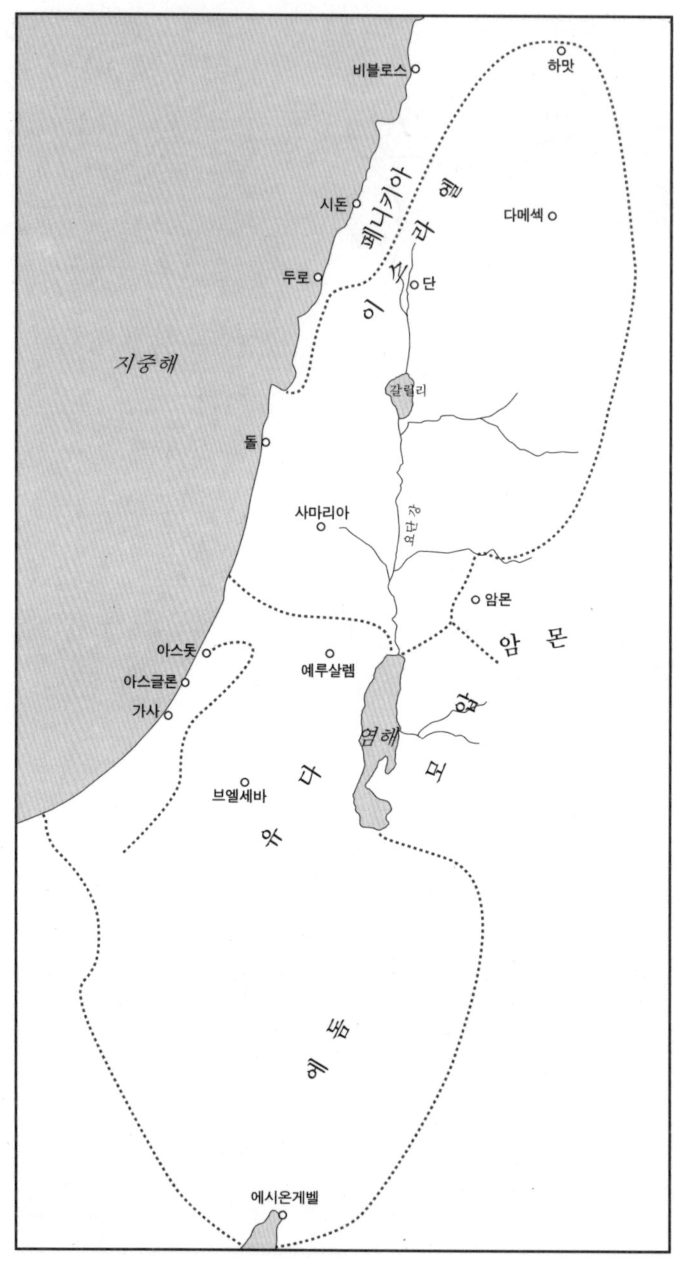

• 여로보암 2세와 웃시야 당시의 이스라엘과 유다

다윗과 솔로몬이 통치하던 황금기를 비슷하게 재현한 때였다. 당시 이스라엘의 북쪽 경계가 '하맛 어귀'였다는 구절은 솔로몬 제국의 북방 경계를 설명할 때만 사용된 용어였다.

> "이스라엘의 하나님 여호와께서 그의 종 가드헤벨 아밋대의 아들 선지자 요나를 통하여 하신 말씀과 같이 여로보암이 이스라엘 영토를 회복하되 하맛 어귀에서부터 아라바 바다까지 하였으니"(왕하 14:25).

엘리사의 사역 왕하 2:1-9:13

엘리야의 뒤를 이은 선지자 엘리사의 사역은 예후 왕조의 통치기와 상당 부분 겹치는데, 아벨므홀라에서 태어난 엘리사의 사역을 연대기적으로 정리하면 다음과 같다.

여리고

엘리야는 후계자가 될 엘리사를 데리고 길갈, 벧엘 등을 순례한 후 여리고에서 회리바람을 타고 하늘로 승천한다. 이때 엘리야는 자신의 겉옷을 엘리사에게 남기고 감으로써 엘리야의 영감의 두 배를 덧입혀 달라는 엘리사의 기도에 응답한다. 엘리사는 엘리야의 겉옷으로 요단 강물을 가르는 기적을 베풀고 소금을 뿌려 여리고의 샘물을 고친다.

벧엘

벧엘로 올라가는 엘리사를 향해 아이들이 "대머리야 올라가거라" 하며 놀리자 엘리사는 그들을 저주한다. 이때 곰이 나타나 아이들 42명을 죽인다.

요단 강

엘리사는 문둥병에 걸린 아람의 나아만 장군을 요단 강에서 고친다. 나아만 장군으로부터 선물을 받은 엘리사의 종 게하시가 문둥병에 걸린다. 엘리사는 요단 강에서 물에 빠진 도끼를 건져 낸다.

사마리아

엘리사는 아람 왕 벤하닷에게 포위된 사마리아 성에 구원이 임할 것을 예언한다. 성문의 문둥병 환자 4명을 통해 구원의 소식이 알려지지만 엘리사의 예언을 불신한 왕의 장관은 사람들에게 밟혀 죽는다.

수넴

엘리사는 7년간 수넴에 기근이 임할 것을 예언한다.

다메섹

다메섹을 방문한 엘리사는 하사엘을 아람의 왕으로 기름 붓는다.

길르앗 라못

엘리사는 길르앗 라못으로 제자를 보내 예후에게 기름 붓는다.

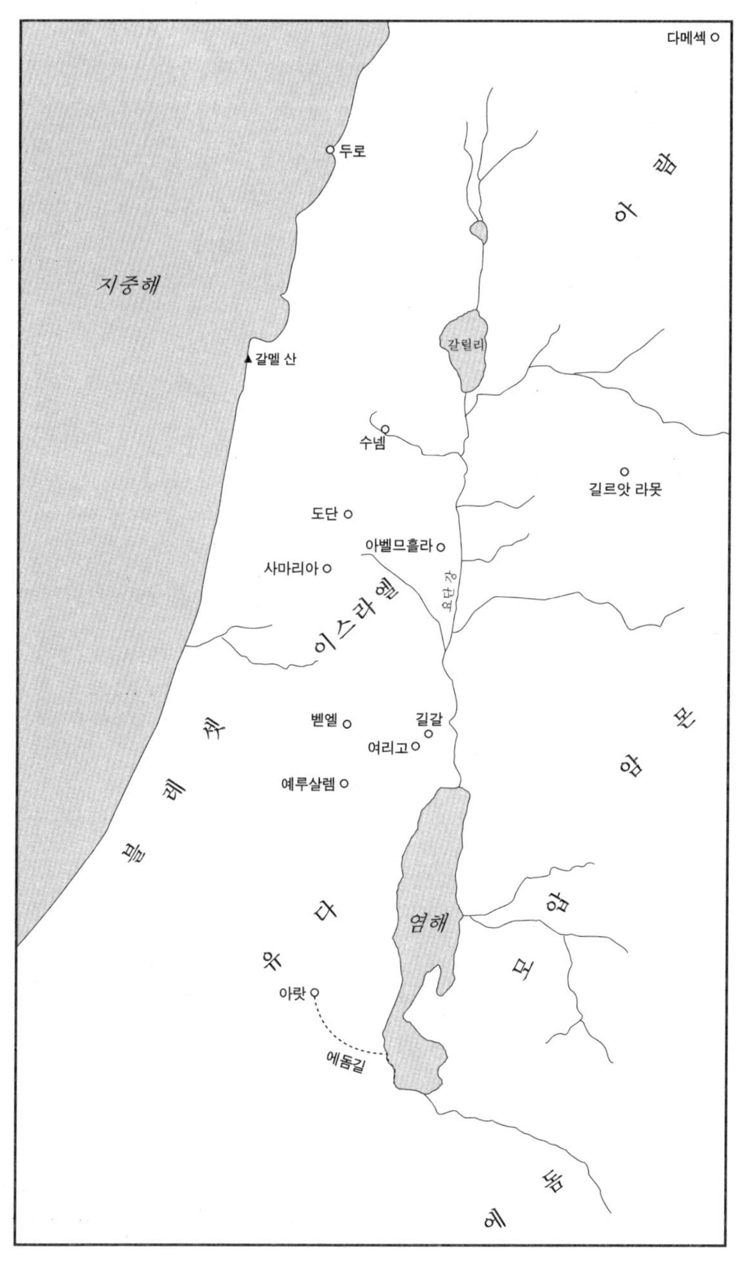
다메섹
두로
아람
지중해
갈멜 산
갈릴리
수넴
길르앗 라못
도단
아벨므홀라
사마리아
이스라엘
요단 강
블레셋
벧엘
길갈
여리고
암몬
예루살렘
유다
염해
모압
아랏
에돔길
에돔
• 엘리사의 사역지

주전 8세기 중엽 북이스라엘의 내적인 부패

여로보암 2세(북)와 웃시야(남)의 통치기인 주전 8세기 중엽을 묘사한 밝고 웅장한 면모와는 달리 그 사회의 내부는 그리 긍정적이지 못했다. 우리는 이것을 아모스서와 호세아서를 통해서 얻을 수 있다. 이 두 선지서는 동시대의 이스라엘 사회 내부를 들여다볼 수 있게 해주는 현미경이다. 적어도 북왕국은 겉모습이 건전해 보이고 과거 솔로몬 시대의 영광을 재현하는 듯했지만, 사회적으로나 도덕적, 그리고 종교적으로 부패가 상당히 진척되었음을 분명히 보여 준다.

사실 주전 8세기 중엽의 번영은 최소한 북왕국의 경우 망국 직전에 나타난 마지막 불꽃놀이, 그 이상도 이하도 아니었다고 할 수 있다.

북이스라엘의 사회적 부패

불행하게도 우리는 여로보암 2세의 국정 운영에 관해서는 아무것도 알지 못한다. 하지만 한 가지 확실한 것은 당시 사회 하류층의 신세는 터무니없이 고달팠고, 국가는 그것을 해결하기 위한 아무런 조치도 취하지 않았다는 사실이다. 아모스가 알려 주듯이, 북이스라엘 사회의 두드러진 병폐는 극심한 부정부패와 충격적일 정도로 현격한 빈부의 격차였다. 영세 농민의 사정은 겨우 입에 풀칠이나 할 정도였는데, 그들의 운명은 흔히 고리대금업자의 처분에 달려 있었고 당시에는 흔하던 가뭄이나 흉년(암 4:6-9)과 같은 재난이 닥칠 경우 종노릇을 하지 않으면 생존이 위협받았다.

체제 자체도 가혹했지만 부자들의 탐욕으로 인해 이들의 삶은 더욱 비참했다. 부자들은 재산을 불리기 위해 가난한 자들의 곤경을 무자비하게 이용했는데, 흔히 가짜 도량형기를 만들거나 여러 가지 법적인 속임수를 써서 자기들의 목적을 달성하는 데만 혈안이 되었다(암 2:6, 5:11, 8:4-6). 이처럼 부정직한 관행들이 도처에서 기승을 부렸지만 재판관들은 돈으로 매수되었기 때문에(암 5:10-12) 가난한 자들은 구제받을 길이 거의 없었다. 재산을 강탈당하고 토지를 빼앗긴 사람들의 수는 날로 늘어만 갔다.

이 무렵 이스라엘의 사회 구조에 근본적인 변화가 일어났다는 것은 분명한 사실이다. 이스라엘은 원래 여호와와 맺은 언약을 통해 이루어진 하나의 지파 공동체였다.

이스라엘의 사회 구조는 계급 차별이 없는 단일한 체제였고, 여호와의 언약이 모든 사회적 의무의 근거였으며, 모든 분쟁은 율법에 따라 판정되었다. 하지만 이 모든 게 변했다. 왕정이 등장하고 백성의 생활이 왕권의 지배 아래 조직됨에 따라 사회적 의무의 실질적인 근거는 국가로 옮겨 갔다. 이와 더불어 상업 활동이 활발해짐에 따라 특권 계급이 생겨나 지파의 유대감은 약화되었으며, 지파 사회의 특징인 연대감은 무너졌다. 이러한 풍조는 다윗과 솔로몬 때부터 시작된 것이지만 특별한 해결책 없이 그대로 지속되어 왔다.

주전 8세기 즈음에는 비록 여호와 신앙이 국가 종교로 남아 있어서 입으로는 여호와의 언약을 믿는다고 말했지만 언약의 율법은 실제로 거의 유명무실해졌다.

북이스라엘의 종교적 부패

늘 그렇듯이 사회적 부패는 종교적 부패와 보조를 맞추게 된다. 이스라엘의 큰 성소들은 늘 예배자들로 붐볐고 바빴으며 또 아낌없는 후원도 줄을 이었지만(암 4:4; 5:21-24), 순수한 형태의 여호와 신앙은 더 이상 유지되지 않았음이 분명하다. 지방의 성소들 가운데 상당수는 의심할 여지없이 공공연하게 이교적이었고, 가나안 원주민들의 풍산 제의와 그 타락한 의식들이 도처에서 행해졌다(호 1-3장; 4:11-14).

• 사마리아에서 발견된 토기 파편

수도인 사마리아에서 발견된 토기 파편들에 적혀 있는 이름들을 보면 '여호와'란 말이 들어가는 이름과 '바알'이란 말이 들어가는 이름의 수가 거의 같은데, 이는 참으로 의미심장한 것이다. 이는 많은 북이스라엘 사람들이 바알 숭배자로 전락했음을 보여 준다. 동시대 남유다에서 발견된 토기 파편들에서는 그때까지 그런 이름들이 전혀 등장하지 않는다.

우리는 여기서 예후의 숙청이 북이스라엘 내에 만연한 바알 숭배를 겨냥했지만, 토착화된 이교 신앙을 뿌리 뽑지는 못했고 또 그렇게 하려고 진지하게 애를 쓰지도 않았다는 것을 상기할 필요가 있다. 공식적인 국가 종교에서조차 이교에서 유래한 의식들을 흡수하고 있었던 것으로 보인다(암 2:7; 5:26).

이렇게 희미해진 여호와 신앙 아래에서 율법에 대해 예민한 감각을 지닌다거나 율법을 위반할 경우 효과적으로 책망한다는 것은 거의 기대할 수 없었다. 지방 성소들의 제사장들은 이교도가 되었거나 반이교도나 다름없었으므로 애초에 이들에게 그런 역할을 기대할 수 없었다.

더욱 놀라운 것은 과거에 여호와의 이름으로 국가에 저항하는 것도 서슴지 않던 선지자 집단에서조차 효과적인 책망의 소리가 전혀 나오지 않았다는 사실이다. 그들 대부분은 이미 기존 질서와 기득권 속에 완전히 파묻혀 버린 것 같다. 왜 주전 8세기 무렵에는 선지자 무리까지 이토록 무력했던 것일까? 아마도 그들이 죽음을 무릅쓰고 이세벨에게 저항하다가 예후의 숙청을 통해 자신들의 목적이 달성된 것을 보고는 너무 쉽게 만족해 버리지 않았는가 하고 추측할 따름이다.

이들은 예후의 숙청에도 불구하고 북이스라엘에 여전히 이교 신상이 남아 있다는 어두운 면을 애써 보지 못하고, 그저 남은 열정을 국가에 봉사하는 것과 여호와의 이름으로 국가를 축복하는 것에 바치기로 결정한 듯하다. 하지만 그들의 민족주의적 신탁들은 국가의 잘못을 비판할 수 없었다. 시간이 지나면서 이들 역시 전반적인 부패에 빠져 시류에 영합하는 기회주의자, 곧 주로 신탁의 대가로 받게 될 보수에만 관심을 갖는 직업적인 종교인이 되었기 때문에 세상 사람들로부터 멸시받게 된 것으로 보인다(암 7:12).

그럼에도 우리는 이스라엘이 비록 내부적으로 썩기는 했지만 사회 저변에 흐르는 분위기는 지극히 낙관적이었던 것을 감지할 수 있다. 이런 분위기는 국력에 대한 긍지와 일시적으로 국제 정세에서 아람과 앗시리아의 먹구름이 걷힌 것도 이유지만 부분적으로는 여호와의 약속에 대한 깊은 신뢰 때문이기도 했다. 하지만 이스라엘의 신앙이 내적으로 왜곡되어 있었던 것은 분명한 사실이다.

이스라엘을 향한 여호와의 은혜로운 역사들은 제의 때마다 부지런히 재연되었고, 이스라엘이 여호와와 맺은 언약도 정기적으로 재천명되었다. 그러나 이러한 제의는 언제나 여호와께서 국가를 보호해 줄 것이라는 보증으로만 여겨졌고, 여호와께서 주신 율법의 의무들은 대체로 잊혀진 상태였다.

주전 8세기의 선지자

주전 8세기의 선지자로 우리가 살펴볼 인물은 총 5명이다. 하지만 여기서는 아모스, 호세아, 요나에 대해 살펴보고 나머지 2명인 이사야와 미가에 대해서는 3권에서 살펴보고자 한다. 시기적으로 아모스, 호세아, 요나는 주전 8세기 중엽에 활동했고, 이사야와 미가는 그보다 몇십 년 후인 주전 8세기 말에서 주전 7세기 초에 사역했기 때문이다.

아모스: 공의를 온누리에

아모스는 자신의 사역 연대가 북이스라엘의 여로보암 2세와 남유다의 웃시야가 다스리던 시대라고 밝히고 있다. 시기적으로 주전 763년에서 753년 사이로 사료된다. 아모스는 자신의 사역이 시작된 연대가 '지진 전 이 년'(암 1:1)이라고 말하지만 이 지진이 언제 발생했는지 알 수 없기 때문에 정확한 연대 추정에는 그다지 도움을 주지 못한다. 하지만 이 지진은 아모스보다 약 2세기 후인 바벨론 포로기 이후에 살던 스가랴에 의해서도 언급된 것으로 보아(슥 14:5-7) 매우 강력한 것이었음에 틀림없다.

아모스는 북이스라엘에서 사역했지만 그의 집은 남유다의 드고아였다. 아모스서의 가장 큰 가치는 호세아서와 함께 여로보암 2세 당시 북이스라엘의 상황에 대해 많은 정보를 제공한다는 것이다. 당시는 국력이 부강해서 외국과의 통상이 발달하고 백성은 번영을 누리던 때였다. 하지만 도덕적으로나 종교적으로는 부패한 시기였다. 공적인 뇌물이 일반화되었고 서민들은 재판에서 공의로운 판결을 받기가 어려웠다. 또한 부자와 가난한 자 사이에 엄청난 격차가 생겼고, 가난한 자는 사소한 일로 인해 노예로 팔리는 신세가 되었다. 이런 상황에서 아모스는 백성에게 죄악된 길에서 떠나 하나님께로 돌이킬 것을 권면했다.

I. 나라들에 대한 심판 1:1-2:16

A. 서론: 진노의 날(1:1-2)

B. 6개 주변국들에 대한 심판(1:3-2:3)

C. 유다와 이스라엘에 대한 심판(2:4-16)

II. 이스라엘의 죄와 징계 3:1-6:14

A. 하나님의 징계의 확실성(3:1-15)

B. 무익한 과거의 징계들(4:1-13)

C. 멸망한 이스라엘을 위한 애가(5:1-27)

D. 임박한 파멸과 유배(6:1-14)

III. 임박한 심판에 대한 5개의 환상들 7:1-9:10

A. 첫 번째 환상: 메뚜기 재앙(7:1-3)

B. 두 번째 환상: 꺼지지 않는 불(7:4-6)

C. 세 번째 환상: 다림줄(7:7-9)

D. 역사적 간주곡: 아마샤와 만남(7:10-17)

E. 네 번째 환상: 여름 실과의 광주리(8:1-14)

F. 다섯 번째 환상: 성전의 파괴(9:1-10)

Ⅳ. 약속된 메시아적 축복 9:11-15

호세아: 사랑과 인내

호세아는 남유다의 웃시야, 요담, 아하스, 히스기야 왕이, 그리고 북이스라엘에서는 여로보암 2세가 통치하던 시기에 북이스라엘에서 사역했다(호 1:1). 여로보암 2세는 주전 753년에 죽었고 웃시야는 주전 767년에 즉위했기 때문에 호세아의 활동 시기는 두 연대의 사이인 대략 주전 760년경일 것이다. 그는 또한 히스기야가 홀로 다스리기 시작한 주전 715년까지 사역했기 때문에 그의 사역 기간은 40~50년의 긴 시간이었던 것으로 보인다.

호세아서는 다음 다섯 가지의 주제를 포함하고 있다.

첫째, 하나님께서 이스라엘과 언약을 맺으셨는데 이스라엘은 계속해서 죄로 말미암아 그것을 깨뜨렸다.

둘째, 호세아와 고멜의 깨어진 결혼을 하나님과 이스라엘 사이의 깨어진 언약과 연결시키고 있다.

셋째, 이스라엘이 계속해서 언약을 깨뜨림에도 불구하고 하나님은 이스라엘을 향해 지속적인 사랑과 인내를 보이셨다.

넷째, 하나님의 언약을 깨뜨린 이스라엘 백성의 죄에 대해 무서운 심판이 임할 것이라고 엄숙하게 경고했다.

다섯째, 다시 하나님의 손에 의해 회복될 이스라엘의 영광스런 미래를 선포했다.

I. 고멜과 이스라엘의 불성실을 대비(1:1–3:5)

A. 호세아와 고멜의 상징적인 결혼(1:1-9)

B. 하나님의 사랑으로 인한 이스라엘의 회복(1:10-11)

C. 저주받은 이스라엘의 불성실(2:1-13)

D. 이스라엘의 회복에 대한 예언(2:14-23)

E. 호세아가 다시 고멜을 취함(3:1-3)

F. 이스라엘의 회복에 대한 두 번째 예언(3:4-5)

II. 불성실한 이스라엘에 대한 메시지 4:1-14:9

A. 죄의 고발(4:1-7:16)

1. 전체적인 고발(4:1-19)
2. 제사장, 백성, 왕에 대한 경고(5:1-15)
3. 회개한 이스라엘의 고백(6:1-3)
4. 두 번째 전체적인 고발(6:4-11)
5. 파멸을 불러오는 국내외 정책들(7:1-16)

B. 심판의 경고(8:1-10:15)

1. 임박한 이스라엘의 심판(8:1-14)
2. 예정된 앗시리아 포로기(9:1-10:15)

C. 이스라엘의 죄와 최종적인 회복(11:1-14:9)

1. 하나님의 사랑과 이스라엘의 배신(11:1-7)

2. 마지막 날에 있을 이스라엘의 회복(11:8-11)

3. 이스라엘의 어리석음(11:12-12:14)

4. 죄에 빠진 이스라엘(13:1-16)

5. 이스라엘의 회개와 하나님의 축복(14:1-9)

요나: 이방에 전파된 회개의 메시지

요나의 연대는 여로보암 2세에 대한 직접적인 언급(왕하 14:25)을 통해 쉽게 결정된다. 요나가 니느웨를 방문한 시기는 대략 주전 760년경으로 사료된다. 그 당시 앗시리아는 아닷니라리 3세가 죽고 국가적으로 극심한 쇠퇴기를 겪었고, 백성이 공포심에 사로잡힐 만한 사건들이 줄을 이었다. 주전 765년에는 큰 역병이 돌아 수많은 사람들의 생명을 앗아갔고, 주전 763년 6월 15일에는 일식이 임해 백성 사이에서 두려움이 만연했다.

여기서 우리가 알아야 할 사실은 요나가 사역할 당시 니느웨는 앗시리아에서 가장 큰 도시였지만 아직 제국의 수도가 아니었다는 점이다. 대부분의 역사에서 앗시리아의 수도는 앗수르였고, 요나가 니느웨를 방문할 당시의 수도는 갈라(니므롯)였다. 이곳은 요나가 니느웨를 방문하기 약 1세기 전 앗수르나시르팔 2세에 의해 수도로 정해졌다. 니느웨는 요나가 방문한 지 약 50년 후 산헤립에 의해 처음 수도로 정해졌다.

I. 요나의 사명과 도피(1:1-17)

II. 요나의 유명한 기도(2:1-10)

Ⅲ. 회복된 요나의 사명과 니느웨의 대회개(3:1-10)

Ⅳ. 요나의 불쾌함과 하나님의 책망(4:1-11)

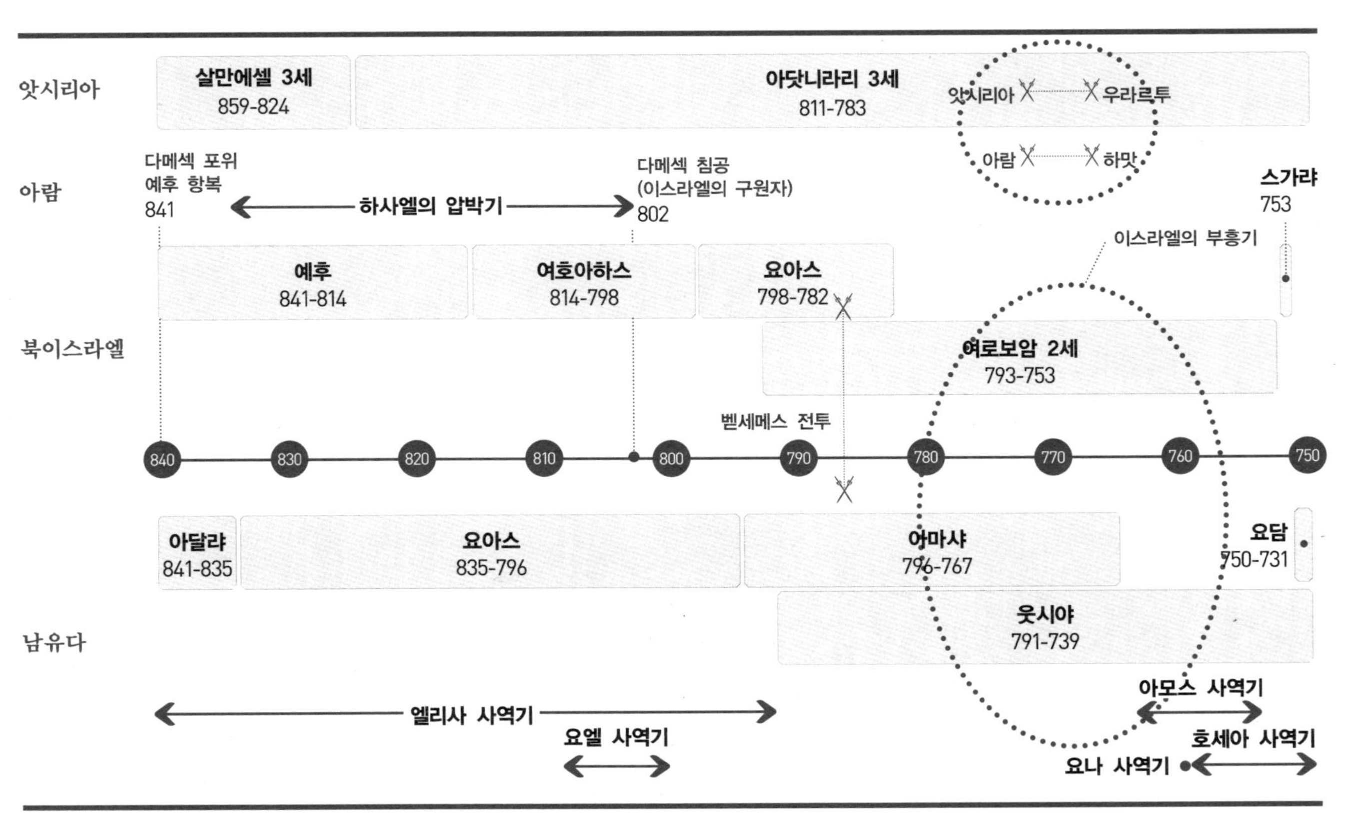

앗시리아
살만에셀 3세
859-824
아닷니라리 3세
811-783
앗시리아
우라르투
아람
하맛
아람
다메섹 포위
예후 항복
841
하사엘의 압박기
다메섹 침공
(이스라엘의 구원자)
802
스가랴
753
이스라엘의 부흥기
북이스라엘
예후
841-814
여호아하스
814-798
요아스
798-782
여로보암 2세
793-753
벧세메스 전투
840
830
820
810
800
790
780
770
760
750
남유다
아달랴
841-835
요아스
835-796
아마샤
796-767
웃시야
791-739
요담
750-731
엘리사 사역기
요엘 사역기
아모스 사역기
호세아 사역기
요나 사역기

단원 평가 문제

01. 다음 중 북이스라엘 왕 예후로부터 조공을 받은 앗시리아의 왕은?
    (1) 살만에셀 3세
    (2) 아닷니라리 3세
    (3) 디글랏빌레셀 3세
    (4) 삼시아닷 5세

02. 다음 중 아람의 속박에서 이스라엘을 구원한 앗시리아의 왕은?
    (1) 살만에셀 3세
    (2) 아닷니라리 3세
    (3) 디글랏빌레셀 3세
    (4) 삼시아닷 5세

03. 북이스라엘의 예후 왕조는 몇 명의 왕들이 통치했을까?
    (1) 3명 (2) 4명
    (3) 5명 (4) 6명

04. 북이스라엘의 예후 왕조에서 마지막 왕은?
    (1) 여로보암 2세 (2) 스가랴
    (3) 여호아하스 (4) 요아스

05. 다음 중 아달랴의 쿠데타를 종식시키고 다윗 왕조를 회복시킨 왕은?
    (1) 요시야 (2) 요아스
    (3) 여호사밧 (4) 히스기야

06. 다음 중 바알 제사장 맛단을 죽인 왕은 누구인가?
    (1) 요시야 (2) 요아스
    (3) 여호사밧 (4) 히스기야

07. 다음 중 아람 왕 하사엘에게 조공을 바친 남유다의 왕은?
    (1) 요시야 (2) 요아스
    (3) 여호사밧 (4) 히스기야

08. 다음 중 아마샤 왕이 암살당한 도시는?
    (1) 벧세메스 (2) 헤브론
    (3) 라기스 (4) 브엘세바

09. 다음 중 주전 8세기 선지자가 아닌 사람은?
    (1) 호세아 (2) 아모스
    (3) 요나 (4) 예레미야

정답

01. 1, 02. 2, 03. 3, 04. 2, 05. 2, 06. 2, 07. 2, 08. 3, 09. 4,

10. 다음 중 아람 왕 하사엘에게 기름 부은 사람은?
(1) 엘리사 (2) 엘리야
(3) 오바댜 (4) 나단

11. 다음 중 에돔을 격파하지만 에돔의 거짓 신들을 유다에 들여와 하나님의 진노를 산 남유다의 왕은?
(1) 웃시야 (2) 아마샤
(3) 요아스 (4) 아달랴

12. 다음 중 문둥병에 걸린 남유다의 왕은?
(1)웃시야 (2) 아마샤
(3) 요아스 (4) 아달랴

13. 예후가 반역의 깃발을 올린 곳은?
(1) 사마리아 (2) 이스르엘 별궁
(3) 길르앗 야베스(4) 길르앗 라못

14. 다음 중 대제사장 스가랴를 죽인 남유다의 왕은?
(1) 요아스 (2) 아하시야
(3) 여호람 (4) 아마샤

15. 북이스라엘의 국경을 하맛 어귀까지 확장시킨 왕은?
(1) 예후 (2) 여호아하스
(3) 여로보암 2세 (4) 스가랴

10. 1, 11. 2, 12. 1, 13. 4, 14. 1, 15. 3

참고문헌

· 《두란노 성서지도》, 토머스 브리스코, 두란노, 2008

· 《아가페 성서지도》, 미카엘 아비요나, 요하난 아하로니 지음, 문창수 옮김, 아가페, 1988

· 《성경역사, 지리학, 고고학 아틀라스》, 앤슨 레이니, 스티븐 나틀리 지음, 강성열 옮김, 이레서원, 2010

· 《어, 성경이 읽어지네》, 이애실, 성경방, 2008

· 《성경의 맥을 잡아라》, 문봉주, 두란노, 2007

· 《그 땅이 주는 복음》, 이문범

· 《성경배경주석, 구약》, 존 월튼,빅터 매튜스,마크 체바라스 지음, 정옥배 옮김, IVP, 2001

· 《성경과 5대제국》, 조병호, 통독원, 2011

· 《성경과 고대전쟁》, 조병호, 통독원, 2011

·《성경과 고대정치》, 조병호, 통독원, 2011
·《이야기 세계사》, 김경묵, 우종익 공편, 청아출판사, 1985
·《이집트와 성경 역사》, 찰스 에일링 지음, 신득일, 김백석 옮김, CLC, 2010
·《페르시아와 성경》, 에드윈 M. 야마우찌 지음/박응규 옮김, CLC, 2010
·《고대 근동 역사》, 마르크 반 드 미에룹 지음/김구원 옮김, CLC, 2010
·《구원 그 즉각성과 점진성》, 박영선, 새순출판사, 1992
·《이스라엘 역사》, 존 브라이트, 크리스찬 다이제스트, 1993
·《이스라엘 역사》, 김영진, 이레서원, 2006
·《이스라엘 역사》, 레온 우드 지음, 김의원 옮김, 기독교문서선교회, 1985
·《이스라엘의 선지자》, 레온 우드 지음, 김동진 옮김, 기독교문서선교회, 2007
·《한 권으로 보는 이집트 역사 100장면》, 손주영, 송경근 공저, 가람기획, 2001